# सोचिए और अमीर बनिए

## अमीर बनने के जादुई सूत्र

युवान
बुक्स
अनबाउंड स्क्रिप्ट का उपक्रम

सोचिए और अमीर बनिए - नेपोलियन हिल

**ISBN : 978-93-92088-96-4**



प्रकाशक : अनबाउंड स्क्रिप्ट
2/41, अंसारी रोड
दरियागंज, दिल्ली - 110002
वेबसाइट : **www.unboundscript.com**
ई-मेल : **books@unboundscript.com**
फोन : **011-35807601**

Sochiye Aur Amir Baniye
by Napoleon Hill

मूल्य : ₹ 350/-

मुद्रक : विकस कंप्यूटर एंड प्रिंटर्स
गाज़ियाबाद, उ. प्र.

# सोचिए और अमीर बनिए

## अमीर बनने के जादुई सूत्र

नेपोलियन हिल

युवान बुक्स

# अनुक्रम

# विचार ही वस्तु है

## वह आदमी जिसने थॉमस ए. एडीसन का पार्टनर बनने का तरीका "सोचा"

यह सार्वभौमिक सच है कि सोच एक बहुत ही शक्तिशाली और आत्मिक भाव है जिसे बदल पाना मुश्किल ही नहीं बल्कि असंभव भी है बशर्ते उसमें निश्चित लक्ष्य, लगन और कुछ कर दिखाने का जज्बा हो।

इस तथ्य को दुनिया के सामने लाने का श्रेय एडविन सी. बार्न्स को जाता है। यह करीब 30 साल पहले की बात है जब उन्हें इस सच्चाई का आभास हुआ कि लोग सोचकर भी अमीर बन सकते हैं। लेकिन आप ये कदापि मत सोचिएगा कि उन्होंने इस तथ्य को एकाएक ही जान लिया होगा। इसका ज्ञान उन्हें बहुत धीरे-धीरे हुआ जिसकी शुरुआत तब हुई जब उनके अंतर्मन में महान आविष्कारक एडीसन के साथ पार्टनरशिप करने की इच्छा जागृत हुई।

बार्न्स में एक ख़ास बात थी और वो ये कि वह अपनी बात पर हमेशा अडिग रहते थे। वह एडीसन के साथ काम तो करना चाहते थे लेकिन सिर्फ

अपने लक्ष्य पूर्ति के उद्देश्य से... न कि एडीसन के लिए। इसलिए पाठकों से निवेदन है कि इस पुस्तक के हर एक वाक्य को ध्यानपूर्वक पढ़ें और उन सब सिद्धान्तों को अच्छी तरह से समझें, ताकि आप भी अपनी विचार-शक्ति से अपने जीवन को एक नई दिशा में ले जा सकें।

जब पहली बार उनके मन में यह ख्याल आया तो उस वक्त वह इस स्थिति में नहीं थे कि इसे सकारात्मक रूप दे सकें। उनके रास्ते में दो मुश्किलें थी। पहली यह कि वह एडीसन को जानते नहीं थे और दूसरी यह कि उनके पास ऑरेन्ज, न्यूजर्सी जाने के लिए रेल यात्रा के किराये के पैसे नहीं थे।

प्रायः इस तरह की मुसीबतें मजबूत से मजबूत इंसान का भी हौसला तोड़ देती हैं और वे परिस्थितिवश हार मान कर बैठ जाते हैं। लेकिन बार्न्स के बुलंद इरादों के आगे कोई बाधा ज़्यादा देर तक नहीं टिक पाई और उन्होंने मालगाड़ी से यात्रा करने का फैसला किया।

फिर एक दिन वह मिस्टर एडीसन की प्रयोगशाला में जा पहुंचे और एडीसन को अपने वहां आने का मकसद बताते हुए कहा कि "वह महान आविष्कारक का बिजनेस पार्टनर बनने आया है।" ऐसा करते वक्त न तो उसकी आँखों में कोई डर था और न ही किसी तरह की हिचकिचाहट अगर कुछ था तो अपनी उद्देश्य पूर्ति का जज्बा। उनकी और एडिसन की पहली मुलाकात के बारे में कई वर्षों बाद एडीसन ने अपने विचार व्यक्त करते हुए कहा-

"वह एक सड़कछाप की तरह मेरे सामने खड़ा था। उसका हुलिया बहुत खराब था। अस्त-व्यस्त से बिखरे बाल, अजीबो-गरीब पहनावा, सब कुछ एकदम अलग मानों किसी दूसरी दुनिया का आदमी हो लेकिन इसके बावजूद भी उसमें कुछ ऐसा आकर्षण था जो मुझे लगातार उसकी तरफ खींचे जा रहा

था। उसकी आँखों की चमक और चेहरे के भावों को देखकर लगता था कि यह कोई आम इंसान नहीं है। इसके मन में कुछ न कुछ तो था जिसे पूरा करने वह यहां आया था। ऐसे लोग दृढ संकल्पी होते हैं और जो वो कहते हैं उसे पूरा करके ही दम लेते हैं। अपने जीवन के कई सालों के अनुभव से मैंने एक बात सीखी है कि अगर कोई व्यक्ति किसी काम को करने की ठान लेता है तो उसे पूरा करने के लिए हर मुश्किल का सामना करने को तैयार रहता है और ऐसे व्यक्तियों की जीत होना सुनिश्चित है। मैंने भी उसे खुद को साबित करने का एक मौका दिया। चूंकि मैं जान चुका था कि उसका उद्देश्य निश्चित है और वह उसमे तब तक लगा रहेगा जब तक कि वह सफल ना हो जाए और आज मुझे अपने उस वक्त लिए फैसले पर गर्व महसूस हो रहा है।"

**दरअसल उस वक्त एडीसन बार्न्स के हुलिए से नहीं बल्कि उसकी सोच से प्रभावित थे।**

अपनी लक्ष्य प्राप्ति के लिए बार्न्स को कड़ी चुनौतियों का सामना करना पड़ा। एडीसन ने उसे अपने ऑफिस में बहुत कम तनख्वाह पर काम पर रखा जो कि एडीसन के लिए कोई ज्यादा बड़ी बात नहीं थी लेकिन बार्न्स के लिए यही उसकी मंजिल की पहली सीढ़ी थी।

दिन हफ्तों में और हफ्ते महीनों में बदलते गए और इस दौरान कुछ भी ऐसा घटित नहीं हुआ जिससे कि बार्न्स को अपने लक्ष्य तक पहुंचने का रास्ता मिल पाता। लेकिन बार्न्स के दिमाग में गतिविधियां लगातार सकारात्मक रूप लेती गईं। एडीसन का बिजनेस पार्टनर बनने की इच्छा निरंतर उसके मन में घर करती गई।

मनोवैज्ञानिकों का यह कहना बिल्कुल सही है कि 'जब कोई व्यक्ति किसी चीज़ के लिए सचमुच तैयार होता है तो वह उसे जरूर मिलती है। बार्न्स

ने भी संकल्प कर लिया था कि जब तक उसकी इच्छा पूरी न हो जाए वह पीछे मुड़ कर नहीं देखेगा।

उसने कभी खुद से यह नही कहा, "अरे, मुझे ऐसा काम करने की क्या जरूरत है? इससे तो बेहतर है कि मैं कहीं दूसरी जगह जाकर सेल्समैन की नौकरी कर लूँ।" इसकी बजाए उसने कहा कि मैं यहाँ एडीसन के साथ काम करने आया हूँ और अपनी आखिरी सांस तक इसे पूरा करके ही रहूँगा। अपनी बात से पीछे हटना उसके लिए असंभव सी बात थी। उसका मानना था कि अगर कोई व्यक्ति संपूर्ण एकाग्रता और समर्पण से अपने लक्ष्य की प्राप्ति में जुट जाए तो उसकी किस्मत बदल सकती है।

बार्न्स की यही मेहनत, लगन और दृढ़संकल्प धीरे-धीरे सारी बाधाओं को दूर करते हुए उसे मंजिल के करीब लाता गया। और जल्द ही उसे वह मौका मिल गया जिसका उसे लंबे अर्से से इंतजार था।

वो कहावत तो सबने सुनी होगी कि 'सब्र का फल मीठा होता है।' ऐसा ही कुछ बार्न्स के साथ भी हुआ। उसने सब मुश्किलों का धैर्यपूर्वक सामना किया जिसका परिणाम बहुत ही रोमांचक रहा। बार्न्स ने कभी उम्मीद नहीं की थी कि उसकी परीक्षा इतनी जल्दी खत्म हो जाएगी और उसे खुद को साबित करने का मौका मिल जाएगा। चालबाज़ी करना ज्यादातर इंसानों की फितरत में होता है लेकिन नियति कब क्या खेल खेल दे, यह जानना सब के बस की बात नहीं। यह सब इतने चुपके से होता है कि पल में ही सारी बाज़ी पलट जाती है और हम सब मूकदर्शक की तरह खड़े देखते ही रह जाते हैं।

एडीसन ने एक नया ऑफिस यंत्र बनाया था, जिसे उस वक्त एडीसन डिक्टेटिंग मशीन के नाम से जाना जाता था। लेकिन उसके सेल्समैन में इस मशीन को लेकर कुछ ज्यादा उत्साह नहीं था। उनका कहना था कि इस तरह

की मशीन को बेचना कोई आसान काम नहीं है। लेकिन बार्न्स ने उस पर भी मौका नहीं छोड़ा और इस मशीन को ही आगे बढ़ने का मार्ग बनाया, जिसमें उसे और एडीसन को छोड़कर किसी तीसरे को कोई विशेष रुचि नहीं थी। बार्न्स को यकीन था कि वह एडीसन की इस मशीन को बेच सकता है और उसने जैसे ही ये बात एडीसन को बताई तो उन्होंने तुरंत ही बार्न्स को इस यंत्र को बेचने की इजाज़त दे दी। उसने मशीन इतनी सफलतापूर्वक बेची कि एडीसन की खुशी का कोई ठिकाना ही न रहा और उसने बार्न्स को देश भर में मशीन डिस्ट्रीब्यूट और मार्केटिंग करने का कॉन्ट्रैक्ट दे दिया। इस बिज़नेस से बार्न्स ने तीस सालों में इतना पैसा कमाया जितना कि उसने ख्वाब में भी नहीं सोचा था। लेकिन सबसे अहम बात तो यह थी कि उसके लिए पैसा इतना ज़रूरी नहीं था जितना कि उसके उद्देश्य की उपलब्धि। उसने साबित कर दिया कि "इंसान चाहे तो सोचकर भी अमीर बन सकता है।"

बार्न्स की इस छोटी सी मौलिक इच्छा के वास्तविक मूल्य का ज्ञान तो मुझे भी नहीं है लेकिन हां... इतना अनुमान अवश्य है कि उसे बीस या तीस लाख डॉलर से कम न मिले होंगे। परंतु यह रकम इतनी महत्वपूर्ण नहीं है... मायने रखता है यह जानना कि इंसान सिद्धांतों के सहारे अपने विचारों को भौतिक रूप कैसे देता है।

आम लोगों की तरह बार्न्स ने भी एडीशन के साथ बिज़नेस करने की बात सोची और उस वक्त न तो उसके पास दौलत थी और न ही वह इतना पढ़ा-लिखा था लेकिन उसके विश्वास और जीतने की शक्ति ने उसकी इस काम में बहुत मदद की और अपने इसी आत्मबल के दम पर उसने अपना नाम देश के महान आविष्कारकों की श्रेणी में लिखवाया।

चलिए, अब हम एक और आदमी की अलग स्थिति का अध्ययन करते हैं जिसके पास अमीर बनने का ठोस साधन था लेकिन अपनी लापरवाही के कारण उसने सब गवां दिया क्योंकि वह अपने लक्ष्य से केवल तीन फुट पीछे ही हौसला खो बैठा। असफलता का एक आम कारण यह भी है कि लोग अस्थायी पराजय से घबरा कर मैदान छोड़ देते हैं। दुनिया में हर दूसरा इंसान इस तरह की गलती को अपने जीवनकाल में कभी न कभी ज़रूर दोहराता है जिसका परिणाम बहुत दुखदायी होता है।

आर. यू. डार्बी के अंकल गोल्डरश के दौर में 'सोने की खोज के अभियान' में जुट गए। जिसके लिए वह पश्चिम दिशा में गए और धरती की खुदाई शुरू कर दी। इंसान प्रायः अपने अंदर छिपे गुणों के खजाने से अनजान होता है और बाहरी खज़ाने की तलाश में इधर-उधर भटकता रहता है। इसी तरह वह भी कुदाली-फावड़ा लेकर खुदाई करने में जुट गए।

कई सप्ताह की कड़ी मेहनत के बाद उन्हें गहराई से चमकते हुए सोने की झलक दिखाई दी। लेकिन इसे ऊपरी सतह तक लाना इतना आसान न था। उसने मशीनों की सहायता से इसे ऊपर लाने की योजना बनाई और चुपचाप खदान का मुंह ढ़ककर वापस अपने घर विलियम्सबर्ग के मैरीलैंड आ गए। वहां उन्होंने अपने कुछ दोस्तों और रिश्तेदारों को सोने की खुदाई के बारे में बताया। सबने मिलकर मशीनें खरीदने के लिए पैसे का प्रबंध किया और फिर अंकल और डार्नी फिर से खुदाई का काम शुरू करने वापस खदान में पहुंचे।

कच्ची धातु की पहली खेप को स्मेल्टर तक पहुंचाया गया तो उन्हें पता चला कि उनकी खदान कॉलारेडो की सबसे बढ़िया खदान है और इनकी कुछ खेपो में ही उनके सारे कर्ज उतर जाएंगे। फिर इसके बाद उन्हें भारी मात्रा में लाभ होगा। कल्पना मात्र से ही उनकी तबीयत खुश हो गई।

जैसे-जैसे मशीनें नीचे गहराई में जातीं वैसे-वैसे उन दोनों की उम्मीदें आसमान छूने लगतीं। लेकिन तभी एक ऐसी अनहोनी हुई जिससे उनके सारे सपने चूर-चूर हो गए। सोने की चमक एकाएक गायब हो गई। लेकिन दिल में आशा की एक किरण अभी भी जग रही थी कि शायद एक बार फिर से सोने की एक झलक दिख जाए इसलिए उन्होंने खुदाई का काम जारी रखा। परंतु इससे कोई फायदा नहीं हुआ। आखिरकार, उन्होंने हार मान ली और निराश होकर वहां से चले गए। उन्होंने मशीनें कौडियों के भाव कबाडी वाले को बेच दी और घर वापस लौट गए। लेकिन कबाड़ी वाला बेवकूफ नहीं था। उसने एक इंजीनियर को बुलवाया और खदान का अच्छे से निरीक्षण करवाया। इंजीनियर ने मिशन की असफलता का कारण बताते हुए कहा कि इस खदान के मालिक अच्छी तरह अभ्यस्त नहीं थे। वे यह नहीं जानते थे कि खदानों में प्रायः फाल्ट लाइन आती है। उसके मुताबिक सोना खुदाई वाले स्थान से मात्र तीन फुट नीचे था। और इंजीनियर का अनुमान सच साबित हुआ।

कबाड़ी वाला देखते ही देखते करोड़पति हो गया क्योंकि वह जानता था कि हार मानने से पहले किसी विशेषज्ञ की सलाह लेना उचित होता है। डार्बी को इसकी बहुत भारी कीमत अदा करनी पड़ी। मशीनें खरीदने के लिए उसने अपने दोस्तों और रिश्तेदारों से बहुत बड़ी रकम उधार ली थी। धीरे-धीरे करके उसने लोगों का एक-एक डॉलर लौटा दिया जिसके लिए उसे कई सालों तक कड़ी मेहनत करनी पड़ी।

वो कहते हैं न "हिम्मत-ए-मर्दा मदद -ए-खुदा।" सोने की हार वाली घटना से डार्बी ने भी एक सबक सीखा कि हार मानने की बजाए जुटे रहना ज्यादा अच्छा है। उसे इस सच्चाई का ज्ञान हो गया था कि अगर इच्छा को सोने में बदला जा सकता है तो दुनिया में हर नामुमकिन बात संभव है। उसकी इसी ताकत की बदौलत जल्द ही उसने अपने सारे नुकसान की कई गुना

भरपाई कर ली। यह सब तब हुआ जब वह जीवन बीमा बेचने के व्यापार में आए।

अपने नए बिजनेस में वह हमेशा खुद से कहा करते थे कि मैं सोने से केवल तीन फुट दूर ही रुक गया था, परंतु जब मैं लोगों से बीमा खरीदने को कहता हूँ तो उनके न कहने पर रुकूंगा नही... बल्कि दुगुने हौसले से आगे बढ़ जाउंगा। उसके इसी आत्मविश्वास ने उसे सफलता दिलवाई और शीघ्र ही डाबों की गिनती कंपनी के कुछ चुनिंदा लोगों में होने लगी जिन्होंने हर साल एक मिलियन से भी अधिक बीमे बेचे थे।

दुनिया में चाहे कोई भी इंसान हो, प्रत्येक कार्य में निपुण नहीं होता। गिरकर संभलने वाले ही कामयाबी हासिल करते हैं। अक्सर देखा जाता है कि जब भी कोई व्यक्ति असफल होता है तो उसके पास बचने का सबसे आसान तरीका होता है कायरों की तरह मैदान छोड़ कर भाग जाना और ज्यादातर लोग यही करते हैं। लेकिन परिस्थितियों से बचकर भागना किसी मुश्किल का हल नहीं। ज़रूरत है कि हम हारने के बाद फिर से उठे और पहले से ज्यादा जोश से अपने कार्य में लग जाएं।

देश के करीब पांच सौ से अधिक सफल लोगों ने लेखक को बताया कि उन्हें सफलता उस मोड़ पर मिली जब वे पूरी तरह हार चुके थे या फिर हारने के एक कदम आगे ही सफलता उनका इंतज़ार कर रही थी। याद रखिए। असफलता बहुत ही चालाक और मजाकिया किस्म की होती है। इसे लोगों को गिराने में तब मजा आता है जब सफलता उनके बहुत करीब होती है।

सोने की खुदाई के अनुभव से मिस्टर डार्बी को 'असफलता की यूनिवर्सिटी से डिग्री' मिल चुकी थी। उसके कुछ समय बाद ही उन्हें एक और

नए अनुभव का ज्ञान हुआ जिससे उन्होंने सबक सीखा कि "न का मतलब हमेशा न नहीं होता।"

एक दिन दोपहर में वह एक पुरानी मिल में अपने अंकल की गेहूँ साफ़ करने में मदद कर रहे थे। अंकल के फार्म हाउस पर बहुत से अश्वेत किसान रहते थे जो कि मिल में मजदूरी कर के अपना पेट पालते थे। धीरे से दरवाजा खुला और किरायेदार की एक छोटी सी लड़की अंदर आयी और दरवाजे के पास आकर खड़ी हो गई।

उसे देखते ही अंकल ने चिल्लाकर पूछा, "क्या चाहिए तुम्हें?"

बच्ची ने विनम्रता से कहा, "मेरी मम्मी ने कहा है कि आप उन्हें उनके पचास सेंट भिजवा दें।"

"मैं नहीं दूंगा, चली जाओ तुम यहां से" अंकल ने बड़ी बेरुखी से जबाब दिया।

"यस सर" बच्ची ने जवाब दिया। परंतु वह वहीं खड़ी रही।

अंकल फिर से अपने काम में जुट गए। वे इतने व्यस्त थे कि उन्होंने ध्यान ही नहीं दिया कि लड़की अभी भी वहीं खड़ी है। काफी देर बाद जब उनकी नजर बच्ची पर गई तो फिर से चिल्लाए, "मैंने कहा न तुम जाओ यहां से, नहीं तो मैं अभी तुम्हारी पिटाई कर दूंगा।"

"यस सर" लड़की ने कहा। लेकिन वह अपनी जगह से जरा भी न हिली।

अंकल ने अनाज की उस बोरी को वहीं पटक दिया, जिसे वो उठाकर चक्की में डालने वाले थे, और डंडा उठाकर तेज कदमों से बच्ची की ओर लपके। उनके हाव-भाव देखकर लगता था कि आज तो बच्ची की खैर नहीं।

कुछ क्षण के लिए डार्बी की सांसें थम गईं। उसे पता था कि अंकल का गुस्सा तेज़ है और वो बच्ची को पीट देंगे। घबराहट के मारे डार्बी ने दोनों हाथों से चेहरा छुपा लिया।

लेकिन जैसे ही अंकल बच्ची के नजदीक पहुंचे, तो लडकी भी पीछे हटने की बजाए एक कदम अंकल की तरफ बढ़ गई और उनकी आँखों में आंखें डाल कर चिल्लाई, 'मेरी मम्मी को पचास सेंट चाहिये ही चाहिये।'

इतनी छोटी सी बच्ची का हौसला देख कर मैं स्तब्ध नज़रों से उसे ही ताकता रहा। अंकल का गुस्सा एकदम से शांत हो गया और डंडा उनके हाथ से छूटकर नीचे गिर गया। उन्होंने अपनी जेब से आधा डॉलर निकाला और बच्ची को दे दिया।

बच्ची ने पैसे लिए और धीरे-धीरे दरवाजे की तरफ बढ़ने लगी लेकिन उसकी नज़रे अभी भी उस आदमी पर लगी थी जिसे उसने अभी-अभी हराया था। जब वह चली गई तो अंकल एक बॉक्स पर बैठ गए और बिना कुछ कहे करीब दस-पंद्रह मिनट तक खिड़की के बाहर झांकते हुए कुछ सोचते रहे। शायद वे यह सोच रहे थे कि एक छोटी सी बच्ची के अद्भुत साहस ने उनके अभिमान को कुछ ही क्षण में पैरों तले रौंद दिया।

डार्बी के मन में भी कुछ इसी तरह का चिंतन चल रहा था। अपने जीवन काल में उसने पहली बार किसी छोटी सी अश्वेत बच्ची को किसी वयस्क गोरे आदमी पर इस कदर हावी होते देखा था जो कि कोई छोटी-मोटी बात नहीं

थी। उस बच्ची ने ऐसा कैसे किया? ऐसी कौन सी शक्ति थी उसमें कि वो अंकल के सामने भी नहीं घबराई? और अंकल को क्या हो गया था? उनका ज्वालामुखी की तरह फूटा आक्रोश पल भर में कैसे शांत हो गया और एक आज्ञाकारी भेड़ की तरह बच्ची की बात मान ली? इस तरह के अनगिनत सवाल लगातार उसके जहन में उमड़ते रहे लेकिन बरसों तक जवाब का इंतजार ज्यों का त्यों बना रहा। और फिर एक दिन उन्होंने यह कहानी मुझे सुनाई।

संयोग की बात थी कि डार्बी ने लेखक को यह असामान्य अनुभव उसी मिल में सुनाया जहां उसके अंकल, उस छोटी सी बच्ची से पराजित हुए थे।

जब हम उस पुरानी मिल में खड़े थे, तो डार्बी ने इसी पूरे वाकये को फिर से दोहराया और अंत में एक ही सवाल पूछा, "आपको क्या लगता है? बच्ची में ऐसी कौन सी शक्ति थी, जिससे कि उसने अंकल जैसे गुस्सैल और हठी व्यक्ति को हरा दिया?"

खैर, आप ज्यादा सोच-विचार मत कीजिए। इस सवाल का जवाब आपको इस पुस्तक में दिए गए सिद्धांतों में मिल जाएगा। उम्मीद है कि आप सब इससे पूरी तरह सतुष्ट होंगे। सारी जानकारी विस्तारपूर्वक और हिदायतों के अनुसार दी गई है जिनकी मदद से कोई भी व्यक्ति उसी अद्भुत शक्ति का प्रयोग कर सकता है, जिसका प्रयोग उस बच्ची ने अनजाने में ही कर लिया था।

अगले अध्याय में इस शक्ति की एक और झलक देखने को मिलेगी। तो अब आप अपनी आंखें खुली और दिमाग सतर्क रखिए क्योंकि इसमें उसी अद्भुत शक्ति का जिक्र है जिसने बच्ची की अपनी बात पर अडिग रहने में मदद की। इस पुस्तक में कहीं-कहीं पर आपको ऐसे विचार भी मिल जाएंगे जिन्हें पढ़ कर आपकी ग्रहणशील शक्तियां पैनी हो जाएँगी और आप भी

अपने लाभ के लिए उन अचूक शक्तियों का उपयोग कर सकेंगे। इस शक्ति का अहसास आपको पहले अध्याय में भी हो सकता है या फिर आगे के किसी अध्याय में यह आपके मस्तिष्क पर असर कर सकता है। यह किसी भी रूप में आपके सामने आ सकता है। हो सकता है कि यह सोच के रूप में आपके सामने उभर कर आए या फिर किसी योजना की तरह। यह धीरे-धीरे आपको आपके अतीत में ले जा सकता है या पिछली किसी असफलता की तरफ भी, जहां से आपको निष्कर्ष निकालना होगा जिससे कि जितना आपने खोया है, उससे कहीं ज्यादा हासिल करने का आत्मविश्वास जागे।

जब मैं और डार्बी आपस में बात कर रहे थे तो उसने उस छोटी सी अश्वेत बच्ची के अद्भुत शक्ति के प्रयोग करने का किस्सा फिर से कहा, तभी डार्बी ने अपने तीस साल के जीवन बीमा सेल्समैन के काम का विश्लेषण करते हुए इस सच्चाई को स्वीकार किया कि उसकी इस सफलता की वजह वही छोटी बच्ची और उसकी हिम्मत है जिससे सबक लेकर मैंने हर ना को हां में बदल दिया।

मिस्टर डार्बी ने बताया, "हर बार जब भी कोई संभावित ग्राहक मुझसे सामान खरीदने से मना कर देता या फिर मुंह पर ही दरवाजा बंद करके जाने लगता तो मुझे उसी वक्त मिल में खड़ी उस छोटी सी बच्ची की याद आ जाती जिसकी बड़ी-बड़ी निश्छल सी आँखों में अवज्ञा साफ नज़र आ रही थी। यह याद आते ही मैं खुद से कहता कि "मुझे यहां सेल अवश्य करनी चाहिए" और आप यकीन नहीं मानेंगे कि मेरी ज्यादातर बिक्री तभी शुरू हुई जब लोगों ने शुरुआत में ही न कहा।

उन्हें अपनी वह गलती आज भी याद है जब वे सोने से मात्र तीन फुट पीछे ही हार मानकर बैठ गए। लेकिन उन्होंने इस अनुभव को अभिशाप की

बजाए वरदान की तरह माना और इससे सबक लिया कि हमें हर मुश्किल परिस्थितियों में अपने काम में लगा रहना चाहिए। बुलंद हौसलों और असीम साहस के आगे तो असफलता भी घुटने टेक देती है। पुस्तक में लिखी ये कहानियां बेशक सैकड़ों बीमा एजेंटों द्वारा पढ़ी जाएंगी लेकिन यहां यह बात बताना बहुत आवश्यक है कि इन्हीं अनुभवों से शिक्षा पाकर ही डार्बी ने हर साल दस लाख डॉलर से भी ज्यादा का जीवन बीमा बेचा।

आमतौर पर लोग रोजमर्रा की जिंदगी में होने वाली घटनाओं पर ध्यान नहीं देते। लेकिन मिस्टर डार्बी इन सब के विपरीत थे। माना कि उनके अनुभव भी साधारण ही थे सोने की हार को वह किस्मत का खेल और लड़की द्वारा अपनी बात पर अडिग रहने को वह उसकी जिद्द कह कर भी अनदेखा कर सकते थे लेकिन उन्होंने इन छोटी-छोटी बातों के पीछे का रहस्य भी जाना और जीवन में उन्हीं को आधार बनाकर चले जिससे उनकी तकदीर बदल गई और यही अनुभव उनके लिए जीवन के अनमोल उपहार साबित हुए। लेकिन अब सवाल उठता है कि दुनिया में रहने वाले उन लोगों का क्या होगा जिनके पास न तो असफलता का विश्लेषण करने का समय है और न ही इच्छा? ऐसे आदमी को वह ज्ञान कहां से मिलेगा जो उसे सफलता के रास्ते पर ले जा सकता है? वह आदमी अपनी हार को सफलता की सीढ़ी में बदलने की कला कहा से और कैसे सीखेगा?

आपके इन सब सवालों का जवाब देने के लिए ही इस पुस्तक की रचना की गई है। जिनके जवाब में तेरह सिद्धांतों का वर्णन है, परंतु इसे पढ़ते समय यह याद रखें कि जिन सवालों के जवाब आप खोज रहे हैं। वे कहीं न कहीं आपके मस्तिष्क में ही हैं। यह पुस्तक तो आपके विचारों को यथार्थ का रूप प्रदान करने का केवल माध्यम है। इसे पढ़ते समय आपके दिमाग में कोई भी विचार या योजना कभी भी पनप सकती है।

सफलता हासिल करने के लिए इंसान को सिर्फ एक ही दमदार विचार की जरूरत है। इस पुस्तक में ऐसे-ऐसे सिद्धांत और नुस्खे बताए गए हैं जिनके प्रयोग से अनेक प्रभावशाली विचार आपके दिमाग में उत्पन्न हो सकते हैं। इन सिद्धांतों के वर्णन से पहले आपका कुछ महत्वपूर्ण बातों के बारे में जानना बहुत जरूरी है....

"जब दौलत आती है तो इतनी ज़्यादा तेज़ी से आती है कि आदमी हैरान हो जाता है कि गरीबी के इतने सालों में वह कहां छुपी हुई थी।"

यह एक बहुत ही हैरान करने वाला वाक्य है। और सबसे ज्यादा तो यह उस लोकप्रिय मान्यता के विरूद्ध है जिसके अनुसार दौलत सिर्फ उन्हीं लोगों को मिलती है जो सख्त मेहनत करते हैं।

जब आप सोचकर अमीर बनने की शुरुआत करेंगे तो देखेंगे कि दौलत मानसिक अवस्था और निश्चित लक्ष्य से प्राप्त होती है, फिर चाहे उसमें कड़ी मेहनत हो या न हो। आप और आप ही जैसे और भी करोडों लोग होंगे जो यह जानना चाहेंगे कि दौलत को आकर्षित करने के लिए ऐसी मानसिक अवस्था को कैसे हासिल किया जाए। मैंने भी अपनी जिदगी के पच्चीस कीमती साल इसी खोज में लगा दिए क्योंकि दूसरे लोगों की तरह मैं भी यह जानना चाहता था कि अमीर लोग अमीर किस तरह बनते हैं।

जैसे-जैसे आप इस पुस्तक में लिखे सिद्धातों को अपने वास्तविक जीवन में अपना लेंगे और इसमें दिए हर निर्देश पर अमल करेंगे तो आपकी आर्थिक स्थिति सुधरने लगेगी और तब आप जिस चीज को भी छुऐंगे, वह आपके लिए निश्चित रूप से फायदेमंद साबित होगी। असंभव? बिल्कुल नहीं!

मानव जाति की एक खास कमज़ोरी यह है कि ज्यादातर लोग असंभव शब्द का प्रयोग बहुत करते हैं। कोई भी काम शुरू करने से पहले उसके पूरा

न होने की शंका उनके मन में बनी रहती है। वे ऐसी बहुत सी चीजें जानते हैं जिन्हें नहीं किया जा सकता। यह पुस्तक उन्हीं लोगों को ध्यान में रख कर लिखी गई है जो किसी भी कार्य की सफलता में रूकावट नहीं चाहते और जो ऐसे नियम जानना चाहते हैं, जिन्हें अपनाकर बहुत से लोग सफल हुए हैं। वह लोग इन नियमों पर चलने के लिए अपना सब कुछ दांव पर लगाने के इच्छुक है।

कई साल पहले मैंने एक शब्दकोष खरीदा। जिसमें मैंने सबसे पहला काम यह किया कि उसमें 'असंभव' शब्द में से 'अ' को बड़ी ही सफाई से मिटा कर संभव कर दिया। क्योंकि मेरा मानना है कि सफलता उन्हीं को मिलती है जो सफलता के बारे में सचेत होते हैं और असफलता उन्हीं को मिलती है जो खुद ही असफलता को न्यौता देते हैं।

इस पुस्तक का मुख्य उद्देश्य उन सब लोगों की मदद करना है जो अपने मस्तिष्क को असफलता की जागरूकता से निकालकर सफलता की जागरूकता की ओर ले जाना चाहते हैं ।

आमतौर पर लोगों की दूसरी कमजोरी यह है कि वो अपने विश्वास और अनुभव के आधार पर ही प्रत्येक वस्तु और व्यक्ति को नापते हैं जो कि सर्वथा अनुचित है। इसे पढ़ने वाले कई लोग तो यही सोच रहे होंगे कि यह पुस्तक मात्र लोगों को भटकाने का कारण बनेगी। उनके मुताबिक तो कोई भी व्यक्ति केवल सोचकर अमीर बन ही नहीं सकता, क्योंकि गरीबी, अभाव, दुख, पराजय और बदकिस्मती तो उनकी सोच का अहम हिस्सा बन चुके हैं।

इन अभागे लोगों को देखकर मुझे उस प्रसिद्ध चीनी व्यक्ति की याद आ जाती हैं जो अमेरिकी तौर-तरीके सीखने के लिए अमेरिका आया था। वह यूनिवर्सिटी ऑफ शिकागो में पढ़ने लगा। एक दिन प्रेजीडेन्ट हार्पर वहां पर

इस युवक से मिले और कुछ देर तक उससे बातें की। उन्होंने उससे पूछा कि उसने अमेरिकी लोगों में क्या खास बात देखी?

युवक ने जवाब दिया, "आपकी आंखें। अमेरिकी लोगों की तिरछी आंखें ही उनकी सबसे खास बात है।" और हम लोग चीन के लोगों के बारे में क्या कहते हैं?

जो बात हमारी समझ से परे हो, हम अक्सर उसे मानने से इंकार कर देते हैं। हम अपनी मूर्खतापूर्ण धारणाओं के आधार पर अपनी सीमाओं को ही हदों का सही पैमाना मान लेते हैं। यह तो सुनिश्चित है कि सामने वाले की आंखे आपको तिरछी लगेगी क्योंकि वो आपके जैसी नही हैं।

हेनरी फोर्ड, विश्व के प्रसिद्ध आविष्कारक जिनकी को उपलब्धियों दुनिया के करोड़ों लोगों ने सराहा है। लेकिन शायद ही कोई ऐसा व्यक्ति होगा जो उनकी सफलता का रहस्य जानता होगा और अगर कोई जानता होगा भी तो वो भी बेहद कम। कुछ साल पहले हेनरी फोर्डने अपनी प्रसिद्ध 'वी-8 मोटर' बनाने का फैसला किया। जिसमें उसने एक ऐसा इंजन बनाने का सोचा जिसके आठों सिलेंडर एक ही ब्लॉक में हों। उसने अपने इंजीनियरों को इंजन का डिज़ाइन बनाने का निर्देश दिया। डिजाइन तो कागज पर आ गया परंतु सभी इंजीनियरों का कहना था कि 'आठ सिलेंडर के गैस इंजन ब्लॉक को एक ही टुकड़े में ढालना असंभव काम है।'

"आप किसी भी तरह इसे बनाओ" फोर्डने कहा।

"लेकिन यह तो नामुमकिन है", उन्होंने जवाब दिया।

"काम शुरू कर दो और तब तक करते रहो जब तक कि तुम्हें कामयाबी न मिल जाए फिर चाहे इसमें कितना भी वक्त क्यूं न लग जाए", फोर्ड ने आदेश दिया।

इंजीनियरों ने काम शुरू तो कर दिया लेकिन कोई नहीं जानता था कि इसे अंजाम तक कैसे पहुंचा पाएँगे। चूंकि फोर्ड के साथ नौकरी में बने रहने के लिए उनके पास इसके अलावा कोई दूसरा विकल्प नहीं था। छह महीने गुजर गए लेकिन कुछ भी नही हुआ। इसके बाद छह महीने और गुजर गए लेकिन परिणाम तब भी पहले वाला ही रहा। इंजीनियरों ने फोर्ड के आदेश को पूरा करने की हर संभव कोशिश की लेकिन यह काम उनकी पहुंच से बाहर था।

सबने फोर्ड के इस आदेश के आगे घुटने टेक दिए लेकिन फोर्ड अपनी बात पर कायम रहा। एक साल बाद उसने फिर से इंजीनियरों को बुलवाया और पूछताछ शुरू की। उन्होंने दुबारा वही बात दुहराते हुए बताया कि उसके आदेश को पूरा करने का ऐसा कोई तरीका उन्हें नही सूझ रहा है।

"तुम काम चालू रखो मैं जो चाहता हूँ, उसे पाकर ही रहूँगा," फोर्ड ने स्पष्ट कहा।

उन्होंने काम जारी रखा और फिर जैसे कोई जादू हुआ और मुश्किल का हल निकल आया। फोर्ड की लगन एक बार फिर से जीत गई।

हो सकता है कि यह कहानी पूरी तरह सच न हो परंतु इसका मूल भाव और घटनाएं बिल्कुल सही हैं। अगर इंजन बनाने जैसा असंभव काम संभव हो सकता है तो सोचकर अमीर बनना भी कोई मुश्किल काम नहीं और न ही इसमें ज्यादा मेहनत करने की आवश्यकता है। हेनरी फोर्ड इसलिए सफल हुए क्योंकि उन्हें सफलता प्राप्ति के सिद्धांत मालूम थे और उन्होंने उन सिद्धांतों को

जीवन में अपनाया। इनमें से ही एक है इच्छा। यह जानना कि आपको क्या चाहिए। इसे पढ़ते समय फोर्ड की कहानी को याद रखें और उन पंक्तियों को दोहराएं जिनमें उनकी अभूतपूर्व उपलब्धि का रहस्य बताया गया है। अगर आप उन सिद्धांतों को पहचान सकते हैं जिनकी वजह से हेनरी फोर्ड अमीर बने तो आपको भी उनकी उपलब्धियों की बराबरी करने का पूरा अधिकार है।

**आप अपने भाग्य निर्माता क्यों हैं?**

जब हेनले ने यह अमर पंक्तिया लिखी, "मैं अपने भाग्य का निर्माता हूँ। और मैं ही अपनी आत्मा का संचालक भी हूँ" तो उसे हमें यह जानकारी देनी चाहिए थी कि हम सब अपने भाग्य के निर्माता स्वयं हैं और कप्तान भी, क्योंकि हममें अपनी सोच और विचारों को नियन्त्रित करने की शक्ति है।

उसे हमें बताना चाहिए था कि हमारे दिमाग में जो विचार जितने ज्यादा तीव्र होते हैं, हमारा मस्तिष्क उनकी तरफ उतना ही ज्यादा आकर्षित होता है। इंसान आज तक इसका कारण नहीं जान पाया है कि यह चुंबक जैसी शक्तियों, लोगों और जीवन की परिस्थितियों को आकर्षित क्यों करता है, जो कि हमारे प्रबल विचारों से जुड़े होते हैं।

उसे बताना चाहिए था कि ढेर सारी दौलत हासिल करने से पहले हमें अपने मन में इस दौलत को हासिल करने की प्रबल इच्छा का चुंबकीय विचार रखना चाहिए। हमें धन के बारे में तब तक जागरूक बनना चाहिए जब तक कि दौलत की प्रबल इच्छा इसे हासिल करने की कोई निश्चित योजना न बनवा दे।

परंतु चूंकि हेनले एक कवि था, दार्शनिक नहीं इसलिए उसने इस महान सच्चाई को कविता के रूप में ही रखा और इन पंक्तियों में छुपे गूढ़ दार्शनिक रहस्यों को पाठकों के विश्लेषण पर छोड़ दिया ।

धीरे-धीरे यह महान सत्य हमें समझ में आता है जो बाद में पूरी तरह स्पष्ट हो जाता है कि इस पुस्तक में बताए गए सिद्धांतों में वह राज़ छुपा हुआ है जिसके द्वारा आप अपने आर्थिक भविष्य को नियंत्रित कर सकते हैं।

अब हम इन सिद्धांतों में से पहले सिद्धांत को परखने को तैयार हैं। इसके लिए अपने दिमाग को खुला और मन को शांत रखें। एक बात अपने दिमाग में अच्छी तरह से बिठा लें कि आप जो कुछ पढ़ रहे हैं वह किसी एक इंसान की खोज नहीं है अपितु इसे उन पांच सौ से ज़्यादा लोगों के व्यक्तिगत अनुभवों को ध्यान में रख कर लिखा गया है जिन्होंने इन सिद्धांतों पर चल कर भारी मात्रा में दौलत प्राप्त की। आप भी अपने फायदे के लिए इनका इस्तेमाल कर सकते हैं।

**इसे करना आपके लिए ज़्यादा मुश्किल नहीं होगा ।**

कई साल पहले मैंने  वेस्ट वर्जीनिया के सालेम कॉलेज में एक भाषण दिया था। भाषण में मैंने अगले अध्याय में दिए गए सिद्धांत के बारे में इतना जोरदार समर्थन दिया कि श्रोताओं में से एक ने इसे अपनी फिलॉस्फी का अहम हिस्सा बना लिया। वही युवक आगे चलकर संसद का सदस्य बन गया और प्रशासन में एक बहुत ही महत्वपूर्ण पद पर पहुंच गया। तब उसने मुझे एक पत्र लिखा जिसमें उसने अगले अध्याय में बताए गए सिद्धांत के बारे में अपने विचार व्यक्त किए। इसी वजह से मैं उसके पत्र को इस पुस्तक में प्रकाशित कर रहा हूँ ताकि यह अगले अध्याय के लिए भूमिका का काम करे।

**प्रिय नेपोलियन,**

संसद सदस्य के रूप में कार्य करते हुए मैंने लोगों की समस्याओं का गहराई से अध्ययन किया। लेकिन आज मैं आपके द्वारा लोगों तक एक ऐसा संदेश पहुंचाना चाहता हूँ जो कि उनके जीवन के मार्गदर्शन में सहायक सिद्ध होगा।

1922 में, आपने सालेम कॉलेज में एक भाषण दिया था। उस वक्त मैं भी उसी कॉलेज का छात्र था। आपके भाषण ने मेरे मन में एक ऐसे विचार का बीज बोया था जिसकी वजह से मैं आज इतना सफल इंसान बन पाया हूँ। आपकी बदौलत ही आज मैं सारे देश के लोगों की सेवा कर पा रहा हूँ और उम्मीद करता हूँ कि भविष्य में भी ऐसे ही सफलता की ओर अग्रसर रहूँगा।

आज भी आपका वह भाषण मुझे याद हैं, मानो यह कल ही की बात हो... आपने हेनरी फोर्ड का उदाहरण दिया था, जो न तो ज्यादा पढ़े-लिखे थे और न ही उनके पास पैसा था. दोस्तों के नाम पर अपना साया ही उनका मित्र था और शत्रु भी। परंतु इन सबके बावजूद भी वह कामयाबी की सीढ़ी चढ़ते गए और एक दिन महान आविष्कारक बन गए। आपके उन शब्दों ने सीधा मेरे दिल पर वार किया और मैंने भाषण पूरा होने से पहले ही ठान लिया कि चाहे जीवन में कितनी भी कठिनाइयां क्यूं न आएँ, मैं उन सबको पार करके सफलता अवश्य हासिल करूंगा।

हर साल हज़ारों युवक-युवतियां कॉलेज की पढ़ाई पूरी करके निकलते हैं। उनमें से प्रत्येक को वैसे ही प्रैक्टिकल प्रोत्साहन की जरूरत होगी जैसा संदेश मुझे आपसे मिला था। मेरी तरह उन्हें भी सही मार्गदर्शन की आवश्यकता होगी। वो सब भी जानना चाहेंगे कि उन्हें किस तरफ जाना चाहिए और क्या करना चाहिए ताकि जीवन में सफलता उनके कदम चूमें। आप ही वह इंसान

हैं जो उन सबको जिंदगी की सही राह दिखा सकते हैं क्योंकि आपने इतने सारे लोगों की समस्याएं सुलझाने में उनकी मदद की है।

आज अमेरिका में ऐसे करोड़ों लोग हैं जो यह जानने को उत्सुक हैं कि विचारों को दौलत में कैसे बदला जा सकता हैं? गरीबी की दलदल से बाहर निकलकर अमीरी के गलीचे तक कैसे पहुंचा जा सकता है? अगर उनकी कोई मदद कर सकता है तो वो आप हैं।

अगर आप यह पुस्तक प्रकाशित करें तो मैं आपके ऑटोग्राफ सहित इसकी पहली प्रति अवश्य खरीदना चाहूँगा।

शुभकामना सहित,

**आपका**

**जेनिंग्स रॅडॉल्फ**

वहाँ भाषण देने के पैंतीस साल बाद मैं एक बार फिर 1957 में सालेम कॉलेज गया और वहां मैंने एक बार फिर से अपना भाषण दिया। उस वक्त मुझे सालेम कॉलेज से डी.लिट की मानद उपाधि भी मिली।

1922 से आज तक मैंने जेनिंग्स रॅडॉल्फ को लगातार कामयाबी की तरफ बढ़ते देखा है।

# इच्छा

## सफलता प्राप्ति का शुरुआती बिंदु

50 साल पहले जब एडविन सी. बार्न्स मालगाड़ी से सफर करके ऑरेन्ज, न्यू जर्सी पहुंचे तो उनकी हालत किसी फुटपाथिए से बेहतर न थी। लेकिन उनकी सोच इसके बिल्कुल विपरीत थी। वह अपने विचारों से पूरी दुनिया को प्रभावित करने की क्षमता रखते थे।

जब वह रेलवे स्टेशन से थॉमस ए. एडीसन से मिलने उनके ऑफिस की तरफ जा रहे थे तो उनका दिमाग अपनी ही उधेड़-बुन में व्यस्त था। उन्होंने खुद को एडीसन के सामने खड़े होने की कल्पना की और अपने जीवन की सबसे बड़ी और इकलौती ख़्वाहिश प्रकट करते हुए कहा कि वह एडीसन का बिज़नेस पार्टनर बनना चाहता है।

बार्न्स की यह इच्छा सामान्य लोगों की छोटी-मोटी इच्छाओं की तरह नहीं थी। बल्कि यह एक ऐसा आत्मिक तीव्र भाव था जिसमें एक निश्चित लक्ष्य, लगन और उत्साह का समावेश था।

कुछ साल बाद, एडविन सी. बार्न्स और एडीसन एक बार फिर उसी ऑफिस में एक-दूसरे के के सामने खड़े थे, जहां वे पहली बार मिले थे। अंतर केवल इतना था कि इस बार बार्न्स की इच्छा हक़ीकत का रूप ले चुकी थी और अब वह एडीसन के साथ मिलकर लगन, मेहनत से काम कर रहे थे। उनके जीवन का सबसे बड़ा ख्वाब पूरा हो चुका था। बार्न्स की सफलता के पीछे का मुख्य कारण था निश्चित लक्ष्य। उन्होंने उस लक्ष्य को हासिल करने में अपनी सारी ऊर्जा इच्छाशक्ति और सारे प्रयास झोक दिए।

जिस अवसर का वे बेसब्री से इंतजार कर रहे थे उसे आने में पूरे पांच साल लग गए। लेकिन इतने लंबे प्रतीक्षाकाल में उनके कदम ज़रा भी नही डगमगाए। हर बीतते दिन के साथ उनके इरादे पहले की अपेक्षा और मजबूत बनते गए। बार्न्स के सिवाए वहां काम करने वाले हर आदमी को यही लगता था कि वे एडीसन के बिजनेस में एक छोटी -सी कील की तरह ही थे। लेकिन बार्न्स की सोच उन सब से हट कर थी। वह उस दिन से ही ख़ुद को एडीसन का बिज़नेस पार्टनर मानने लगे थे, जिस दिन से उसने एडीसन के साथ काम करना शुरू किया था।

इच्छा एक ऐसी शक्ति है जिसके आगे दुनिया की प्रत्येक शक्तिशाली शक्ति कमज़ोर नजर आती है। बार्न्स को अपने लक्ष्य हासिल करने में सफलता मिली क्योंकि वे किसी भी चीज से अधिक प्रबलता से लक्ष्य को प्राप्त करने की योजना बनायी। इसके लिए उन्होंने अपने पीछे हटने के सारे

रास्ते बंद कर दिए और अपनी प्रबल इच्छा के साथ तब तक पूरे हौसले के साथ डटे रहे जब तक कि उनकी ज़िंदगी की सबसे बड़ी धुन हक़ीकत में नहीं बदल गयी।

जब वे ऑरेन्ज गए, तो उन्होंने अपने आप से यह नहीं कहा, "मैं कोशिश करके देखूंगा कि एडीसन मुझे अपने यहां किसी तरह काम पर रख लें।" इसकी बजाए उन्होंने कहा, "मैं एडीसन से मिलूंगा और उन्हे बता दूंगा कि मैं उनके साथ बिज़नेस करना चाहता हूँ।"

उन्होंने यह नहीं कहा कि, 'मैं एडीसन के साथ कुछ महीने काम करके देखूंगा, अगर मुझे इसमें कुछ ज्यादा फायदा नज़र नहीं आया तो इसे छोड़कर कहीं और नौकरी ढूंढ़ लूंगा।' इसके बजाए उन्होंने खुद से वायदा करते हुए कहा कि, "मैं एडीसन के साथ काम करने के लिए किसी भी तरह का छोटा-बड़ा काम करने को तैयार हूँ... वह जो कहेंगे, मैं वही करूंगा। इसके लिए मैं अपने पीछे के सारे पुल जला दूंगा और अपने पूरे भविष्य को इस विश्वास पर दांव पर लगा दूंगा कि मुझमें अपना लक्ष्य प्राप्त करने की योग्यता है।"

उन्होंने अपने पीछे हटने का कोई रास्ता नहीं छोड़ा। उनकी स्थिति 'करो या मरो' वाली थी।

बार्न्स की सफलता का यही रहस्य था। काफी समय पहले एक महान योद्धा को भी इसी तरह की परिस्थिति का सामना करना पड़ा। जिसमें उसके लिए जरूरी हो गया था कि युद्ध में अपनी सफलता पहले से ही सुनिश्चित कर लें। वह अपनी सेना को दूसरी शक्तिशाली सेना के खिलाफ भेजने वाला था। लेकिन दुश्मन देश के सैनिकों की संख्या ज्यादा थी। युद्ध में जीत ही उसका मकसद था जिसके लिए वह पूरी तरह से तैयार था। उसने अपने

सैनिकों को जहाजों में भरा और दुश्मन देश तक समुद्र के रास्ते सफर किया। सिपाहियों और गोला-बारूद को उतारा और सैनिकों को उन जहाजों को जलाने का आदेश दिया जिनके सहारे वह यहां तक पहुंचे थे। युद्ध से पहले उसने अपने सैनिकों को संबोधित करते हुए कहा, "आप देख रहे हैं कि सारे जहाज जला दिए गए हैं। इसका सीधा सा मतलब है कि अब हम यहां से तब तक जिंदा नहीं लौट सकते जब तक कि हम जीत न जाएं। अतः अब हमारे पास जीतने के अलावा ओर कोई विकल्प नहीं है। "हम या तो जीतेंगे या फिर मर जाएँगे।"

## आखिरकार जीत उनकी हुई।

हर वह इंसान जो किसी काम में जीत हासिल करना चाहता है उसे अपने पीछे हटने के सारे रास्ते बंद करने का भी इच्छुक होना चाहिए। सफलता प्राप्ति के लिए जरूरी है कि हम अपने मस्तिष्क में जीतने की प्रबल इच्छा की आग को धधकता ही रखें, इसकी लौ कभी कम न होने पाए। इसी तरह एक बार शिकागो में एक बहुत भयंकर अग्निकांड हुआ जिसमें बहुत सी दुकानें जल कर राख हो गईं। कई दिन बाद व्यापारियों का एक समूह स्टेट स्ट्रीट पर खड़ा हो कर अपनी दुकानों की राख को देख रहा था। सबने एक मीटिंग की जिसमें यह फैसला करना था कि क्या वे अपनी दुकानों को फिर से बनाएंगे या फिर शिकागो छोड़कर किसी दूसरे शहर में जाकर काम शुरू करेंगे। एक व्यापारी को छोड़कर बाकी सब इसी निष्कर्ष पर पहुंचे कि शिकागो छोडने में ही समझदारी है।

जिस व्यापारी ने रुके रहने और फिर से वहां दुकान बनाने का फैसला किया था, उसने अपनी पुरानी जली हुई दुकान की राख की तरफ इशारा करते हुए कहा, "सज्जनो इस जगह पर मैं दुनिया का सबसे बड़ा मॉल बनाऊँगा। फिर चाहे यह कितनी ही बार क्यों न जल का जाए।"

इस घटना को पचास साल बीत गए। मॉल उसी जगह बना है और आज भी वहीं खड़ा है। यह मानसिक शक्ति का प्रमाण है। जिसे प्रबल इच्छा कहा जाता है। मार्शल फील्ड अगर चाहता तो वह भी अपने दूसरे साथी व्यापारियों की तरह मैदान छोड़कर भाग सकता था। रास्ता कठिन था और भविष्य अंधेरे में डूबता नज़र आ रहा था। ऐसे में बाकी लोगों ने अपना रास्ता बदल लिया और दूसरे रास्ते चले गए।

आप भी थोड़ा अपनी बुद्धि का इस्तेमाल करते हुए मार्शल फील्ड और उनके साथी व्यापारियों के बीच के इस अंतर को समझ लें क्योंकि यह वही अंतर हैं जो सभी सफल और असफल लोगों के बीच में होता है।

हर इंसान जो धन का मतलब जानता है और इसकी अहमियत समझता है, उसके दिल में इसे पाने की इच्छा हमेशा रहती है। लेकिन कोई भी चीज़ केवल चाहने भर से नहीं मिल जाती। दौलत निश्चय ही आती है लेकिन तभी जब मन में दौलत हासिल करने की प्रबल इच्छा हो, ऐसी इच्छा जो दिलो-दिमाग पर हावी हो जाए और सोते-जागते ...खाते-पीते यही बात याद रहे। अगर दौलत हासिल करने के लिए कोई निश्चित योजना बनाई जाए या कुछ नए तरीके खोजे जाएं और उन योजनाओं पर पूरी लगन और दृढ़ता से जुटे रहा जाए और असफलता पहचानने से इंकार कर दिया जाए तो मंज़िल सामने नजर आएगी।

## अमीर बनने की इच्छा को हकीकत में बदलने का एक उपाय है। यह इसके निश्चित और प्रैक्टिकल कदम हैं:

**पहला :** अपने दिमाग में पैसे की वह निश्चित मात्रा सोच लें जिसे हासिल करने की आपकी प्रबल इच्छा है। सिर्फ यह कह देना कि बहुत सारा पैसा चाहता हूँ पर्याप्त नहीं है। एक निश्चित रकम ही सोचें (इसके पीछे भी एक मनोवैज्ञानिक कारण है जिसका अगले अध्याय में विस्तारपूर्वक वर्णन है।)

**दूसरा:** यह भी तय कर लें कि जिस धन को पाने की प्रबल इच्छा आपके मन में है उसके बदले में आप क्या दे सकते हैं। चूंकि सच्ची बात तो यह है कि इस दुनिया में कोई भी चीज मुफ्त में नही मिलती। कुछ पाने के लिए कुछ खोना ही व्यापार है।

**तीसरा:** जिस निश्चित तारीख तक आपको धन चाहिए वह भी आप तय कर लें।

**चौथा:** अपनी इच्छा पूरी करने के लिए एक योजना बना लें, फिर चाहे आप उसके लिए तैयार हों या न हों. बस एकदम से काम में जुट जाएँ।

**पांचवां:** ऊपर लिखे हुए चारों कदमों का संक्षिप्त ब्यौरा लिख कर अपने पास रख लें।

**छठा:** अपने लिखे ब्यौरे को सुबह-शाम जोर-जोर से पढ़ें। जब भी आप इसे पढ़ें तो दिल में यही सोचिए कि उतना पैसा आपके पास है। यही विश्वास एक दिन वास्तविक रूप में आपके सामने खड़ा होगा।

अपनी इच्छा पूर्ति के लिए जरूरी है कि आप इन छह चरणों में बताए गए निर्देशों का पालन करें और सबसे अंतिम चरण का नियमित रूप से अनुसरण करें। मुझे पता है कि आप यही सोच रहे होंगे कि जब आपके पास पैसा है

ही नहीं तो विश्वास कैसे कर लें? यकीन मानिए, एक बार इस पर चल कर तो देखिए, सारी मुश्किलें खुद-ब-खुद आसान होती जाएंगी। इस कार्य को पूरा करने में प्रबल इच्छा शक्ति आपकी मदद करेगी। अगर आप में सचमुच अमीर बनने की प्रबल इच्छा है तो यह इच्छा एक दीवानगी बन जाएगी और आपका, खुद को विश्वास दिलाने में ज़रा भी कठिनाई नहीं होगी कि आप इसे हासिल कर लेंगे।

किसी अज्ञानी या मूर्ख व्यक्ति के लिए यह निर्देश केवल मजाक और अनुपयोगी ही सिद्ध होंगे क्योंकि वह मानव मस्तिष्क के काम करने के सिद्धांतों के बारे में कुछ नहीं जानता। प्राय: लोग इन छह चरणों की ताकत को पहचानने में असफल रहते हैं। उन सब के लिए एन्ड्रयू कारनेगी को जानना बहुत जरूरी है जिन्होंने अपनी जीवन की शुरुआत एक स्टील मिल में साधारण से मज़दूर के रूप में कार्य करने से आरंभ की थी। इतनी छोटी-सी शुरुआत के बावजूद भी उन्होंने इन सिद्धांतों के बदौलत 10 करोड़ डॉलर से ज्यादा की दौलत कमाई।

**थॉमस ए. एडीसन** ने भी इन्हीं छह सिद्धातों का सावधानीपूर्वक विश्लेषण किया और फिर उस पर अपनी सहमति की मुहर लगाई। उनका तो यहां तक कहना था कि ये सिद्धांत न सिर्फ दौलत कमाने के लिए अनिवार्य हैं, बल्कि किसी भी लक्ष्य को हासिल करने के लिए अनिवार्य हैं।

इन पर चलने के लिए न तो किसी तरह की मेहनत की आवश्यकता है और न ही ये आपसे कोई बलिदान मांगते हैं। इनका पालन करने के लिए आपका शिक्षित होना भी जरूरी नहीं है। लेकिन इन सिद्धांतों को सफलतापूर्वक जीवन में उतारने के लिए ज़रूरी है कि आप में पर्याप्त कल्पनाशक्ति हो। ताकि आप देख सकें और समझ सकें कि अमीर बनना किस्मत या संयोग के भरोसे नहीं

छोड़ा जा सकता। जिन लोगों ने ढेर सारी दौलत इकट्ठी की है उन्होंने भी दौलत पाने से पहले काफी सारे सपने देखे होंगे, आशाएँ संजोई होंगी और फिर उन्हें पूरा करने के लिए प्रबल इच्छाओं और योजनाओं का सहारा लिया होगा। यहां आप यह भी जान लें कि अगर आप में अमीर बनने की इच्छा नहीं होगी और अगर आप वास्तव में यह विश्वास नहीं करेंगे कि यह दौलत आपके पास है तो आप ढ़ेर सारी दौलत कभी नही कमा सकते।

प्रतिस्पर्धा के इस युग में हर इंसान एक-दूसरे से आगे निकलना चाहता है और ज्यादा से ज्यादा पैसा कमाना ही उनके जीवन का मुख्य उद्देश्य होता है। अमीरी की इस दौड़ में हमें यह जानकर बहुत प्रोत्साहन मिलता है कि आज की तेजी से बदलती दुनिया में नए विचारों, काम करने के नए तरीकों, नए नेताओं, नए आविष्कारों, शिक्षण की नई पद्धतिया, नई पुस्तकों, नए साहित्य, मार्केटिंग की नयी तकनीक, मोबाइल और कंप्यूटर के लिए नए फीचर्स और फिल्मों के लिए नए विचारो की काफी मांग है। नयी और बेहतर चीजों की इस मांग के पीछे एक ऐसा गुण है जो जीतने के लिए अनिवार्य है और वह है निश्चित लक्ष्य-यह जानना कि आप क्या चाहते हैं-अपने लक्ष्य को हासिल करने की आपकी प्रबल इच्छा।

दौलत इकट्ठी करने की धुन में हमें यह कदापि नही भूलना चाहिए कि इस दुनिया के असली नेता वही लोग हैं जिन्होंने छुपे हुए अवसरों की अदृश्य शक्तियों का व्यावहारिक तौर पर प्रयोग किया। उन्होंने अपने विचारों की शक्तियों को गगनचुंबी इमारतों, शहरों, फैक्ट्रियों हवाई जहाजों वाहनों और सुख-सुविधाओं में बदला।

अमीर बनने की योजना बनाते समय सपने देखने वाले को कभी भी छोटा न समझें और न ही उन लोगों की बातों में आएँ जिनका यह मानना

है कि सपने देखना मूर्खता है। निरंतर बदलती इस दुनिया में सफलता प्राप्त करने के लिए आपको अतीत के उन महान लोगों के पथ पर चलना होगा जिन्होंने अपने सपनों की बदौलत मानव जाति को बहुत-सी बहुमूल्य चीजें दी। वो सूत्र जो आज भी हमारे देश की धमनियों में रक्त की तरह प्रवाहित हो रहे हैं और ये सूत्र हैं—मौके को पहचानना और अपनी योग्यता के बल पर उसका व्यापार करना।

अगर कोई काम सही है और आपका उसे करने का मन है तो खुद पर विश्वास रखिए और बेखौफ उसे अंजाम दीजिये। अपने सपनों को पूरा करते वक़्त कभी भी दूसरों की बातों की परवाह मत कीजिए कि आपकी अव्यवहारिक असफलता पर लोग क्या कहेंगे। शायद लोग ये नहीं जानते कि हर सफलता का मूलमंत्र असफलता में ही छुपा हुआ है। जब तक कोई व्यक्ति हारता नही तब तक उसे असली जीत का मतलब भी पता नहीं होता।

**थॉमस एडीसन** ने एक ऐसे ही बल्ब का सपना देखा जो कि बिजली से जले और उन्होंने अपने इस ख्वाब को भौतिक स्वरूप देने का काम शुरू कर दिया। हजारो बार असफलता पाकर भी वह अपने इरादों से जरा भी नहीं डिगे और तब तक अपने काम में लगे रहे जब तक कि वह सपना सच नहीं हो गया। जो लोग व्यावहारिक होते है वह सपने देखना कभी नहीं छोड़ते।

इसी तरह व्हेलन ने भी कई वर्ष पहले सिगार स्टोर्स चेन का सपना देखा था और वे उसे पूरा करने में लग गए। आज युनाइटेड सिगार स्टोर्स का अमेरिका में अच्छा खासा व्यापार है।

राइट बंधुओं ने भी एक ऐसी ही मशीन का सपना देखा था जो कि हवा में उड़ सके जिसका प्रत्यक्ष प्रमाण आज सारी दुनिया के सामने है। मार्कोनी ने एक ऐसे ही यंत्र बनाने का ख्वाब देखा जो आकाश में विद्यमान असंख्य

शक्तिशाली तत्वों का प्रयोग करके संचालित हो। आज दुनिया में मौजूद हर रेडियो और टेलीविजन सेट से हमें इस बात का प्रमाण मिल जाता है कि उनका सपना व्यर्थ नहीं था। आप को जानकर हैरानी होगी कि जब मार्कोनी ने लोगों को बताया कि उसने एक ऐसा सिद्धांत खोजा है जिसके द्वारा वह बिना किसी तार की मदद के हवा में संदेश भेज सकता है तो उसके दोस्त को यह सब पागलपन लगा और वे उसे पकड़कर डॉक्टर के पास ले गए जहां उन्होंने उसकी दिमागी जांच करवाई चूंकि उन्हें लगता था कि मार्कोनी की मानसिक स्थिति खराब हो गई। पहले की तुलना में आज के स्वप्नदर्शी बेहतर स्थिति में हैं। आज दुनिया में ऐसे अवसरों की भरमार है जो अतीत के स्वप्नदर्शियों को कभी नसीब नहीं हुआ था।

अपने ख्वाब को सकारात्मक रूप देना ही सबसे बड़ी कामयाबी है। बनने और करने की प्रबल इच्छा ही किसी कार्य को करने का वह आरंभिक बिंदु है जहाँ से स्वप्नदर्शियों की यात्रा प्रारंभ होती है। मायूस उदासीन और आलस्य से कभी सपने पैदा नहीं होते।

कोई भी कार्य आरंभ करने से पहले एक बात याद रखें कि सफलता कभी भी पहली बार में नही मिलती। आज तक जितने भी महान व्यक्ति हुए, उनके शुरुआती अनुभव बहुत बुरे थे। सफलता की मंजिल पर पहुंचने से पहले उनके मार्ग में बहुत सी बाधाएं आयीं कामयाब लोगों की जिंदगी में नया मोड़ प्राय मुसीबत के वक्त ही आता है और तभी उन्हें अपने व्यक्तित्व के दूसरे रूप का ज्ञान होता है।

**जॉन बनयन** जो कि बहुत धार्मिक विचारों वाले व्यक्ति थे, को उनकी इसी प्रवृति के कारण कई सालों तक जेल की यातनाएं सहन करनी पड़ीं लेकिन

फिर भी वह अपने लक्ष्य से नहीं भटके और जेल में रह कर ही अंग्रेजी साहित्य पर एक बहुत ही बेहतरीन पुस्तक द पिलग्रिम्स प्रोग्रेस की रचना कर डाली।

**ओ. हेनरी** ने अपने अंदर सोयी हुई प्रतिभा को उस समय जाना जब उन पर मुसीबतों का पहाड़ टूट पड़ा और उन्हें कोलंबस में ओहियो के कारागार में डाल दिया गया। लेकिन इतने मुश्किल वक्त में भी उन्होंने हिम्मत नहीं छोड़ी और अपने इसी दुर्भाग्य को सौभाग्य में बदल डाला। उन्होंने अपनी कल्पनाशक्ति से जाना कि जेल में दुखी अपराधी और अपमानित व्यक्ति की तरह जीवन व्यतीत करने से अच्छा है कि वह कुछ ऐसा कार्य करें जिससे दूसरों का भला हो। इस तरह उन्होंने लिखना शुरू कर दिया और उनकी इसी कला का परिणाम रहा कि वह एक महान लेखक बन गए।

**चार्ल्स डिकेन्स** शुरू में बोतलों पर लेबल चिपकाने का काम करते थे। पहले प्यार में मिली निराशा ने उनकी आत्मा की गहराइयों तक चोट पहुंचाई और उन्हें विश्व के महानतम लेखकों की श्रेणी में लाकर खड़ा कर दिया। इसी त्रासदी की वजह से पहले तो उन्होंने डेविड कॉपरफील्ड लिखा और इसके बाद कई अन्य उपन्यास भी लिखे जिन्होंने पाठकों के जीवन को बेहतर और समृद्ध बनाया।

**हेलन केलर** जन्म के कुछ समय बाद ही गूँगी, बहरी और अंधी हो गईं। इस दुर्भाग्य के बावजूद उन्होंने इतिहास के महान लोगों में अपना नाम दर्ज करवाया। उनका पूरा जीवन इस बात का गवाह है कि कोई भी आदमी तब तक नही हारता जब तक कि वह अपनी हार को सच के रूप में स्वीकार न कर ले।

**राबर्ट बर्न्स** एक अनपढ़ देहाती युवक थे। गरीबी उन्हें विरासत में मिली थी। जिस कारण वह शराबी बन गए। परंतु आज दुनिया पहले से बेहतर स्थिति में

है क्योंकि उन्होंने अपने विचारों को कारण सुंदर कविता में बदल दिया और कांटों को उखाड़कर उनकी जगह गुलाब रख दिया।

**बीथोवन बहरे और मिल्टन अंधे** थे परंतु वो आज भी अमर हैं क्योंकि उन्होंने सपने देखे और उन को विचारों में संगठित करके संपूर्ण कर दिया।

किसी चीज की चाह रखने और उसके लिए तैयार रहने में फर्क होता है। जब तक व्यक्ति में उसे प्राप्त करने का विश्वास न हो तब तक वह उसे पाने के लिए तैयार नहीं होता। यह विश्वास की मानसिक अवस्था होती है। कामना या आशा की नहीं। विश्वास के लिए आपको अपना दिमाग खुला रखना होगा। क्योंकि बंद दिमाग में न तो आस्था होती है और न ही साहस और विश्वास।

एक बात हमेशा याद रखें, जीवन में अपने लक्ष्य को ऊंचा रखने के लिए, अमीरी और समृद्धि प्राप्त करने के लिए आपको गरीबी और दुख को स्वीकार करने की अपेक्षा ज्यादा प्रयास नहीं करना पड़ेगा। इस शाश्वत् सत्य को एक महान कवि ने बहुत आसानी से समझाया है:

"मैंने जिंदगी से चवन्नी का सौदा किया,

और जिंदगी ने भी मुझे इससे ज्यादा नहीं दिया,

हालांकि जब शाम को मैंने अपनी मज़दूरी गिनी

जो मैंने और ज्यादा पैसे मांगे।"

"जिंदगी एक न्यायप्रिय मालिक है,

यह आपको उतना ही देती है जितना आप मांगते हैं

परंतु एक बार आप अपनी मजदूरी तय कर लेते हैं तो फिर आपको उतने पर ही काम करना पड़ता है।"

"मैं एक मजदूर की पगार पर काम करता रहा,

मैंने यही सीखा, और सोचकर निराश हुआ

कि मैं जिंदगी से जो भी तनख्वाह मांगता

जिंदगी मुझे खुशी-खुशी वही दे देती।"

इस अध्याय के अंत में मैं आपको एक बहुत ही असाधारण व्यक्ति की कहानी सुनाना चाहूँगा। मैंने उसे पैदा होने के कुछ मिनट बाद देखा था। जन्म से ही उस बच्चे के कान नहीं थे और जब उसे डॉक्टरो को दिखाया गया तो उन्होंने स्पष्ट शब्दों में कह दिया कि बच्चा जीवन भर गूँगा और बहरा रहेगा।

लेकिन मैं उनकी बात से सहमत नही था इसलिए मैंने उन्हें चुनौती दे डाली कि मैं आपकी इस धारणा को गलत साबित करके रहूँगा। मेरा ऐसा करना जायज था क्योंकि मैं उस बच्चे का पिता था। मेरे मन में हजारों तरह के सवाल-जवाब चलते रहे। आखिरकार मैं एक ऐसे फैसले पर पहुंचा जो बाकी दुनिया के लिए असंभव था। इसलिए मैंने किसी को इसकी भनक नहीं लगने दी और अपने तक ही सीमित रखा।

मेरा दिल बार-बार कह रहा था कि एक दिन मेरा पुत्र बोलेगा भी और सुनेगा भी। लेकिन कैसे? यह सवाल अब भी मेरे लिए पहेली बना हुआ था। मुझे यकीन था कि कोई न कोई ऐसा तरीका तो जरूर होगा जिससे इस असंभव बात को संभव बनाया जा सके। और फिर मैंने संकल्प लिया कि चाहे कुछ भी हो जाए मैं इसे जरूर खोज निकालूंगा। तभी मुझे स्वर्गीय इमर्सन के

कहे शब्दों का स्मरण हुआ सारी की “सारी दुनिया हमें आस्था सिखाती है। हमें सिर्फ उनकी बात माननी है। हममे से हर एक के लिए मार्गदर्शन उपलब्ध है और केवल सुनने भर से हम सही शब्द सुन सकेंगे।”

सही शब्द? प्रबल इच्छा! उस वक्त मेरे मन में एक ही इच्छा थी कि मेरा पुत्र गूंगा और बहरा नहीं रहना चाहिए। मैं अपनी इच्छा से तनिक भी पीछे नहीं हटा। लेकिन एक सवाल बार-बार ज़ेहन में उठता रहा था कि मैं इस काम को मुमकिन कैसे करूँगा। फिर एक दिन मैंने सोचा कि क्यूँ न मैं अपने बच्चे के मस्तिष्क में वही प्रबल इच्छा भर दूँ जो मेरे मस्तिष्क में थी कि वह बिना कानों के भी सुनने के तरीके खोजने में लगा रहे।

जैसे-जैसे बच्चा बड़ा होने लगा, उसने मेरे साथ सहयोग करना जारी रखा और मैं भी सुनने की प्रबल इच्छा को लगातार उसके दिमाग में भरता रहा। मैंने उसे यकीन दिलाया कि प्रकृति उसकी इस इच्छा को एक न एक दिन शारीरिक सत्यता में बदल देगी।

यह सारी बातें निरंतर मेरे मस्तिष्क में चलती रहतीं लेकिन मैंने किसी से कुछ नहीं कहा। हर दिन मैं अपने आप से किए वायदे को दोहराता कि मेरा पुत्र गूंगा और बहरा नही रहना चाहिए। जब वह थोड़ा बड़ा हुआ तो अपने आसपास की चीजों को देखने लगा। तब हमने जाना कि उसमें थोड़ा-बहुत सुनने की शक्ति तो थी। जब वह उस उम्र में पहुंचा जब बच्चे आमतौर पर बोलना शुरू करते हैं, तो उसने बोलने की कोई कोशिश नहीं की। लेकिन उसकी हरकतों से हम सब कुछ समझ जाते थे। मेरी मेहनत रंग लाने लगी। मुझे यकीन था कि अगर वह ज़रा सा भी सुन सकता है तो उसके सुनने की क्षमता को ओर भी बढ़ाया जा सकता है। तभी एक आश्चर्यजनक घटना घटी जिससे मेरी उम्मीदें पूरी होती नजर आने लगी।

हम एक रिकॉर्ड प्लेयर लाये। जब बच्चे ने पहली बार इस पर संगीत सुना तो खुशी के मारे नाचने लगा और उसने इस मशीन को किसी को भी देने से इंकार कर दिया। पहली बार उसका किसी चीज़ को लेकर इतना लगाव देखकर मेरे दिल को थोड़ा-सा सुकून मिला। एक बार तो उसने हद ही कर दी... दो घंटे लगातार रिकॉर्ड प्लेयर के सामने खड़े होकर पूरे ध्यान से इसे सुनता रहा और इस दौरान उसने अपने दांतों से मशीन के किनारों को पकड़े रखा। वह जब भी इसे सुनता तो इसी तरह प्लेयर को पकड़े रहता। उसकी यह आदत हमें कई वर्षों तक समझ नहीं आयी।

लेकिन एक दिन मुझे पता चला कि अगर मैं उसके सिर के नीचे वाली हड्डी पर अपने होठ लगाकर कुछ बोलू तो वह मेरी बातों को साफ-साफ सुन सकता है। इसके बाद तो जैसे मेरी खुशी का ठिकाना ही न रहा। मैंने उसके दिल में सुनने और बोलने की इच्छा को पहले की अपेक्षा ज्यादा जोश से भरना शुरू कर दिया। बच्चों को सोते वक्त कहानियां सुनना बहुत पसंद है इसलिए मैंने भी अपने बच्चे के लिए ऐसी ही कुछ कहानियां लिखूँ जो उसमें आत्मनिर्भरता, कल्पना और सामान्य बनने की इच्छा को तीव्रता से विकसित कर सके।

मैं हर रोज उसे एक ही कहानी नये-नये ढंग से नाटकीय अंदाज में बदलकर जोर-जोर से सुनाता। मेरा ऐसा करने का सिर्फ एक ही मकसद था इस कहानी के माध्यम से मैं उसके मस्तिष्क में इस विचार का बीज बोना चाहता था कि वह अपनी शारीरिक स्थिति को अपना दुर्भाग्य नहीं बल्कि सौभाग्य समझे। दर्शनशास्त्र का अध्ययन करते-करते एक बात मुझे अच्छे से समझ आ गई थी कि हर दुर्भाग्य अपने साथ उतने ही बड़े सौभाग्य का बीज लेकर आता है। लेकिन सच तो यह है कि मुझे ज़रा भी अंदेशा नहीं था कि यह दुर्भाग्य, सौभाग्य में कैसे बदल जाता है।

मगर अब जब भी अपने बेटे को देखता हू तो मेरी छाती गर्व से मेरे फूल जाती है क्योंकि मैं अपनी चुनौती में कामयाब हो रहा था। पुत्र को मुझ पर विश्वास था इसलिए उसने बिना कोई सवाल किए मेरी हर बात मानी। मैंने उसके मस्तिष्क में यह विचार बिठा दिया कि वह अपने बड़े भाई से कहीं ज्यादा बेहतर है। उसे इस अवस्था में बाकी लोगों की अपेक्षा अधिक फायदा मिलेगा। उदाहरण के तौर पर जब स्कूल में टीचर देखेंगे कि उसके कान नहीं हैं तो वह उसकी तरफ ज्यादा ध्यान देंगे और दयालुता से पेश आएंगे। इसके अलावा जब वह पेपर बेचने लायक बड़ा हो जाएगा तो भी उसे काफी फायदा होगा। क्योंकि जब लोग देखेंगे कि कान न होने के बावजूद भी यह बच्चा इतना समझदार और मेहनती है तो उसके प्रति सहानुभूति दिखाएंगे और उसका सामान के वास्तविक मूल्य से ज्यादा पैसे देंगे।

सात साल का होने पर उसने पहली बार इस बात का प्रमाण दिया कि उसके दिमाग में मेरे बोए गए बीज अब फल देने लगे हैं। कई महीन तक उसने पेपर बेचने की इच्छा जाहिर की परंतु उसकी माँ इस काम के लिए तैयार नहीं हुईं और उन्होंने उसे यह काम करने की आज्ञा नहीं दी।

आखिरकार उसने इस काम को अपने ढंग से करने का फैसला किया। एक दोपहर, हम सब किसी काम से बाहर गए हुए थे और वह घर पर नौकरों के साथ अकेला था। तभी उसके दिमाग में एक शरारत सूझी और वह किचन की खिड़की के रास्ते घर से बाहर निकल गया। उसने पड़ोस के जूता बनाने वाले से छः सेंट उधार लिए और इस पूँजी से उसने समाचार पत्र खरीदे। इन समाचार पत्रों को बेचा और प्राप्त रकम से फिर से समाचार पत्र खरीदे। देर शाम तक वह इसी तरह खरीदने-बेचने का काम करता रहा। फिर उसने अपने लेन-देन का हिसाब लगाया और बैंकर से लिए छह सेंट की रकम उसे वापस

करके बकाया मुनाफा गिना तो बयालीस सेंट की धनराशि उसकी छोटी सी मेहनत का फल था। जब हम रात को घर वापस लौटे तो हमने देखा कि वह अपने बिस्तर पर आराम से सो रहा था और बयालीस सेंट उसकी मुट्ठी में जकड़े हुए थे।

उसकी मां ने जब उसकी मुट्ठी खोली तो सिक्के निकल कर उसके आंचल में बिखर गए और वह जोर-जोर से रोने लगी। यह भी होना था.... अपने पुत्र की पहली सफलता पर रोना मुझे कुछ उचित नहीं लगा। खैर, मेरी प्रतिक्रिया इसके बिल्कुल विपरीत थी। मैं खुलकर हँसा क्योंकि मैं जानता था कि अपने बच्चे के दिमाग में मैंने जिस आत्मविश्वास को विकसित करने का प्रयास किया था...आज उसमें मुझे सफलता मिली थी।

माँ का दिल इस बात से घबरा रहा था कि एक छोटा-सा गूंगा-बहरा बच्चा सड़कों पर जाकर पैसा कमाने के लिए अपनी जान जोखिम में डाल रहा था। जबकि मैं उसमें एक बहादुर महत्वाकांक्षी, आत्मनिर्भर बिजनेसमैन को देख रहा था जिसका खुद पर विश्वास सौ फीसदी बढ़ गया था क्योंकि वह अपनी मर्जी से इस बिजनेस में गया था। इस सौदे से सबसे ज्यादा खुशी मुझे हुई क्योंकि इस छोटे से कारोबार से मैं जान गया था कि अब उसमें वह आत्मविश्वास है जो जीवन भर उसका साथ देगा।

वह छोटा-सा बहरा बच्चा बिना अपने टीचर्स के लैक्चर सुने स्कूल-कॉलेज पास कर गया। वह अपने टीचर्स की बात तभी सुन पाता था जब वे उसके पास खड़े होकर जोर से चिल्लाते थे। हमने उसे बहरों के स्कूल में डालने के अपेक्षा सामान्य स्कूल में ही डाला क्योंकि हम नहीं चाहते थे कि हमारा बेटा इशारों की भाषा सीखे। हमने संकल्प कर लिया था कि वह एक सामान्य जीवन जीएगा और दूसरे बच्चों की संगति में रह कर अच्छी बातें सीखेगा।

हालांकि इस बात को लेकर हमारी कई बार स्कूल के अधिकारियों से काफी बहस भी हुई।

जब वह हाई स्कूल में था तो हमने बिजली से चलने वाली हियरिंग एड का भी प्रयोग करके देखा लेकिन उससे कुछ फायदा नहीं हुआ।

कॉलेज के आखिरी सप्ताह के दौरान एक ऐसी घटना घटी जिसने उसकी जिंदगी के मायने ही बदल दिए। इसे संयोग कहिए या फिर उसकी प्रबल इच्छाशक्ति का कमाल कि उसे बिजली का एक और हियरिंग एड मिला जो कि उसे परीक्षण के लिए भेजा गया था। लेकिन वह इसे प्रयोग करने से थोड़ा घबरा रहा था चूंकि एक बार पहले भी वह इस तरह के हियरिंग एड से निराश हो चुका था। इसलिए दूसरी बार वह अपने माता-पिता का मन रखने के लिए अनमने मन से इसे लगाने के लिए तैयार हो गया। उसने उसे उठाया और असावधानी से इसे अपने सिर पर लगा लिया। जैसे ही बैटरी चालू की तो बिजली का एक जोरदार झटका लगा और जिंदगी भर आम लोगों की तरह सुनने का उसका सपना पूरा हो गया। अब लोगों को उसके पास आकर चिल्लाने की जरूरत नही। लोगों की तरह वह भी स्पष्ट सुन सकता था।

सारी दुनिया उसके लिए नई-नई सी लग रही थी। अपनी खुशी का इजहार करने के लिए उसने अपनी माँ से फोन पर बात की। उसे उनकी आवाज साफ-साफ सुनाई दे रही थी। अगले दिन क्लास में भी उसे अपने प्रोफेसरों की आवाज साफ सुनाई पड़ी। जिंदगी में ऐसा पहली बार हुआ था कि अब वह दूसरे लोगों के साथ बिना किसी बाधा बातचीत कर सकता था। सचमुच, उसकी दुनिया पूरी तरह से बदल गई थी।

उसकी प्रबल इच्छा ने फल देना शुरू कर दिया था परंतु जीत अभी भी अधूरी थी। अब वह किसी निश्चित और व्यावहारिक तरीके की खोज में था ताकि वह अपनी कमजोरी को ताकत में बदल सके।

हालांकि उसे इस बात का एहसास नहीं था कि जो कुछ उसे हासिल हुआ था वह कितना महत्वपूर्ण था परंतु आवाज की दुनिया में पहली बार कदम रखते हुए उसकी खुशी का ठिकाना नहीं था। उसने उस हियरिंग एड बनाने वाली कंपनी के निर्माता को एक पत्र लिखा जिसमें उसने अपने अनुभव और उत्साह का खुलकर बयान किया। कंपनी वाले उसके पत्र से इतना अधिक प्रभावित हुए कि उन्होंने उसे न्यूयॉर्क आने का निमंत्रण दिया। जब वह वहां पहुंचा तो उसे फैक्टरी में ले जाया गया। चीफ इंजीनियर को अपना अनुभव बताते समय उसके दिमाग में एक कल्पना, एक सोच और एक प्रेरणा उत्पन्न हुई। इसी विचार ने उसकी कमजोरी को ताकत में, कष्ट को संपत्ति में बदल दिया और उसने हज़ारों लोगों के जीवन में सुख का प्रकाश फैला दिया।

उसकी इस सोच का सारांश यह था कि वह बिना हियरिंग एड वाले लाखों बहरे लोगों तक अपनी बदली हुई दुनिया की कहानी पहुंचा कर उनकी जिंदगी बदलने मे उनकी सहायता करना चाहता था। वहां रह कर उसने एक महीने तक सारे मामले का पूरी गहनता से अध्ययन किया। उनके मार्केटिंग सिस्टम का अच्छे से विश्लेषण किया। उसने ऐसे-ऐसे तरीके खोजे जिनके द्वारा वह बहरे लोगों तक अपना संदेश पहुंचा सके। उसने अपने विश्लेषण के आधार पर दो साल की सारी योजना को कागज पर बनाया और फिर कंपनी के सामने अपनी सारी योजना प्रस्तुत की। वहां उपस्थित सब लोग उसकी बातों से इतना प्रभावित हुए कि उसे तत्काल ही नौकरी पर रख लिया गया। उसे फिर से अपनी महत्त्वाकांक्षा पूरा करने का सुअवसर मिल गया।

काम की शुरुआत में उसने कभी ख्वाब में भी नहीं सोचा था कि ही वह हजारों बहरे लोगों के जीवन को आशा और राहत से भर देगा जो उसकी मदद के बिना हमेशा बहरे बने रहने का अभिशाप झेलने को मजबूर, गूंगा बने रहते। इस बात में कोई संदेह नहीं कि ब्लेयर भी पूरा जीवन और बहरा ही बना रहता अगर मैंने और उसकी माँ ने उसके मस्तिष्क को उस तरह के सांचे में न ढाला होता।

जब मैंने उसके मन में आम आदमी की तरह बोलने और सुनने की प्रबल इच्छा का बीज बोया तो उस बीज के साथ-साथ एक विचार भी गया। इसी विचार के कारण प्रकृति को एक पुल बनाना पड़ा और उसके दिमाग और बाहरी दुनिया के बीच की मौन खाई को पाटना पड़ा। सच ही तो है कि एक प्रबल इच्छा अपने भौतिक रूप में आने का रास्ता अपने आप बना लेती है। ब्लेयर ने भी सामान्य लोगों की तरह ही सुनने की शक्ति पाने की इच्छा जाहिर की थी, जो कि आज उसके पास है। भगवान ने उसे एक कमी के साथ दुनिया में भेजा था और उसे भी दूसरे अपाहिज बच्चों की तरह कुछ पैंसिलें और एक टिन के डिब्बे के साथ सड़क पर भेजा जा सकता था।

लेकिन मैं उसे कुछ बनाना चाहता था ताकि दुनिया को सबक मिले कि इन जैसे बच्चे भी कुछ कर गुजरने की ताकत रखते हैं। मैंने बचपन में ही उसके दिमाग में एक छोटा सा सफेद झूठ डाल दिया कि उसकी कमी दरअसल उसके लिए सबसे बड़ा वरदान है और एक दिन उसे सफलता जरूर मिलेगी। वही झूठ आज सच में बदल गया। सच कहूँ तो ऐसा कुछ भी नहीं है। चाहे कुछ ठीक हो या गलत हो आस्था और प्रबल इच्छा शक्ति मिलकर हकीकत नहीं बदल सकती। यह तो इंसान के अंदर की ताकत और विश्वास है, जो नामुमकिन को भी मुमकिन बना देता है।

मैं इस अध्याय को खत्म करने ही जा रहा था कि तभी मैडम शूमैन हेक की मौत का समाचार आया। अखबारों में छपी एक छोटी-सी खबर से हमें पता चला कि एक साधारण-सी दिखने वाली यह औरत सफल गायिका में कैसे बदल गई और उनकी सफलता का क्या रहस्य है?

बचपन से ही मैडम शूमैन हेक की गायन में रुचि थी। वह अपने इस शौक को ही अपने कॅरियर में तब्दील करना चाहती थी। इसलिए वह वियेना कोर्ट ऑपेरा के डायरेक्टर से मिलने गई, जहां वह अपनी आवाज का परीक्षण करवाना चाहती थी। डायरेक्टर की नजर जैसे ही उस साधारण सी दिखने वाली और सस्ते से कपड़े पहनने वाली लड़की पर गई तो उन्होंने उसकी आवाज का परीक्षण करने से इंकार कर दिया और रूखेपन से जवाब दिया, "इस तरह के चेहरे और हुलिए से ऑपेरा की सफलता की बात सोच भी कैसे सकती हो? देखो, मेरी मानो तो गाना - वाना भूल जाओ, यह सब तुम्हारे बस की बात नहीं। बेहतर होगा कि तुम एक सिलाई मशीन खरीदो और वही काम करो।"

समय कभी एक-सा नहीं रहता। वियेना कोर्ट ऑपेरा का डायरेक्टर गायन की प्रतिमा से तो अच्छी तरह वाकिफ था परंतु इच्छा शक्ति का उसे ज्यादा ज्ञान नहीं था। इच्छा जब हद से बढ़ जाती है तो जुनून का रूप ले लेती है। मैडम शूमैन हैक की गायन की इच्छा भी जुनून में बदल गई थी। अगर उस डायरेक्टर को इस शक्ति का जरा भी ज्ञान होता तो उस दिन इस महान गायिका की योग्यता की निंदा करने की गलती कभी न करता।

कई साल पहले मेरा एक बिजनेस पार्टनर बहुत बीमार हो गया। दिनों-दिन उसकी हालत बिगड़ती जा रही थी। डॉक्टर आते और दवाई देकर चले जाते। लेकिन एक दिन जब तबीयत ज्यादा खराब हो गई तो हम उसे अस्पताल ले गए। जहां डॉक्टर ने उसका ऑपरेशन करने की बात की। डॉक्टर ने मुझे बुलाया और उसकी तबीयत के बारे में जानकारी देते हुए बताया कि उसके बचने के आसार बहुत कम है। परंतु ये तो डॉक्टर की सोच

थी, मरीज की नहीं। जब उसे ऑपरेशन थियेटर ले जाया जा रहा था तो उसने धीमे से मुझसे कहा, "चीफ, चिंता मत करो मैं कुछ ही दिनों में ठीक होकर वापस आउंगा।" उस वक्त नर्स बहुत ही दयाभाव से उसकी तरफ देख रही थी। सबको लगता था कि वह ऑपरेशन थियेटर में ही दम तोड़ देगा लेकिन मरीज सही-सलामत वापस लौट आया। जब सब कुछ ठीक-ठाक हो गया तो डॉक्टर ने कहा कि, "इसके जिंदा बचने का कारण उसकी प्रबल इच्छा-शक्ति है। अगर उसने मौत को पूरी तरह से अस्वीकार न कर दिया होता तो वह आज जिंदा न होता।"

मैं आस्था और इच्छा-शक्ति में यकीन करता हूँ। क्योंकि यह शक्ति लोगों को गरीबी से निकाल कर अमीरी और सफलता के उच्च शिखर तक पहुंचा देती है। इसी शक्ति के सहारे मुर्दे भी जिंदा होकर कब्र से बाहर आ जाते हैं अर्थात यह लोगों को मरने नहीं देती। मैंने खुद इसी शक्ति के सहारे सैकड़ों लोगों को हार कर भी जीतते हुए देखा है। उसी का परिणाम है कि आज मेरा पुत्र सामान्य, सुखद और सफल ज़िंदगी जी रहा है, हालांकि प्रकृति ने उसकी बहुत कठिन परीक्षा ली लेकिन धीरे-धीरे ही सही उसने हर परीक्षा को उत्तीर्ण किया। इंसान और प्रकृति का खेल कभी-कभी तो समझ ही नहीं आता। कोई भी कार्य क्यों, कैसे होता है यह तो हम भी नहीं जानते लेकिन इतना ज़रूर पता है कि इसमें मानसिक कैमिस्ट्री और प्रकृति का तालमेल होता है। इसी मानसिक कैमिस्ट्री के कुछ अजीब से सिद्धांत होते हैं जिन्हें प्रकृति प्रबल इच्छा के आवेग से भर देती हैं और इंसान असंभव, असफलता जैसे शब्दों को भूल जाता है।

अब आगे प्रश्न आता है कि इंसान इस इच्छा-शक्ति का प्रयोग कैसे करे? आपके इन सब प्रश्नों का जवाब आगे आने वाले अध्यायों में दिया गया है।

# आस्था

## इच्छा हासिल करने का विश्वास और स्पष्ट चित्र

विश्वास मानव मस्तिष्क का मुख्य तत्व है। जब इसे विचारों के साथ मिलाया जाता है तो अचेतन मस्तिष्क तुरंत ही इस कम्पन को भांप लेता है और आध्यात्मिक समतुल्य में बदल कर अनंत प्रज्ञा को संप्रेषित कर देता है।

सकारात्मक भावनाओं में सबसे सशक्त भाव है: आस्था, प्रेम और सैक्स। जब यह तीनों मिलते हैं तो विचारों को इस तरह से प्रभावित करते हैं कि यह तत्काल ही अवचेतन मस्तिष्क तक पहुंच जाते हैं, जहाँ इन्हें आध्यात्मिक समतुल्य में बदला जाता है। क्योंकि इस क्रिया पर अनंत बुद्धि की प्रतिक्रिया होती है।

आस्था एक मानसिक अवस्था है जिसे आत्मसुझाव के सिद्धांत के प्रयोग द्वारा प्रेरित या निर्मित किया जा सकता है। अगर आप अपने अचेतन मस्तिष्क को बार-बार कोई निर्देश दें तो आस्था विकसित हो सकती है।

उदाहरण के तौर पर आप उस उद्देश्य पर विचार करें जिसके लिए आप यह पुस्तक पढ़ रहें हैं। जाहिर सी बात है कि इसे पढ़ने की इच्छा जैसे अमूर्त भाव को इसके भौतिक समतुल्य यानी पैसे में बदलने की योग्यता को हासिल करना है। आत्मसुझाव और अचेतन मस्तिष्क वाले में कुछ निर्देश दिए गए हैं, जिनका पालन कर अवचेतन मस्तिष्क को विश्वास दिलवाया जा सकता है कि आपको अपनी इच्छित वस्तु मिल जाएँगी। आपका अवचेतन मस्तिष्क विश्वास पर काम करेगा और आपको आस्था प्रदान करेगा जिससे आपके दिमाग में योजनाएं आएंगी जिनके द्वारा आप अपनी मनचाही चीज हासिल कर सकते हैं।

आस्था एक ऐसी मानसिक अवस्था है जिसे आप अपनी इच्छा से विकसित कर सकते हैं लेकिन यह तभी संभव है जब आप सभी तेरह सिद्धांतों में निपुण हों और पूरी लगन से इन्हें अपने जीवन में लागू करने की चाह रखते हैं।

आस्था को विकसित करने का एक बिल्कुल ही आसान-सा उपाय है कि आप अपने अचेतन दिमाग को बार-बार सकारात्मक निर्देश देते रहें। चलिए अब आपको यही बात एक साधारण से उदाहरण से समझाता हूँ: क्या आप जानते हैं कि लोग अपराधी किस तरह बनते हैं? कोई भी व्यक्ति जन्म से अपराधी नहीं होता। कई बार परिस्थितियां ही ऐसी बन जाती हैं कि व्यक्ति अपराध करने को मजबूर हो जाता है। एक प्रसिद्ध क्रिमिनोलॉजिस्ट ने इसका बहुत गहन अध्ययन किया और बताया कि 'जब लोग पहली बार अपराध करते हैं तो उनके मन में खौफ पैदा हो जाता है। चूंकि अपराध करना उनका पेशा नहीं होता इसलिए वे इससे नफरत करने लगते हैं। लेकिन अगर वे कुछ समय तक अपराध के संपर्क में रहें तो वे इसके आदी हो जाते हैं और इसे सहन करने लगते हैं। अगर वे ज़्यादा लंबे समय तक इनके साथ

रहें तो अपराध की इस दलदल में धंसते चले जाते हैं और फिर उनका वहां से निकलना असंभव हो जाता है।

जिन विचारों के पीछे प्रबल भावना होती है और जिनमें आस्था होती है, वे सभी विचार तत्काल ही अपने भौतिक प्रतिरूप में बदलना शुरू हो जाते हैं। भाव या विचारों का भावनात्मक पक्ष विचारों को मार्मिकता, जीवन और सक्रियता प्रदान करते हैं। आस्था, प्रेम और सैक्स जब भी किसी विचार के साथ जुड़ते हैं तो उसे बहुत शक्तिशाली बना देते हैं। न केवल आस्था से जुड़े विचार अपितु सकारात्मक और नकारात्मक भाव से जुड़े विचार जब अचेतन मस्तिष्क तक पहुंचते हैं तो उसे भी प्रभावित कर देते हैं।

अचेतन मस्तिष्क की प्रतिक्रिया करने की क्षमता बहुत ज्यादा होती है। यह किसी भी तरह के विचार को बहुत ही तीव्रता से भौतिक समतुल्य में बदल देता है, फिर चाहे विचार सकारात्मक हों या नकारात्मक या फिर रचनात्मक या विध्वंसात्मक। अचेतन मस्तिष्क वह अद्भुत रहस्य है, जिसे समझ पाना प्रत्येक मनुष्य के लिए मुमकिन नहीं।

करोड़ों लोगों का मानना है कि उनका जीवन गरीबी और नाकामयाबी की वजह से बर्बाद हो रहा है क्योंकि उन्हें लगता है कि कोई रहस्यमयी शक्ति उनके खिलाफ काम कर रही है और वे उसे रोक पाने में असमर्थ हैं। इसी नकारात्मक विश्वास के कारण ही वे अपने दुर्भाग्य के निर्माता खुद होते हैं। क्योंकि उनका निष्क्रिय दिमाग उनकी इस नकारात्मक सोच को ग्रहण कर लेता है और इसे भौतिक रूप दे देता है।

अगर आप अपनी किसी इच्छा को हकीकत में बदलना चाहते हैं तो उसे अपने अचेतन मस्तिष्क तक पहुंचा दें। यदि आपकी इच्छा प्रबल और आशावादी होगी तभी आप उसे भौतिक प्रतिरूप में बदल सकते हो। आस्था

या विश्वास द्वारा ही आपके प्राणहीन मस्तिष्क की क्रियाओं को निर्धारित किया जाता है और आत्मसुझाव द्वारा आप अपने अचेतन मस्तिष्क को आसानी से धोखा भी दे सकते हैं।

इस छल-कपट को अधिक वास्तविक बनाने के लिए इस तरह से व्यवहार करें मानों वह चीज़ आपके पास पहले से ही है जिसकी आप इच्छा कर रहे हो और यह भाव उस समय आप में होना चाहिए जब आप अपने अवचेतन मस्तिष्क को आदेश दे रहे हों। आस्था और विश्वास की स्थिति में दिए गए आदेश को निष्क्रिय मस्तिष्क आसानी से व्यवहारिक ढंग से हकीकत में बदल देगा। प्रयोग और अभ्यास द्वारा आप अवेतन मस्तिष्क को दिए जाने वाले किसी भी आदेश को आस्था अपन सराबोर करने की योग्यता हासिल कर सकते हैं। पूर्णता केवल अभ्यास से ही आती है। पढ़ने या निर्देश देने से नहीं।

इसलिए आवश्यक है कि आप सकारात्मक भावनाओं को अपने मस्तिष्क में प्रबलता से प्रोत्साहित करें और नकारात्मक भावनाओं को हतोत्साहित करके बाहर निकाल दें। जिस मस्तिष्क में सकारात्मक भावनाओं का प्रवाह होने लगता है, वह उस मानसिक अवस्था का निवास बन जाता है और वहीं से आस्था का जन्म होता है। वह मस्तिष्क इच्छा के अनुरूप अवचेतन मस्तिष्क को निर्देश देता है और तत्काल इसे वास्तविकता में बदल देता है।

प्राचीनकाल से ही अलग-अलग धर्मों के बड़े-बड़े पैगम्बर मानवता के हित में कार्य करते आ रहे हैं। उन सबका उद्देश्य पथभ्रष्ट मानव जाति को सही मार्ग पर लाना और उनके वित्त को सद्कार्यों में लगाना है। वह संघर्षरत मानवता को हमेशा धार्मिक सिद्धांतों में विश्वास रखने का संदेश देते हैं। लेकिन केवल संदेश देना ही पर्याप्त नहीं होता बल्कि उन्हें इस मार्ग पर चलने का

उपाय बताना भी बहुत जरूरी है। उन्होंने लोगों को आस्था रखना तो सिखाया लेकिन आस्था होती क्या है और इसे पैदा कैसे किया जाता है, ये बताने में चूक गए।

## आस्था एक ऐसी मानसिक अवस्था है जिसे आत्मसुझाव द्वारा विकसित किया जा सकता है।

चलिए अब हम आपको वह सिद्धांत बताते हैं कि जिससे आपको पता चलेगा कि आस्था को कहा विकसित करना चाहिए:

1. अपने आप में आस्था रखें और परमेश्वर में आस्था रखें।

2. आस्था ही वह अमृत है जो हमारे विचारों को जीवन, शक्ति और क्रियाशीलता प्रदान करता है।

3. आस्था ही पैसा कमाने का शुरुआती बिंदु है।

4. आस्था ही उन सब चमत्कारों और रहस्यों का आधार है जिन्हें विज्ञान के नियमो द्वारा स्पष्ट नहीं किया जा सकता।

5 आस्था असफलता का एकमात्र प्रतिकारक है।

6. आस्था वह तत्व है जिसे जब प्रार्थना के साथ मिलाया जाता है तो मनुष्य अनंत ज्ञान की बातें करने लगता है।

7. आस्था वह तत्व है जो इंसान के सीमित मस्तिष्क द्वारा बनाए गए विचारों को आध्यात्मिक प्रतिरूप में रूपांतरित करता है।

8. आस्था ही वह एकमात्र माध्यम है जिसके द्वारा मनुष्य अनंत ज्ञान का प्रयोग व्यापारिक कार्यों में कर सकता है।

एक सामान्य मनुष्य के लिए किसी भी बात का प्रमाण देना बहुत ही आसान बात है चूंकि यह आत्मसुझाव के सिद्धांत में लिपटा हुआ होता है। अब आप पूछेंगे कि यह आत्मसुझाव क्या है, इसे कैसे प्राप्त किया जा सकता है? वैसे तो इसका संक्षेप वर्णन अगले अध्याय में किया गया है लेकिन फिर भी आपके लिए इसका मतलब अभी जानना अनिवार्य है।

एक बात तो सब जानते हैं कि इंसान कभी-कभार खुद से ही बतियाने लगता है। कई बार वह एक ही बात बार-बार दोहराता रहता है और फिर उसी को सच मान बैठता है, फिर चाहे वह बात सही हो या गलत। अगर कोई आदमी किसी झूठ को बार-बार दोहराता रहे तो वह उस झूठ को ही सच मान लेता है। मनुष्य की खासियत यही है कि जिस तरह के विचार उसके दिमाग में भरे होते हैं वह वैसा ही बन जाता है। यह विचार सहानुभूति और भावनाओं के साथ मिलकर प्रेरक शक्तियां बन जाते हैं और उसके हर कार्य, गतिविधियों को नियन्त्रित करते हैं। किसी ने सच ही कहा है कि जब विचार भावनाओं के साथ संगठित होते हैं तो वह एक तरह से चुंबकीय शक्ति बन जाते हैं और अपने आस-पास के सब विचारों को आमंत्रित करते हैं।

जिस प्रकार एक बीज को जमीन में बोया जाता है तो वह कुछ दिन बाद अंकुरित होता है और फिर उगता है और धीरे-धीरे कई गुना हो जाता है। ठीक उसी तरह विचार भी भावनाओं के साथ मिलकर चुंबकीय बन जाते हैं और दूसरे विचारों को आकर्षित करते हैं।

मानवीय मस्तिष्क ज्यादातर उन्हीं कंपनों को आकर्षित करता है जो उनके मस्तिष्क में पनप रहे विचारों के अनुरूप हों। इंसान के मस्तिष्क

में प्रबलता से मौजूद कोई भी विचार अपने रिश्तेदारों को आमंत्रित और आकर्षित करता है और इन रिश्तेदारों से जुड़ने के बाद वह पहले की अपेक्षा ज्यादा शक्तिशाली बन जाता है और उसकी शक्ति तब तक बढ़ती जाती है जब तक कि वह उस व्यक्ति का प्रबल मालिक नहीं बन जाता जिसके मस्तिष्क में वह निवास करता है।

अब हम जानेंगे कि विचार, योजना या लक्ष्य के मूल बीज मस्तिष्क में किस तरह बोये जाते हैं। यह प्रक्रिया बहुत आसान है: किसी भी विचार, योजना या लक्ष्य को बार-बार दोहरा कर मस्तिष्क में रखा जा सकता है। इस लक्ष्य को याद रखें और इसे हर रोज जोर-जोर से पढ़ें जब तक कि इस ध्वनि का कंपन आपके अवचेतन मस्तिष्क तक न पहुंच जाए। दुर्विचारों को हमेशा मस्तिष्क से दूर रखें और सद्मार्ग पर चलने की प्रतिज्ञा लें। जब भी आप अपनी मानसिक पूंजी और दायित्वों का हिसाब लगाएंगे तो आत्मविश्वास की कमी को ही अपनी सबसे बड़ी कमजोरी के रूप में पाएंगे। अपनी इस कमी को आत्मसुझाव द्वारा दूर करके संकोच को साहस में बदल दें। सकारात्मक विचारों को लिख लें, याद कर लें और फिर बार-बार दोहरायें जब तक कि ये आपके अवचेतन मस्तिष्क का हिस्सा न बन जाएं।

# आत्मविश्वास का फार्मूला

अपने आप में विश्वास करना ही आत्मविश्वास कहलाता है। अगर हमें खुद पर भरोसा है तो मुश्किल से मुश्किल काम भी आसानी से कर सकते हैं। पुस्तक में बताए गए तेरह सिद्धांतों में से यह भी सबसे महत्वपूर्ण सिद्धांत है।

**पहला :** मुझमें अपने जीवन के निश्चित उद्देश्य को प्राप्त करने की क्षमता है। इसलिए मैं खुद से वायदा करता हूँ कि पूरी मेहनत और लगन से निरंतर कार्य करता रहूँगा और एक दिन इस दुनिया का सबसे कामयाब इंसान बनकर दिखाऊंगा।

**दूसरा :** मुझे एहसास है कि मेरे अंदर इच्छाशक्ति है जिसके द्वारा विचारों को हकीकत में बदला जा सकता है। इसलिए आज से मैं हर रोज आधे घंटे तक ध्यान लगाउंगा जिससे कि मेरे मन-मस्तिष्क में अपने लक्ष्य को प्राप्त करने की स्पष्ट तस्वीर बनी रहे।

**तीसरा :** आत्मसुझाव के सिद्धांत द्वारा  जिस भी इच्छा को अपने मस्तिष्क में रखूंगा वह धीरे-धीरे सकारात्मक रूप लेती जाएगी। इन सबके लिए आवश्यक है कि मैं अपने आत्मविश्वास को ज्यादा से ज्यादा विकसित करूँ जिसके लिए हर तरह से प्रयत्नशील रहूँगा।

**चौथा :** मैंने अपने जीवन के मुख्य उद्देश्य को लिखित रूप में वर्णन कर दिया है और इसे हासिल करने के लिए मैं आखिरी सांस तक कोशिश करता रहूँगा।

**पाचवां :** प्रकृति का नियम है कि कोई भी चीज़ हमेशा एक जैसी नहीं रहती. सुख-दुख, मिलना-बिछुड़ना तो हमेशा से ही चलता आया है। झूठ और धोखे की बुनियाद पर प्राप्त की गई कोई भी वस्तु ज्यादा देर तक नही टिक सकती। मेरा हर पल यही प्रयास रहेगा कि मेरे द्वारा किए गए किसी भी कार्य से किसी

दूसरे को कोई भी नुक्सान ना हो और ना ही मैं ऐसे किसी क्रियाकलाप में शामिल होउंगा जिससे मेरे शिवा किसी और को कोई लाभ ना हो। लोगों की मदद करना मेरा धर्म है और इससे में कतई पीछे नहीं हटूंगा। मानव जाति में प्रेम और शांति का विकास और घृणा, द्वेष और स्वार्थ जैसी बुराईयों से कोसों दूर रहूँगा। नकारात्मक सोच हमेशा निराशा ही देती है इसलिए मैं इस सोच को सदा के लिए मिटा दूंगा और सद्विचारों को अपनाकर उन्नति की ओर अग्रसर रहूँगा। मैं खुद पर विश्वास रखूंगा और ऐसा कुछ भी नहीं करूंगा जिससे लोग मुझे शंका की नज़र से देखें। इन सब बातों को ध्यान में रखकर ही मैं इस फॉर्मूले पर हस्ताक्षर करूंगा और प्रतिदिन इसे जोर-जोर से दोहराउंगा जिससे मेरे अंदर विचारों और कार्य करने की क्षमता का विकास होगा और एक दिन मैं स्वावलंबी और सफल व्यक्ति बन जाऊँगा.

आत्मविश्वास के इस फॉर्मूले के पीछे भी प्रकृति का एक नियम है जिसे आज तक कोई समझ नहीं पाया है। प्रकृति में होने वाली हर घटना के पीछे एक कारण होता है जिसे जानना हर एक के लिए मुनासिब नहीं। अगर इन नियमों का रचनात्मक ढंग से प्रयोग किया जाए तो यह मानव जाति की सफलता और प्रसिद्धि के लिए हितकारी सिद्ध होगा। लेकिन अगर इसका विध्वंसात्मक ढंग से प्रयोग किया गया तो तत्काल ही सब कुछ नष्ट-भ्रष्ट कर देगा। किसी व्यक्ति की असफलता के पीछे उसकी किस्मत का कोई दोष नहीं होता, अगर दोष होता है तो उसकी नकारात्मक सोच का होता है जो हर पल व्यक्ति के मस्तिष्क में हार का बीजारोपण करती रहती है।

नियम निष्क्रिय मस्तिष्क प्राय: अच्छे-बुरे, सही-गलत के शब्दों से अलग रहता है। विचार चाहे रचनात्मक हो या विध्वसात्मक इससे कोई फर्क नही पड़ता, मस्तिष्क का कार्य तो हर तरह के विचार को भौतिक रूप में लाना है। अगर मस्तिष्क में किसी तरह के डर का विचार पैदा हो जाए तो यह उतनी

तेजी से हकीकत में बदल जाएगा जितनी तेजी से यह आस्था द्वारा प्रेरित विचार को हकीकत में बदलता है।

उदाहरण के तौर पर यदि हम बिजली का प्रयोग रचनात्मक कार्यों में करें तो इससे बड़े-बड़े उद्योग चलाए जाते हैं और मानव-जाति की सारी सुख-सुविधाओं की पूर्ति की जाती हैं लेकिन यदि इसे नकारात्मक ढंग से प्रयोग किया जाए तो यह सारी दुनिया में त्राहि-त्राहि मचा सकती है। उसी तरह यदि आत्मसुझाव का नियम हमारे जीवन में सुख-समृद्धि और शांति लाता है तो दूसरी तरफ यह आपके दुख, निराशा और नाकामयाबी का कारण भी बन सकता है। अब यह आप पर निर्भर करता है कि आप इसे किस प्रकार अपने जीवन में लागू करते हैं।

यदि आपका मन किसी प्रकार के डर शंका और अविश्वास से भर जाता है और आपको लगने लगता है कि आप में किसी कार्य को करने का सामर्थ्य नहीं, तो यह विचार आत्मसुझाव के नियम द्वारा अविश्वास में बदल जाते हैं और फिर अवचेतन मस्तिष्क इसे हकीकत में बदलकर हमारे सामने लाकर खड़ा कर देता है। इस नियम को अपनाकर आप अपने जीवन को ऊपर भी उठा सकते हैं और नीचे भी गिरा सकते हैं। यही नियम मनुष्य की काल्पनिकता को साकार रूप देकर उसे सफलता की बुलंदियों तक पहुंचा देता है। नीचे लिखी कुछ पंक्तियों में आत्मसुझाव को बहुत अच्छे ढंग से अभिव्यक्त किया गया है इनमें कवि ने उन शब्दों पर जोर दिया है जो बहुत ज्यादा गूढ है:

"अगर आप सोचते हैं कि आप हार गए, तो आप हार गए हैं।

अगर आपको लगता है कि आप में हिम्मत नहीं, तो आप में हिम्मत नहीं है।

अगर आप जीतना चाहते हैं लेकिन आपको लगता है

कि आप जीत नहीं सकते,

तो निश्चित रूप से आप कभी जीत नहीं पाएंगे।

अगर आपको लगता है कि आप हार जाएंगे, तो आप जरूर हारेंगे।

क्योंकि दुनिया में रहकर हमने यही जाना है,

कि सफलता इंसान की इच्छा से शुरू होती है,

यह पूरी तरह से उसकी मानसिक स्थिति पर निर्भर है।

अगर आपको लगता है कि आप पिछड़ गए हैं, तो आप सही हैं,

आपको ऊपर उठने के बारे में सोचना होगा,

आपको खुद पर विश्वास रखना होगा

तभी आप कोई पुरस्कार जीत सकते हैं।

जीवन के युद्ध में जीत हमेशा उसकी नहीं होती

जो सबसे ज्यादा ताकतवर होता है।

बल्कि जल्दी या देर से जीतता वही है,

जो सोचता है कि वह जीत सकता है।"

संपूर्ण ब्रह्मांड में केवल मानव ही एक ऐसा प्राणी है जिसे सोचने समझने का गुण प्राप्त है। प्रत्येक मानव मस्तिष्क में ज्ञान का असीम भंडार छुपा हुआ है। यदि इसे अच्छे कार्यों में लगाया जाए तो यह आपको उन ऊंचाइयों के शिखर पर ले जाएगा जिनके लिए कभी आपने सपने देखे थे। जिस तरह कोई

संगीतकार वायलिन की तारों से संगीत की मधुर लहरियाँ छेड़ सकता है ठीक उसी तरह आप भी अपने मस्तिष्क में सोई प्रतिभा को जगा कर अपने लक्ष्य की तरफ बढ़ सकते हैं।

अब्राहम लिंकन को कौन नहीं जानता. जन्म के बाद से ही उन्होंने बहुत सारी मुश्किलों का सामना किया। उनकी पढ़ने की इच्छा थी खुद लेकिन उनके परिवार की आर्थिक स्थिति इतनी अच्छी नहीं थी कि वो उन्हें उच्च शिक्षा दिलवा पाते। वे एक साल से भी कम समय के लिए स्कूल गए लेकिन इसके बावजूद भी उन्होंने हिम्मत नहीं हारी और ही पढ़ना-लिखना सीख लिया। इस पर भी दुर्भाग्य ने उनका साथ नहीं छोड़ा। चालीस साल की उम्र तक वह जिस काम में भी हाथ डालते उसमें असफल हो जाते। लेकिन इस तरह की गुमनामी का जीवन व्यतीत करना उन्हें कदापि मंजूर नहीं था। इसलिए उन्होंने अपने मस्तिष्क में सोई हुई प्रतिभा को जगाया और एक दिन अमेरिका के राष्ट्रपति बन गए ।

यह तथ्य सर्वथा सत्य है कि प्रेम की उत्पत्ति आस्था से ही होती है। ये दोनों भाव परस्पर आपस में जुड़े हुए हैं। एक अनुसंधान के दौरान यह पता चला है कि सैंकड़ों सफल लोगों की सफलता के पीछे किसी न किसी महिला के प्रेम का प्रभाव अवश्य था। अगर आपको इन बातों में ज़रा सा भी संदेह है या इसकी पुष्टि के लिए किसी प्रमाण की आवश्यकता है तो उन महान लोगों की उपलब्धियों का अध्ययन कीजिए जिन्होंने इस भाव का प्रयोग करके ख्याति हासिल की। बाईबिल में भी आस्था को ही ईसाई धर्म का आधार माना है। लेकिन लोगों ने इस महान शक्ति के अर्थ का बहुत गलत ढंग से प्रयोग किया है।

लोग प्रभु ईसामसीह की शिक्षाओं और उनकी कहानियों को चमत्कार का नाम देते हैं। अगर थोड़ा दिमाग लगाकर सोचा जाए तो चमत्कार जैसी कोई चीज इस दुनिया में है तो यह केवल मानसिक अवस्था ही है जो असंभव को संभव बना देती है, जिसे आस्था का नाम दिया जाता है। आस्था की शक्ति का प्रमाण आप उस महान व्यक्ति के जीवन में देख सकते हैं जिसे सारा विश्व अच्छी तरह से जानता है—उसका नाम है महात्मा गांधी। गांधी जी एक मध्यमवर्गीय परिवार से ताल्लुक रखते थे। उनके पास घर-बार, पैसा कुछ नहीं था। अहिंसा का यह पुजारी खादी के कपड़े पहनता था। उन्होंने देश के स्वाधीनता संग्राम में बढ़-चढ़ कर भाग लिया। इस लड़ाई के लिए उनके पास धन-दौलत, हथियार, सिपाही जैसा कोई भी पारंपरिक औजार नहीं था लेकिन आस्था की शक्ति भरपूर मात्रा में थी। इसी विश्वास के आधार पर इन्होंने देश को आजाद करवाया। अब सवाल उठता है कि उनके पास इतनी शक्ति आई कैसे? उन्होंने अपने मन में स्वाधीनता की इच्छा प्रबल कर रखी थी। इसी इच्छा को उन्होंने आस्था के सिद्धांत द्वारा विकसित किया। अपनी इस योग्यता के बल पर उन्होंने बीस करोड़ लोगों के दिमाग में अपनी आस्था के बीज बोए। उन्होंने बीस करोड़ मस्तिष्कों को एक साथ जुड़ने और एक साथ चलने के लिए प्रेरित किया जो कि आश्चर्यजनक उपलब्धि।

आस्था और सहयोग के आधार पर ही किसी भी व्यापार का विकास संभव है। काम चाहे छोटा हो या बड़ा, इन दो तत्वों के बिना कुछ भी मुमकिन नहीं। न्यूयॉर्क के उद्योगपतियों और व्यापारियों ने देने और फिर लेने के सिद्धांत को अपना कर विशाल धन-दौलत कमाई और दुनिया में एक ऊंचा मुकाम हासिल किया। अक्सर लोगों को आश्चर्य होता है कि इतनी सारी दौलत कमाई कैसे जाती है? कैसे लोग विचारों को खजानों में बदल देते हैं? चिंता मत कीजिए- युनाइटेड स्टेट्स स्टील कॉरपोरेशन के निर्माण की यह कहानी

आपके मन की सारी आशंका को दूर कर देगी क्योंकि इसमें विचारों को हकीकत में बदलने वाले सिद्धांतों की सही प्रकार से व्याख्या की गई है।

यह घटना 1900 की यूनाइटेड स्टेट्स स्टील कॉरपोरेशन का निर्माण हो रहा था। 12 दिसंबर 1900 की वह यादगार शाम जब फिफ्थ एवेन्यू के युनिवर्सिटी क्लब में देश के करीब 80 अमीर दिग्गज हिस्सा लेने के लिए एकत्रित हुए। उन सबके वहां शामिल होने का एकमात्र उद्देश्य पश्चिम से आए एक युवक का सम्मान करना था। लेकिन किसी को इस बात का एहसास नहीं था कि वे आज जिस जश्न का हिस्सा बन रहे है, कल यही इतिहास की सबसे महत्वपूर्ण घटना साबित होगी।

यह आयोजन जे. एडवर्ड सिमन्स और चार्ल्स स्टीवर्ट स्मिथ की तरफ से रखा गया था। कुछ समय पहले जब ये दोनों पिट्सवर्ग गए थे तो वहां चार्ल्स एम. श्वाब ने पूरी शान से इनका स्वागत-सत्कार किया। वे दोनों पूर्वी बैंकिंग सोसायटी को चार्ल्स एम. श्वाब से मिलवाना चाहते थे. इसलिए उन्होंने इस भव्य रात्रिभोज का आयोजन किया था। लेकिन उन्हें इस बात का जरा भी अंदाजा नहीं था कि श्वाब पूरे समारोह में हंगामा खड़ा कर देगा। उन्होंने श्वाब को पहले ही सचेत कर दिया था कि न्यूयॉर्क के लोगों को भाषण सुनना पसंद नहीं और न ही उसकी बातों का उन पर कोई प्रभाव पड़ेगा। इसलिए लोगों को बोर करने से बेहतर है कि वह अपना भाषण केवल पंद्रह-बीस मिनट में ही खत्म कर दें।

जॉन पियरपॉन्ट मॉर्गन अपने उच्च पद और रौब-रुतबे के कारण डिनर टेबल पर श्वाब के दाहिने तरफ ही बैठा था। वे इस समारोह में कुछ ही देर तक ठहरने वाले थे। यह पार्टी इतने सादे ढंग से रखी गई थी कि इसमें मीडिया और जनता को शामिल करना कुछ ज्यादा महत्वपूर्ण न था इसी कारण इस विषय में बहुत कम लोगों को जानकारी थी।

दोनो मेजबानों और उनके सारे मेहमानों ने अच्छे से डिनर किया। इस दौरान उनमें कुछ ज्यादा बातचीत नहीं हुई और जितनी भी हुई उससे वातावरण में तनाव फैला हुआ था। थोड़े बहुत लोग श्वाब से मिलने आए भी जिनमें से अधिकतर बैंकर और ब्रोकर थे जिनका कॅरियर पूरी तरह से खतरे में था। सिमन्स और स्मिथ को लगता था कि समारोह शांतिपूर्वक खत्म हो जाएगा लेकिन शाम खत्म होने से पहले ही लोगों के दिलों में युनाइटेड स्टेट्स स्टील कॉरपोरेशन के बीज बोये जा चुके थे।

श्वाब के इस भाषण का किसी के पास कोई रिकॉर्ड नहीं है। लोगों का मानना था कि यह एक साधारण भाषण ही था जिसमें चुटकुले, छोटी-छोटी कहानियों का वर्णन होगा। परंतु इनके भाषण में इतनी शक्ति थी कि वहां मौजूद पांच बिलियन डॉलर के लगभग संपत्ति वाले लोगों पर इसका गहरा प्रभाव पड़ा। जब उनका नब्बे मिनट का यह भाषण खत्म हुआ तो भी लोग मंत्रमुग्ध से वहीं बैठे रहे। मॉर्गन तो एक तरह से उनका भक्त ही बन गया था। वह श्वाब को लोगों की भीड़ से दूर ले गया और करीब एक घंटे तक दोनों के बीच लंबी बातचीत हुई।

श्वाब के व्यक्तित्व का जादू पूरी शक्ति से काम कर रहा था लेकिन इससे भी ज्यादा महत्वपूर्ण था वह भाषण जो उन्होंने स्टील के विस्तार के लिए प्रस्तुत किया था। कई लोगों ने मॉर्गन को उत्साहित करने का प्रयास किया कि वह स्टील के लिए भी उसी तरह ट्रस्ट बनाएं जिस तरह उसने बिस्किट, वायर हूप, शक्कर, रबड़, व्हिस्की तेल और च्यूइंगम के लिए बनाए थे। जॉन डब्ल्यू. गेट्स ने भी मॉर्गन के सामने यही प्रस्ताव रखा लेकिन वह खुद एक जुआरी था और मॉर्गन को उस पर भरोसा नहीं था इसलिए उसने गेट्स के प्रस्ताव को ठुकरा दिया। बिल और जिम मूर, जो कि शिकागो में स्टॉक जॉबर थे और जो कि एक मैच ट्रस्ट और क्रैकर कॉरपोरेशन बना चुके थे, उन्होंने भी

इसके लिए मॉर्गन को राजी करने की कोशिश की लेकिन वे भी असफल हुए। देहात के वकील अल्बर्ट एच. गैरी भी यही चाहते थे। लेकिन वे इतने बड़े नहीं थे कि पर उनका प्रभाव पड़ता। श्वाब के सुवचन नई ऊंचाइयों तक ले गए जहां से उसने इस व्यवसाय के आर्थिक कार्यो का परिणाम सोचना शुरू कर दिया। हालांकि आसानी से पैसा कमाने वाले लोगों के लिए यह विचार किसी पागलपन से कम नहीं था।

यह आर्थिक चुम्बकीयता एक पीढ़ी पहले शुरू हुई थी जो कि धीरे-धीरे विशाल रूप लेती गई। इससे स्टील जगत में चलाई जा रही हजारों छोटी फैक्ट्रियाँ, बड़ी कंपनियों और प्रतियोगिता की दौड़ मे पिछड़ी कंपनियां कॉर्पोरेशन में तब्दील हो गईं। यह सारा बदलाव बिजनेस पाइरेट जॉन डब्ल्यू गेट्स द्वारा खोजी गई तकनीक से ही हुआ था। गेट्स ने इन छोटी कंपनियों को मिलाकर अमेरिकन स्टील एंड वायर कंपनी बनाई थी और अब उसने मॉर्गन के साथ मिलकर फेडरल स्टील कंपनी बना ली थी।

एन्ड्रयू कारनेगी के विशालकाय ट्रस्ट के सामने मॉर्गन की यह सारी कंपनियां और कॉर्पोरेशन बहुत छोटी थीं। कारनेगी के साम्राज्य में सेंध लगाने की ताकत किसी में नहीं थी और मॉर्गन इस बात से भली-भांति परिचित थे। कारनेगी के लिए यह नई-नई कॉर्पोरेशन समुद्र में पानी की बूंद के समान तुच्छ जान पड़ती थी इसीलए वे स्किबो कैंसल की शानदार ऊंचाइयों को पहले तो रोचकता से लेते रहे लेकिन जब उन्होंने देखा कि मॉर्गन की छोटी कंपनियां उनके बिजनेस में हस्तक्षेप कर रही हैं तो उनसे सहन नहीं हुआ और वे चिढ़ गए। उन्होंने मॉर्गन से प्रतिशोध लेने का फैसला किया और उसकी हर कंपनी को डुप्लीकेट साबित करने में जुट गए। अब तक उन्होंने हूप, वायर, पाइप या शीट में कोई रुचि नहीं दिखाई थी। कारनेगी अपने कच्चे माल के व्यवसाय से ही संतुष्ट थे। वे प्रायः ऐसी कंपनियों को कच्चा स्टील बेचा करते थे जो उन्हें

इसे अपने मनचाहे आकार में ढाल देते थे। अपने दुश्मनों को सबक सिखाने के लिए उन्होंने अपने योग्य विश्वासपात्र श्वाब के साथ मिलकर उनकी बर्बादी की योजना बनानी शुरू कर दी।

मोर्गन एक बहुत ही चालाक और दूरदर्शी व्यक्ति था। श्वाब के भाषण से उसने एकता का सबक सीखा और अपने व्यापार को नया जीवन देने में जुट गया। कारनेगी के ट्रस्ट का पूरे विश्व में डंका बज चुका था। कोई भी ऐसा ट्रस्ट जिसके पास स्टील की चाहे जितनी बड़ी भी कंपनी थी दरअसल उसे ट्रस्ट नहीं कहा जा सकता था। उस ट्रस्ट की स्थिति बिना नींबू के शरबत जैसी ही थी।

12 दिसंबर 1900 की शाम को दिए श्वाब के भाषण में स्टील के भविष्य को लेकर काफी चर्चा हुई। श्वाब ने ऐसा सिस्टम बनाने पर जोर दिया जिसमें सक्षमता, विशेषज्ञता, असफल मिलों की तालाबंदी, सफल वस्तुओं के विकास की एकाग्रता, खनिजों के आवागमन में बचत और विदेशी बाजार में सफल प्रवेश हो लेकिन उसमें कारनेगी के व्यवसाय से प्रतियोगिता करने का ज़रा भी ज़िक्र नहीं था।

श्वाब ने लोगों को उनके व्यापार में अपनाई जा रही गलतियों का परिचय करवाया। प्रायः उद्योगपतियों का लक्ष्य एकाधिकार, कीमतें बढ़ाना और छोटे-मोटे लाभ को अपनी पॉकेट में डालना होता है। श्वाब ने इस प्रणाली की बड़े ही रोचक ढंग से आलोचना की। उसने अपने श्रोताओं को बताया कि इस तरह की कार्यप्रणाली में दूरदर्शिता नहीं है और इसका कारण है कि यह बाजार को धीरे-धीरे संकुचित अर्थव्यवस्था में ले जा रही थी। उसने स्टील की कीमतें कम करने का दावा किया जिससे कि बाजार का विकास होगा और स्टील के अधिक उपयोग खोजे जाएंगे और व्यापार का बड़ा हिस्सा उनके

हाथ में आ जाएगा। शायद श्वाब भी अपने अंदर छिपे इस सत्य से अनजान थे लेकिन सही शब्दों में कहा जाए तो वे ही आधुनिक मास-प्रोडक्शन के मसीहा थे।

युनिवर्सिटी क्लब का डिनर खत्म हो गया। सब वापस अपने-अपने घर लौट गए। श्वाब पिट्सबर्ग लौट गए जहां वे एन्ड्रयू कारनेगी का स्टील बिजनेस चला रहे थे। गैरी और बाकी सब स्टॉक टिकर्स अपने-अपने काम में लग गए लेकिन यहां एक ऐसा इंसान भी था जिसने श्वान के कहे हर एक शब्द को अपनी अंतरात्मा में उतार लिया और मौके की तलाश में था, वह था—मॉर्गन।

जब दिल में लगन और मन में कुछ कर दिखाने का हौसला होता है तो हर मुश्किल आसान हो जाती है। एक सप्ताह से भी कम समय में विचार कर लिया था। उसने श्वाब के दिए हर तर्क को अपने विचारों की कसौटी पर खरा उतारने का संकल्प लिया और श्वाब बुलावा भेजा। लेकिन श्वाब ने आने से इंकार कर दिया और कहा कि कारनेगी उसकी इस हरकत को पसंद नहीं करेंगे कि उनकी कंपनी का विश्वसनीय प्रेज़िडेंट वॉल स्ट्रीट के सम्राट के साथ मुलाकात करे। जबकि कारनेगी की वॉल स्ट्रीट से दुश्मनी थी और उन्होंने कभी वहां कदम न रखने की कसम खा रखी थी। इससे मॉर्गन को श्वाब के संकोची होने का पता लगा। लेकिन इस दुविधा को जॉन डब्ल्यू गेट्स नाम के बिचौलिए ने दूर कर दिया। उसने सुझाव दिया कि अगर श्वाब फिलाडेल्फिया में बेलेव्यू होटल में रहें तो मॉर्गन भी उससे मिलने वही आ जाएंगे। एक दिन श्वाब अपने किसी कार्य से फिलाडेल्फिया आए तो दुर्भाग्यवश मॉर्गन बीमार थे इसलिए उनके ज्यादा आग्रह करने पर श्वाब उनसे मिलने न्यूयॉर्क आने के लिए राजी हो गए और वहीं एक लाइब्रेरी में व्यापार के उन दो महान दिग्गजों की मुलाकात हुई।

कुछ इतिहासकारों का मानना है कि इस नाटक के निर्देशक एन्ड्रयू कारनेगी ही थे। उन्होंने ही शुरू से लेकर अंत तक सारे खेल की रचना की। श्वाब के डिनर से लेकर उनके प्रसिद्ध भाषण, श्वाब और मॉर्गन की मुलाकात सब कुछ कारनेगी के ही शातिर दिमाग की उपज थी। परतु सच्चाई इसके बिल्कुल विपरीत थी। जब मॉर्गन ने श्वाब को इस समझौते को अंतिम रूप देने के लिए बुलाया तो वह खुद भी नहीं जानता था कि कारनेगी इसे बेचने के लिए राजी होगा भी या नहीं... खासकर उन लोगों को जिन्हें वह अपना सबसे बड़ा शत्रु मानता था। इस मुलाकात में श्वाब अपने साथ वह सारे दस्तावेज़ लेकर आया जिन पर उसने अपने ही हाथों से इस नए ट्रस्ट की हर स्टील कंपनी का आर्थिक मूल्य और उसकी संभावित कमाई की आर्थिक क्षमता को लिखा था।

चार लोगों ने मिलकर पूरी रात उन दस्तावेजों में लिखित प्रत्येक आंकड़े का अच्छी तरह से अध्ययन किया। इन चारों में सबसे प्रमुख थे- मॉर्गन, जो लक्ष्मी में यकीन करते थे। दूसरा था—रोबर्ट बेकन, जो कि मोर्गन का पार्टनर था और बहुत बड़ा विद्वान और सुसंस्कृत व्यक्ति था। तीसरा व्यक्ति जॉन डब्ल्यू गेट्स था, जिसे गैम्बलर होने के कारण मॉर्गन बहुत छोटा समझता था और एक हथियार की तरह उसका प्रयोग कर रहा था। चौथा खुद श्वाब था, जो कि स्टील बनाने और बेचने की हर विधि से भली भांति परिचित था। श्वाब के किसी भी तर्क-वितर्क का उन तीनों के पास कोई जवाब नहीं था। इसलिए उन्होंने किसी भी आंकडे को लेकर श्वाब से कोई सवाल नहीं किया। श्वाब की कही हर बात पत्थर की लकीर साबित हुई। अगर उसने कह दिया कि किसी कंपनी का मूल्य इतना था तो बस उतना ही था। न उससे एक पैसा कम और न ज्यादा। इसके अलावा उसने इस बात पर भी जोर दिया कि इस ट्रस्ट में केवल वही कंपनियां रहेंगी जिनका नाम उसने इस दस्तावेज़ में लिखा है। दरअसल, उसका मुख्य उद्देश्य एक ऐसे कॉर्पोरेशन की रचना करना था जिसमें कोई

डुप्लीकेशन नहीं होगा और न ही किसी को अपना स्वार्थ पूरा करने का अवसर मिलेगा। वह किसी भी नाकाम हो चुकी कंपनी का बोझ मॉर्गन के कंधों पर नहीं डालना चाहते थे।

अगली सुबह मॉर्गन उठा और कमर सीधी की। उसके दिल में अब केवल एक ही सवाल बाकी था।

“आपको क्या लगता है कि आप कारनेगी को ट्रस्ट बेचने के लिए राजी कर लोगे?” चाय की चुस्की लेते हुए उसने श्वाब से पूछा।

“मैं कोशिश करूंगा”, श्वाब ने उत्तर दिया।

“अगर वह ट्रस्ट बेचने के लिए तैयार हो जाते हैं तो मैं इसे खरीद लूंगा,” मॉर्गन ने जवाब दिया।

सारी औपचारिकताएं पूरी हो चुकी थीं लेकिन सवाल अभी भी वही खड़ा था कि क्या कारनेगी इसे बेचेगा? और अगर वह बेचने के लिए तैयार हो भी गया उसकी कीमत क्या होगी? श्वान का अनुमान था 3270,000,000 डॉलर और वह इतनी बड़ी रकम को किस तरह लेगार कॉमन या प्रैफर्ड स्टॉक के रूप में या नकद? इतनी बड़ी रकम को नकद चुकाना मुश्किल था।

कारनेगी की सत्ता मैं ही सारी योजनाएं बनाई गईं और अब इसे सफलतापूर्वक संपन्न करना बाकी रह गया था। श्वाब को कारनेगी से बात करने के लिए सही मौके का इंतजार था। जनवरी में एक दिन बेस्टचैस्टर में सेंट एन्ड्रयूज लिक्स में गोल्फ मैच चल रहा था। श्वान और कारनेगी मैच का पूरा लुत्फ उठा रहे थे। थोड़ी देर बाद दोनों आग सेकने के लिए कॉटेज में बैठ गए। श्वाब ने अपनी मीठी-मीठी बातों के जाल में कारनेगी को उसी तरह उलझा लिया जिस तरह उसने यूनिवर्सिटी क्लब में अस्सी करोड़पतियों को मंत्रमुग्ध किया

था। उसने कारनेगी को रिटायर होने के सुनहरे ख्वाब दिखाए और सामाजिक ज़रूरतों की संतुष्टि के लिए अरबों-करोड़ों का लालच दिया। कारनेगी श्वाब का आशय समझ गया था। उसने एक कागज पर रकम लिखी और श्वाब के हाथ में थमा दी और कहा 'ठीक है, हम इतने में बेचने को तैयार हैं।'

कारनेगी भी श्वाब की तरह ही आर्थिक मामलों में कुशल था। उसने ट्रस्ट की कीमत 400,000,000 डॉलर बताई जबकि श्वाब के मुताबिक अनुमानित मूल्य 320,000,000 डॉलर था। इस प्रकार मॉर्गन ने 80,000,000 डॉलर का अधिक मूल्य चुका कर कारनेगी का ट्रस्ट उससे खरीद लिया।

फिर एक दिन, जब वह मॉर्गन के साथ ट्रांसअटलांटिक लाइनर के डेक पर खड़े थे तो उन्होंने अफसोस जताते हुए कहा "काश मैंने आपसे 100,000,000 डॉलर ज्यादा मांगे होते।"

"किस्मत की बात है, अगर उस वक्त आप उतना भी मांगते तो मैं खुशी से दे देता", मॉर्गन ने जवाब दिया।

इस खबर से पूरे विश्व में सनसनी फैल गई। सब के सब इतने बड़े ट्रस्ट के सौदे से हैरान थे। मेल के प्रैजीडेंट हैडली ने घोषणा की कि अगर ट्रस्ट बनाने संबंधी कोई नियम न बनाया गया तो आने वाले कुछ सालों में वॉशिंगटन में केवल एक ही सम्राट शासन करेगा। परंतु यह मुसीबत भी शीघ्र ही दूर हो गई। स्टॉक विशेषज्ञ कीन ने नए स्टॉक को जनता को इतनी योग्यता से बेचा कि मोर्गन की सारी योजनाएं धरी की घरी रह गई। 600,000,000 डॉलर पलक झपकते ही उड़ गए। कारनेगी गैरी और मेट्स के पास करोड़ों डॉलर थे मगर नुकसान की सारी भरपाई मॉर्गन को करनी पड़ी जिसके बाद उसके पास जीवन यापन के लिए करीब 62,000,000 डॉलर ही बचे थे। श्वाब को

अपने आर्थिक कौशल का पुरस्कार मिला। वह इस नए कॉरपोरेशन ट्रस्ट का प्रेजीडेंट बन गया और 1930 तक इस पर शासन करता रहा।

यह पूरा वाकया अपनी इच्छा को भौतिक स्वरूप में रूपान्तरित करने का आदर्श उदाहरण है। एक विशालकाय कॉर्पोरेशन को बनाने का सुझाव एक इंसान के ही दिमाग में पैदा हुआ था। सारी स्टील कम्पनियों को संगठित करके आर्थिक स्थिरता प्रदान करना भी इसी योजना का एक अहम हिस्सा था। आस्था, इच्छा, लगन और कल्पना जैसे भावों के कारण ही गुनाइटेड स्टेटस स्टील जैसी बड़ी कॉर्पोरेशन का निर्माण हुआ। बाद में इसमें और भी बहुत ज्यादा स्टील कंपनियाँ जुड़ गयीं। यदि हम ध्यानपूर्वक सारी संपत्ति का विश्लेषण करें बाद में की गई संपत्ति का मूल्य छह सौ मिलियन डॉलर बढ़ था। जिसका सिर्फ एक ही कारण था कि सारी प्रॉपटी एक ही मैंने जमेंट के नियंत्रण में थी।

युनाइटेड स्टेटस स्टील कॉर्पोरेशन समृद्ध हुआ और अमेरिका के सबसे अमीर कॉरपोरेशन में से एक बना। हजारों लोगों को रोजगार के अवसर मिले और स्टील के नए प्रयोगों को विकसित किया गया। सब ने श्वाब के आर्थिक कौशल की तारीफ की, चूंकि उसने सिद्ध कर दिया था कि उसके विचारों में दम था जिसके कारण 600,000,000 डॉलर का लाभ हुआ।

इस कहानी से स्पष्ट होता है कि अमीरी विचारों से पैदा होती है। अगर इंसान अपने दिमाग में एक निश्चित धनराशि का विचार पाल तो आस्था, मार्ग में आने वाली सारी बाधाओं को दूर कर देती है।

# आत्मसुझाव

## अवचेतन मस्तिष्क को प्रभावित करने का तरीका

आत्मसुझाव अर्थात् स्वयं को दिए गए सुझाव। वे सारे सुझाव जो हमारी पांचों इन्द्रियों के माध्यम से हमारे मस्तिष्क तक पहुचते हैं। यह सक्रिय मस्तिष्क और निष्क्रिय मस्तिष्क के बीच विचारों के आदान-प्रदान का माध्यम है।

मनुष्य जिन विचारों को अपने चेतन मस्तिष्क में रहने की आज्ञा देता है वे आत्मसुझाव के सिद्धांत द्वारा अवचेतन मस्तिष्क तक पहुचते हैं और इसे प्रभावित करते हैं। प्रकृति ने मानव को इस कदर ज्ञानवान बनाया है जिससे कि वह अपने मस्तिष्क तक पहुंच रहे अच्छे-बुरे विचारों पर नियंत्रण रख सकता है। लेकिन इसका यह मतलब बिल्कुल नहीं कि वह हमेशा अपनी इस ताकत का इस्तेमाल करता है। इस बात का प्रमाण तो यहीं से मिलता है कि विचारों की मूल्यवान ताकत होते हुए भी इतने सारे लोग गरीबी में जीवन जीने को मजबूर हैं।

अवचेतन मस्तिष्क एक बगीचे की तरह होता है, जिसमें अगर अच्छी किस्म के बीज न बोये गए तो व्यर्थ की खरपतवार उग जाती है। आत्मसुझाव नियंत्रण की वह एजेंसी है, जिसके द्वारा इंसान अपने निष्क्रिय मस्तिष्क रूपी बगीचे में सकारात्मक और रचनात्मक प्रकृति के बीज बोता है। लेकिन अगर वह इसकी सही से देखभाल नही करता या फिर नकारात्मक विचारों को अंदर आने की अनुमति दे देता है, तो इसका परिणाम पूरी मानव जाति को भुगतना पड़ता है।

पहले अध्याय में जो छह सिद्धांत बताए गए हैं, उनमें सबसे आखिरी चरण में आपको यह निर्देश दिया गया है कि आप दिन में दो बार धन प्राप्ति की इच्छा के लिए लिखे गए वक्तव्य को ज़ोर-जोर से पढ़ें और मन ही मन यह कल्पना करें जैसे कि वह धन आपके पास है। यदि आप इन सब निर्देशों का पालन पूरी आस्था से करते हैं तो इच्छित वस्तु पाने की भावना सीधे आपके अवचेतन मस्तिष्क तक पहुंच जाती है। यह बार-बार दोहराने की प्रक्रिया आपके मन में ऐसे विचारों की आदत डाल देती है जो आपको अपनी इच्छा को हकीकत में बदलने के लिए प्रयास करने में मदद करती हैं।

इच्छा वाले वक्तव्य को जोर से पढ़ते समय याद रखिए कि सिर्फ पढ़ने से काम नहीं चलेगा जब तक कि आपके शब्दों में प्रबल इच्छा न हो। आपका अवचेतन मस्तिष्क उन्हीं विचारों को पहचानता है और उन्हीं के अनुसार काम भी करता है, जिनमें किसी तरह की प्रबल इच्छा होती है। इस सिद्धांत का हर अध्याय में पालन करना बहुत जरूरी है। क्योंकि कई बार हम किसी बात को समझ नहीं पाते और परिस्थितियों में ही उलझ कर रह जाते हैं। आत्मसुझाव का पालन करने वाले लोगों को ज्यादातर इन्हीं परेशानियों का सामना करना पड़ता है जिससे उन्हें अपेक्षित परिणाम नहीं मिल पाते।

साधारण और भावहीन शब्दों का अवचेतन मस्तिष्क पर कुछ ज़्यादा प्रभाव नहीं पड़ता। यदि आप आस्था और भावना के साथ विचारों का सही सामंजस्य बनाकर उन्हें मस्तिष्क तक पहुँचाएँ तो इसका परिणाम हमेशा अच्छा ही रहता है।

जरूरी नहीं कि ऐसा करते हुए आपको पहली बार में ही सफलता मिल जाए, कई बार आप अपनी भावनाओं को नियंत्रित करने में नाकाम हो जाते हैं या फिर इन्हें सही तरह से व्यक्त नहीं कर पाते तो आपके सारे प्रयास विफल हो जाते हैं। लेकिन अगर ऐसा हो भी जाए तो हताश न हों। एक बात हमेशा याद रखें कि दुनिया में बिना दिए कुछ नहीं मिलता। यदि आप अपने मस्तिष्क पर पूरी तरह से नियंत्रण करना चाहते हैं तो इसके लिए आपको कड़ी मेहनत करनी होगी और पुस्तक में दिए गए सभी सिद्धांतों का निर्देशानुसार पालन करना होगा।

आत्मसुझाव के सिद्धांत का प्रयोग करने की क्षमता आपकी इच्छा पर ध्यान केन्द्रित करने की क्षमता पर निर्भर करती है।

किसी भी सिद्धांत का पालन करने के लिए सबसे महत्वपूर्ण निर्देश है-ध्यान केन्द्रित करना। लेकिन इस एकाग्रता का प्रयोग कैसे किया जाए? घबराइए मत! इसका हल भी है। पहले अध्याय में दिए गए छः चरणों में से सबसे पहले प्रथम चरण को पढ़ें, जो कि आपको निर्देश देता है कि "आप अपने मस्तिष्क में उतनी ही धनराशि की मात्रा निश्चित कर लें जितनी कि आप चाहते हैं।" अपने विचारों को इस निश्चित धनराशि पर एकाग्र कर लें। फिर अपनी आँखें बंद करके तब तक पूरा ध्यान लगाए जब तक कि उस धनराशि को भौतिक रूप में सचमुच न देख लें। यही क्रियाकलाप नियमित रूप से दो बार दोहराएं। इस तरह एकाग्रता विकसित करने में मदद मिलेगी।

अवचेतन मस्तिष्क यानि एक तरह से सुप्त दिमाग। अपने शब्दों में यह पूरी तरह से सार्थक है। यह उन्हीं निर्देशों को स्वीकार करता है, जो पूरे विश्वास के साथ दिए जाते हैं। हालांकि इन आदेशों को बार-बार दोहराना पड़ता है और तभी यह मस्तिष्क उन आदेशों का पालन करता है। यह एक तरह का धोखा ही है जो आप अपने निष्क्रिय दिमाग को दे रहे हैं। क्योंकि आप उसे झूठा विश्वास दिला रहे हैं कि जिस धनराशि की आप कल्पना कर रहे हैं वह वास्तव में आपके पास है। जबकि ऐसा बिल्कुल भी नहीं होता। इस कल्पना को हकीकत में बदलने के लिए व्यावहारिक सुझाव देना अवचेतन मस्तिष्क का काम है।

यदि आप अपनी सेवाओं या वस्तुओं के बदले में अपनी इच्छित वस्तु प्राप्त करना चाहते हैं तो किसी भी योजना का इंतज़ार मत कीजिए। बल्कि तत्काल अपने आपको उस धनराशि के स्वामी के रूप में देखना शुरू कर दीजिए और इस दौरान यह विश्वास रखिए कि आपका अवचेतन मस्तिष्क आपको वह योजना जरूर सुझा देगा जिसकी आपको जरूरत है। इन योजनाओं के बारे में हमेशा सतर्क रहें। जैसे ही ये प्रकट हों तो इनका सम्मान करें और तत्काल ही उन पर कार्य करना आरंभ कर दें। ये योजनाएं आपके मस्तिष्क में छठी इन्द्री के द्वारा प्रेरणा-रूप में आएंगी।

जब भी आप इच्छा रूपान्तरण द्वारा धन कमाने की योजना बनाएं तो कभी भी तर्क-वितर्क के चक्कर में न पड़ें। क्योंकि आपकी तार्किक क्षमता आलसी हो सकती है और अगर आप इस पर पूरी तरह से निर्भर रहेंगे तो यह आपको धोखा भी दे सकती है। इसके अतिरिक्त जब मी आप बंद आँखों से उस धनराशि को कल्पना में देखें जिसके आप स्वामी बनना चाहते हैं तो उस वस्तु या सेवा का भी स्मरण रखें जो आप इस धन के बदले में देना चाहते हैं।

दूसरे अध्याय में बताए गए उन छह चरणों के संबंध में दिए गए निर्देशों को इस अध्याय में सक्षेप में बताया जाएगा। इसलिए पाठक हर चरण को सावधानी से पढ़ें-

**पहला:** किसी शांत जगह पर जाएं और आंखें बंद कर लें। फिर मन को स्थिर रखें और उस धनराशि वाले वक्तव्य को बार-बार दोहराएं जिसे आप हासिल करना चाहते हैं। वह समय-सीमा जिसमें आप यह रकम कमाना चाहते हैं और उस वस्तु का वर्णन भी करें जिसे आप उस पैसे के बदले में देना चाहते हैं। यह क्रिया तब तक करते रहें जब तक कि आपकी आवाज़ आपके मन-मस्तिष्क तक न पहुंच जाए। जब आप इन सब निर्देशों का विधिवत् पालन करेंगे तो आप पाएंगे कि आप पहले से ही उतने धन के स्वामी हैं।

उदाहरण के लिए कल्पना कीजिए कि अगले पांच साल बाद पहली जनवरी तक आप 50,000 डॉलर कमाना चाहते हैं और इसके लिए आप सेल्समैन के रूप में काम करने को तैयार हैं तो आपके लक्ष्य का लिखित वक्तव्य कुछ इस तरह होना चाहिए:

1 जनवरी 20 तक मेरे पास 50,000 डॉलर होंगे। इस पैसे को कमाने के लिए मैं सेल्समैन की नौकरी करूंगा। मुझे खुद पर पूरा यकीन है। यह इस वक्त मेरे सामने है। मैं इसे देख भी सकता हूँ और छू भी सकता हूँ। यह मेरी मेहनत का ही प्रतिरूप है—न कम और न ज्यादा। मैं उस योजना का इंतजार कर रहा हूँ जिसके द्वारा मैं इतना धन कमा सकूं और जब भी मुझे यह योजना मिलेगी तो मैं उस पर अमल करना आरंभ कर दूंगा।

**दूसरा :** इस वक्तव्य को दिन में दो बार (हो सके तो सुबह और रात को) दोहराएं और तब तक दोहराते रहें जब तक कि आप उस धनराशि को कल्पना में न देख लें।

**तीसरा :** अपने लिखित वक्तव्य की प्रति को वहां रखें जहां आप सुबह-शाम इसे देख सकें और इसे अच्छे से याद कर लें ।

जब आप इन निर्देशों का पालन करें तो याद रखें कि आप आत्मसुझाव के सिद्धांत का पालन कर रहे हैं जिसका उद्देश्य आपके अवचेतन मस्तिष्क को आदेश देना है। आपका अवचेतन मस्तिष्क उन्हीं निर्देशों के अनुसार काम करेगा जो किसी भावना के साथ इस तक पहुंचाए जाएंगे। आस्था ही सब भावनाओं में सबसे प्रबल और रचनात्मक भावना है। पहले पहल तो आपको यह सब बेवकूफी भरा काम लग सकता है। लेकिन जब आप इसमें तल्लीन हो जाएंगे तो धीरे-धीरे आपके सामने कल्पनाओं का एक नया संसार खुल जाएगा जिसमें आपकी सारी इच्छाएं पूर्ण होकर आपके सामने खड़ी होंगी।

नए विचारों के प्रति शंका की भावना रखना इंसान के स्वभाव में होता है। यह वह बीज है जो इंसान के प्रत्येक कार्य में बाधा डालता है, जिससे वह दोराहे में फंस जाता है। परंतु अगर आप इन निर्देशों का विधिवत् पालन करेंगे तो आपकी यही शंका आस्था में बदल जाएगी।

प्रायः कोई भी अनहोनी होने पर इंसान के भाग्य को ही दोष दिया जाता है। कोई उसे बदकिस्मत कहता है तो कोई मनहूस। लेकिन अब मेरा एक सवाल आप सब पाठकों से है कि मनुष्य की गलतियों और कमजोरियों का कसूरवार उसके भाग्य को ही क्यों ठहराया जाए? युगों-युगों से धर्मात्माओं का एक ही उपदेश रहा है कि मनुष्य अपने भाग्य का निर्माता स्वयं है, अगर हम उनकी मानें तो वह अपने कार्यों से अपने भाग्य को खराब कर रहा है न कि भाग्य उसको। लेकिन आज तक कोई ये नहीं समझ पाया है कि मनुष्य अपने भाग्य का निर्माता क्यों है? हमने आत्मसुझाव के सिद्धांत का प्रयोग करके इस तथ्य को अच्छी तरह से समझाया है कि मनुष्य अपने भाग्य का,

खासकर आर्थिक भाग्य का निर्माता किस तरह बन सकता है। उसके पास अपने अवचेतन मस्तिष्क को नियंत्रित करने की शक्ति होती है जिसका वह अपने के लिए प्रयोग कर सकता है।

इच्छा को वास्तविकता में बदलने के लिए आत्मसुझाव की तकनीक का प्रयोग किया जाता है। इससे इंसान अपने अवचेतन मस्तिष्क तक पहुंचकर उसे कार्य करने के लिए उत्साहित करता है। बाकी के सिद्धांत तो सिर्फ औज़ार हैं, जिनके द्वारा आत्मसुझाव का प्रयोग किया जाता है। अपने मस्तिष्क में यह ठान लें और सदैव सचेत रहें कि आत्मसुझाव द्वारा ही सफलता प्राप्त हो सकती है।

पूरी पुस्तक पढ़ने के बाद आप दुबारा इस अध्याय पर लौटें और भावना और कार्य की दृष्टि से इस निर्देश का पालन करें:

पूरे अध्याय को रोज़ रात को एक बार ज़ोर से पढ़ें जब तक कि आपको यह विश्वास न हो जाए कि आत्मसुझाव का सिद्धांत दमदार है। और इससे आप सब कुछ हासिल कर सकते हैं। जो वाक्य आपके दिल को प्रभावित करे उसे रेखांकित कर लें।

इन्हीं सारे निर्देशों का पालन करके ही सफलता के सिद्धांत को समझा जा सकता है।

# विशेषज्ञीय ज्ञान

## व्यक्तिगत अनुभव या विचार

ज्ञान का अर्थ है जानने की शक्ति। सच को झूठ से अलग करने वाली जो विवेक क्षमता है, उसी का नाम ज्ञान है। सभी ज्ञानी और धर्मात्माओं का सदैव एक ही मत रहा है कि ज्ञान बांटने से कभी खत्म नहीं होता बल्कि बढ़ता है इसलिए जितना हो सके ज्ञान का प्रसार करो। ज्ञान दो तरह का होता है। एक सामान्य ज्ञान और दूसरा विशिष्ट ज्ञान। सामान्य ज्ञान में दुनियादारी की समझ, अच्छे-बुरे और सही-गलत की पहचान इत्यादि शामिल है। इंसान को जन्म के बाद से ही ऐसी-ऐसी बातें सिखाई जाती हैं जो उसके व्यवहारिक जीवन में लाभदायक सिद्ध होती हैं। लेकिन केवल सामान्य ज्ञान से धनोपार्जन नहीं किया जा सकता। बड़े-बड़े स्कूलों और विश्वविद्यालयों में भी इस तरह के ज्ञान का प्रसार किया जाता है। हम आदिकाल से ही देखते आए हैं कि गुरुओं और प्रोफेसरों के पास धन की ज्यादा मात्रा नहीं होती लेकिन ज्ञान बहुतायत

में होता है और ज्ञान देना उनके जीवन की सबसे बड़ी विशेषता है परंतु वे इस ज्ञान के संगठन के विशेषज्ञ नहीं होते।

कोई व्यक्ति तब तक पैसा नहीं कमा सकता जब तक कि उसके पास कोई निश्चित लक्ष्य न हो और इस लक्ष्य को प्राप्त करने के लिए कोई व्यवहारिक योजना ही न हो जिससे कि इसका बुद्धिमत्तापूर्वक प्रयोग किया जाए। प्रायः लाखों-करोड़ों व्यक्ति इसी गलत अवधारणा में फंसे रहते हैं कि ज्ञान ही शक्ति है और इसी को आधार बनाकर जीवन में आगे बढ़ने की कोशिश करते हैं जो कि सही नहीं है। सच तो यह है कि ज्ञान केवल एक संभावित शक्ति है। यह ज्ञान तभी शक्तिशाली बनता है जब इसे कार्य की निश्चित योजनाओं में संगठित करके किसी निश्चित लक्ष्य की प्राप्ति के लिए इसका प्रयोग किया जाए।

विश्व की कोई भी शैक्षणिक संस्था अपने विद्यार्थियों को ज्ञान हासिल करके संगठित करने और इसका प्रयोग करने की कला सिखाने में कामयाब नहीं हुई। कई लोगों का मत है कि हेनरी फोर्ड कम पढ़े-लिखे होने के बावजूद भी वैज्ञानिक जगत का चमकता हुआ सितारा थे तो उनके पास तो उनसे भी कहीं ज़्यादा शिक्षा है। दरअसल ऐसे लोग शिक्षा का सही अर्थ नहीं समझ पाते और उनकी यही नादानी उन्हें गलत दिशा में ले जाती है। 'एजूकेशन' शब्द लैटिन के 'एज्यूको' से बना है जिसका अर्थ है बाहर लाना या अंदर से विकसित करना।

ज़रूरी नहीं कि जो व्यक्ति ज़्यादा ज्ञानी हो वह उतना ही शिक्षित भी होगा। शिक्षित आदमी वही होता है जिसने अपने मस्तिष्क का सही ढंग से विकास किया हो और वह सामाजिक मर्यादाओं में रह कर अपने लक्ष्य को प्राप्त करे और अपने अधिकारों का इस तरह प्रयोग करे कि इस दौरान किसी दूसरे के अधिकारों का हनन न हो।

द्वितीय विश्व युद्ध के दौरान जहां एक तरफ पूरा विश्व क्रांति की आग में जल रहा था वहीं दूसरी ओर शिकागो के एक समाचार पत्र में एक ऐसी ख़बर छपी जिससे पूरे शहर में रोष की लहर फैल गई। ख़बर यह थी कि हेनरी फोर्ड एक अज्ञानी शांतिवादी हैं। इससे फोर्ड के दिल को गहरी ठेस पहुंची और उन्होंने अखबार के खिलाफ मानहानि का मुकद्दमा दायर कर दिया। अखबार के वकीलों ने अपनी बात को सही साबित करने के लिए फोर्ड को कटघरे में बुलाया और भद्दे सवालों की बौछार कर दी। वे फोर्ड को ज्यूरी के सामने अशिक्षित साबित करना चाहते थे। हालांकि फोर्स कार निर्माण के ज्ञाता थे लेकिन बाकी के मामलों में वे निरे अज्ञानी थे। उनसे पूछे गए सवाल कुछ इस तरह

बेनेडाइट अर्नाल्ड कौन थे? 1776 के विद्रोह से निपटने के लिए ब्रिटेन ने कितने सैनिकों को अमेरिका भेजा? इस सवाल का जवाब फोर्ड वे कुछ इस प्रकार दिया, "मुझे ये तो नहीं पता कि ब्रिटेन में कितने सैनिकों को भेजा था, लेकिन हां इतना जरूर सुना है कि जितने सैनिक वहां गए थे उनमें से बहुत कम वापस लौटे थे।"

वकीलों के ऐसे बेतुके सवालों का जवाब देते-देते फोर्ड थक गए थे कि तभी विरोधी वकील ने एक और सवाल कर दिया जिससे फोर्ड के गुस्से का ज्वालामुखी फट गया और उन्होंने वकील को उगली दिखाते हुए कहा, "आपके इस मूर्खतापूर्ण सवाल का और इससे पहले जितने भी सवाल आपने पूछे हैं अगर मैं उन सबका जवाब सचमुच में देना चाहूँ तो मेरी टेबल पर ऐसे कई बटन लगे हुए हैं जिसमें से मैं सही बटन दबाकर अपनी सहायता के लिए ऐसे आदमियों को बुला सकता हूँ जो इन सबका सही जवाब दे सकते हैं। मेरे पास ऐसे विशेषज्ञों की लाइन लगी पड़ी है जिनसे मैं जितने चाहूँ उतने सवाल पूछ सकता हूँ और उनके पास मेरे हर सवाल का जवाब मौजूद है। अब क्या आप

मेहरबानी करके मुझे बताने का कष्ट करेंगे कि जब मेरे आसपास ऐसे लोग मौजूद हैं तो इन सबके जवाब मालूम करने के लिए अपने दिमाग में मौजूद इतने सारे ज्ञान का हुल्लड़ इकट्ठा क्यों करूं?"

जवाब में सचमुच दम था।

उनके इस जवाब ने वकील की बोलती बंद कर दी और वह चुप्पी साधे वहीं खड़ा रहा। वहां मौजूद हर एक शख्स वकील को घूर-घूरकर देख रहा था। सब लोगों ने फोर्ड की बात का समर्थन किया। क्योंकि इस तरह का जवाब कोई ज्ञानी आदमी ही दे सकता था। वही इंसान शिक्षित है जिसे यह पता हो कि जरूरत पड़ने पर उसे ज्ञान कहां से मिलेगा और फिर वह उस ज्ञान को निश्चित कार्य योजना में व्यवस्थित कैसे करेगा। हेनरी के मास्टर माइंड में वह सारा ज्ञान मौजूद था जिसकी सहायता से वह दुनिया का सबसे अमीर आदमी बन गया था।

अगर आपको विश्वास है कि आप अपनी इच्छा को हकीकत में बदल सकते हैं तो आपको उस वस्तु या सेवा के ज्ञान की भी आवश्यकता होगी जिसके द्वारा आप अमीर बन सकते हो। कई बार ऐसी परिस्थिति आ जाती है जब आपको ऐसे ज्ञान की आवश्यकता पड़ जाती है जो उस समय आपके पास न हो और न ही आपमें इसे उस वक़्त प्राप्त करने की योग्यता हो तो ऐसे में आप अपने मास्टर माइंड की सहायता से हर मुश्किल आसान कर सकते हैं।

ज़्यादा से ज़्यादा धन कमाने के लिए व्यक्ति को शक्ति की आवश्यकता होती है और ये शक्ति मिलती है ज्ञान और बुद्धि के सही प्रयोग से। लेकिन ये ज़रूरी तो नहीं कि सारा का सारा ज्ञान और धन केवल एक ही व्यक्ति के पास हो। ऐसी अवस्था में कई बार लोग हीन भावना से ग्रस्त हो जाते हैं। क्योंकि वे लोग शिक्षित नहीं होते। ऐसे लोगों को आशा और हिम्मत की बहुत ज़रूरत

होती है। बुद्धिमान व्यक्ति वही है जो ऐसे विशेषज्ञों का मास्टर माइंड समूह बनाकर उन्हें मार्गदर्शन देता है और उनके ज्ञान द्वारा दौलत कमाता है।

थॉमस एडीसन अपनी पूरी जिंदगी में सिर्फ तीन महीने स्कूल गए थे। लेकिन फिर भी वह दूसरे लोगों की अपेक्षा बहुत शिक्षित थे और इसी ज्ञान ने उन्हें इतना अमीर बना दिया। हेनरी फोर्ड मुश्किल से छठी कक्षा तक पढ़े लेकिन इस पर भी उनकी गिनती उस समय के गिने-चुने अमीर लोगों में होती थी। एक बात हमने इस अध्याय के शुरू में ही बता दी थी कि ज्ञान की कीमत बहुत कम होती है। यदि आपको इसे लेकर किसी तरह का संदेह है तो किसी भी विश्वविद्यालय के वेतन का रिकॉर्ड देख सकते हैं। विशिष्ट ज्ञान प्रचुर मात्रा में उपलब्ध है और आप इसे प्राप्त करने के लिए किसी भी विशेषज्ञ को नौकरी पर रख सकते हैं जो कि धन कमाने में आपकी सहायता करेगा।

**यह जानना बहुत ज़रूरी है कि ज्ञान कैसे खरीदा जाए.**

ज्ञान कोई भौतिक वस्तु नहीं है जो बाज़ार में किसी भी दुकान पर मिल जाए। यह एक ऐसी शक्ति है जो आपके मस्तिष्क में विकसित होती है। आपके विचार जितने स्वच्छ और सकारात्मक होंगे ज्ञान का उतने ही अच्छे तरीके से विकास होगा। किसी भी कार्य को करने के लिए आपको किसी विशिष्ट ज्ञान की आवश्यकता होती है। जीवन में आपका लक्ष्य ही तय करेगा कि कार्य की सफलता के लिए आपको किस तरह के ज्ञान की आवश्यकता है। इसके उपरांत इस ज्ञान प्राप्ति के स्रोत खोजें जिनमें से कुछ इस प्रकार हैं :

1. अपना अनुभव और शिक्षा।

2. मास्टर माइंड का सहयोग।

3. कॉलेज और यूनिवर्सिटीज़।

4. सार्वजनिक पुस्तकालय।

5. नाइट स्कूल या होम स्टडी सैंटर।

ज्ञान प्राप्त करते समय अपने लक्ष्य को ध्यान में रखकर एक निश्चित योजना के अनुसार इसका प्रयोग करें। यह सदैव याद रखें कि ज्ञान का कोई मूल्य नहीं होता और न ही इसे आपसे कोई चुरा सकता है इसलिए इसका इस्तेमाल किसी अच्छे लक्ष्य की प्राप्ति के लिए ही करें।

दार्शनिकों ने इसके संबंध में कुछ मत दिए हैं कि ज्ञान प्राप्ति की कोई उम्र नहीं होती बशर्ते व्यक्ति में सीखने की लगन और चाह हो और न ही ज्ञान की कोई सीमा होती है... हम जितना सीखते जाते हैं... उसे पाने की लालसा और भी ज़्यादा बढ़ती जाती है, यह सिलसिला कभी ख़त्म नहीं होता। जो लोग पिछड़ जाते हैं वे आम तौर पर इस ग़लतफहमी का शिकार होते हैं कि स्कूल की पढ़ाई खत्म होने के बाद सीखने का दौर ख़त्म हो जाता है। जबकि सच्चाई तो यह है कि स्कूल की पढ़ाई तो विद्यार्थी को व्यावहारिक ज्ञान प्राप्ति का रास्ता दिखाती है। कोलंबिया यूनिवर्सिटी के प्लेसमैंट डायरेक्टर रॉबर्ट पी. मूर ने अखबार में एक ऐसी ही ख़बर छपवाई।

## विशेषज्ञों की सबसे अधिक ज़रूरत है

रोज़गार देने वाली कंपनियां ऐसे उम्मीदवारों की तलाश करती हैं जो एकाउंटिंग, स्टैटिस्टिक्स और इंजीनियरिंग में प्रशस्त हों इसके अतिरिक्त उन्हें पत्रकारिता, आर्किटेक्ट और कैमिस्ट का भी अच्छा प्रशिक्षण हो।

जो व्यक्ति अपने व्यक्तित्व से बाहर की दुनिया की जानकारी रखता है, जिसमें सभी लोगों से अच्छा तालमेल बिठाने की क्षमता हो और जो पढ़ाई में भी बेहतर हो, वह उस विद्यार्थी से बेहतर होता है जिसका ध्यान सिर्फ पढ़ाई में ही रहता है। केवल पुस्तकें ही ज्ञान नहीं बढ़ाती, ज्ञान के लिए हमें बाहरी दुनिया से, लोगों से और अपने आस पास के माहौल से संपर्क रखना पड़ता है। ऐसे लोगों की बड़ी-बड़ी कंपनियों में मांग होती है और उन्हें नौकरियों के लिए कहीं भटकना नहीं पड़ता। कई बार तो एक ही आदमी के पास दस नौकरियों तक के ऑफर होते हैं और वो भी उसकी अपनी शर्तों पर।

एक बड़ी औद्योगिक कंपनी ने मिस्टर मूर को पत्र लिखा और कहाः 'हम प्रायः ऐसे लोगों को खोजने में रुचि रखते हैं जो मैंने जमेंट के काम में अद्भुत प्रगति कर सकते हैं। इसलिए हम उनकी शैक्षणिक योग्यता की बजाए चरित्र, बुद्धि और व्यक्तित्व के गुणों पर अधिक ध्यान देते हैं।

गर्मी की छुट्टियों में मिस्टर मूर ने दफ्तरों, स्टोर्स और कई व्यापारिक संगठनों का विश्लेषण किया और उस संबंध में अपनी राय पेश करते हुए कहा कि स्कूलों और कॉलेजों में स्टूडेन्ट्स के भविष्य को ध्यान में रखकर भावी विशेषज्ञों की नियुक्ति करनी चाहिए। सत्र की शुरुआत में ही विद्यार्थियों का उनके लक्ष्य की पहचान में मार्गदर्शन करना चाहिए। यदि कोई छात्र अपने पथ से भटक गया है या किसी गैर-शैक्षणिक संस्था में बिना किसी मकसद के घूम रहा है तो शिक्षकों की ज़िम्मेदारी बनती है कि वे उसे ऐसा करने से रोकें।

प्रतिस्पर्धा के इस युग में प्रत्येक कंपनी अपनी उन्नति के लिए ऐसे उम्मीदवारों की तलाश करती है जो उनके व्यवसाय के लिए वरदान साबित हों। सभी कॉलेज और यूनिवर्सिटीज़ को यह बात समझ लेनी चाहिए कि अब सभी व्यवसायों और कंपनियों में सुशिक्षित विशेषज्ञ की मांग हैं तो मूर ने सभी

शैक्षणिक संस्थाओं से आग्रह किया कि वे वोकेशनल गाइडेन्स के लिए स्वयं ज़िम्मेदारी लें और होशियार और तजुर्बेकार पीढ़ी को हमें सौंपें।

आज कल नाइट स्कूल भी काफी प्रचलन में आए हैं। जिनमें उन लोगों को शिक्षा दी जाती है जो ज्ञान प्राप्त करने के बहुत इच्छुक हैं। लेकिन अपनी मजबूरियों और काम के चलते वे दिन में स्कूल नहीं जा पाते। वहां उन्हें व्यावहारिक और विश्वसनीयता आधारित ज्ञान से परिचित करवाया जाता है। पत्राचार प्रशिक्षण द्वारा भी उन्हें सभी विषयों का ज्ञान दिया जाता है। घर पर दिये जा रहे प्रशिक्षण से पढ़ाई में लचीलापन आता है और व्यक्ति अपने खाली समय में भी पढ़ाई कर सकता है। होम स्टडी स्कूलों द्वारा दिए जाने वाले ज़्यादातर पाठ्यक्रमों के साथ परामर्श की सुविधाएं भी दी जाती हैं, जो उन लोगों के लिए बहुमूल्य साबित हो सकती हैं जिन्हें विशिष्ट ज्ञान की आवश्यकता होती है।

मनुष्य की यह स्वाभाविक आदत है कि जो चीज़ उसे आसानी से मिल जाए वह उसकी कभी कदर नहीं करता। लेकिन जब इसकी अहमियत का अहसास होता है तब तक बहुत देर हो चुकी होती है। शायद इसलिए हम पब्लिक स्कूलों में मिलने वाले बेहतरीन अवसरों का ज़्यादा लाभ नहीं उठा पाते। लेकिन उस दौरान हम कुछ हद तक तो अनुशासित हो ही जाते हैं। जिससे गंवाए हुए अवसर की भरपाई हो जाती है। पत्राचार स्कूल भी काफी अच्छी बिज़नेस संस्थाएं हैं। उनकी फीस इतनी कम होती है कि तुरंत भुगतान के लिए जोर देना उनकी मजबूरी होती है। विद्यार्थी के नंबर अच्छे आएं या खराब यह तो उसकी मेहनत पर निर्भर करता है। उन संस्थाओं को इन सबसे कोई फर्क नहीं पड़ता। उन्हें तो अपने अदायगी मूल्य से मतलब होता है। इस प्रकार कोर्स पूरा करना विद्यार्थी की मजबूरी बन जाता है और इस बार यह पहले की तरह इसे नज़रअंदाज़ भी नहीं कर सकता। उन संस्थाओं की यही

मजबूरी हमारे लिए वरदान साबित होती है। चूंकि वे अप्रत्यक्ष रूप से हमें काम शुरू करने के बाद इसे पूरा करने की आदत का प्रशिक्षण देती हैं।

मैं उनकी इस बात से पूरी तरह सहमत हूँ। क्योंकि यह मैंने अपने अनुभव से ही सीखा है। पैंतालीस साल पहले की बात है। मेरी विज्ञापन और सूचना के क्षेत्र में बहुत रुचि थी इसलिए एडवर्टाइज़िंग का कोर्स करने का मन बनाया और एक होग स्टडी कोर्स में अपना नाम लिखवा दिया। अभी आठ-दस अध्याय ही पूरे हुए थे कि मेरा मन उब गया और मैंने पढ़ना छोड़ दिया। लेकिन स्कूल वालों ने बिल भेजना नहीं छोड़ा। चाहे मैं पढ़ाई करूं या न करूं, उन्हें भुगतान करना ज़रूरी था। मैंने फैसला किया कि जब मुझे कोर्स की अदायगी करनी ही है तो क्यूं ना अपने सारे अध्याय पूरे ही कर लूं। इससे मेरा पैसा भी वसूल हो जाएगा और थोड़ा बहुत ज्ञान भी बढ़ जाएगा। उस वक्त मुझे लगा कि स्कूल का कलेक्शन सिस्टम कुछ ज़्यादा ही सख्त ढ़ंग से नियोजित है। परंतु बाद के जीवन में मैंने सीखा कि उनकी इस बात ने मुझे बहुत अच्छा और मूल्यवान प्रशिक्षण दिया जिसने मेरी जिंदगी को ही बदल दिया। चूंकि मुझे पैसे चुकाने के लिए मजबूर किया गया था इसलिए मैं आगे बढ़ा और कोर्स पूरा किया। उस स्कूल के कलैक्शन सिस्टम का मेरे लिए बहुत महत्व था क्योंकि इसी वजह से मैंने विज्ञापन के कोर्स में अनिच्छा से प्रशिक्षण लिया था।

इस देश में दुनिया का सबसे बड़ा पब्लिक स्कूल सिस्टम है। इंसानों में एक ख़ास बात है कि वे उसी चीज़ को ज्यादा महत्वपूर्ण समझते हैं, जिसकी वे कीमत चुकाते हैं। इसका प्रमाण है अमेरिका के फ्री-स्कूल और फ्री-लाइब्रेरी जहां लोगों का आना जाना बहुत कम होता है। लोगों के लिए यह जानना बहुत ज़रूरी है कि वे स्कूल और नौकरी के बाद वहां जा कर अतिरिक्त प्रशिक्षण प्राप्त करें। इसका कारण है कि वहां के नियोक्ता होम स्टडी कोर्स

करने वाले कर्मचारियों का बहुत ध्यान रखते हैं। क्योंकि जिस व्यक्ति में महत्वाकांक्षा हो और पढ़ने की लगन हो उसमें ऐसे गुण भी अवश्य होंगे जो उसे नेतृत्व करने के लिए तैयार करते हैं।

लोगों में महत्वाकांक्षा की कमी एक ऐसी लाइलाज बीमारी है जिसका कोई हल नहीं। नौकरी करने वाले लोग अगर अपना सही टाइमटेबल बनाएँ तो वे खाली समय का प्रयोग होम स्टडी सेंटर में शिक्षा प्राप्त करने में कर सकते हैं। यह अतिरिक्त ज्ञान उन्हें नीचे से ऊपर की तरफ ले जाता है और उनके मार्ग से कई तरह की बाधाओं को हटा देता है। इससे उनका बाहर के लोगों से संपर्क भी बढ़ता है।

नौकरी करने वाले उन लोगों के लिए प्रशिक्षण प्राप्त करने का और होम स्टडी का तरीका सबसे बेहतर है, जो लोग यह महसूस करते हैं कि स्कूल छोड़ने के बाद भी उन्हें विशेषज्ञीय ज्ञान हासिल करना चाहिए परंतु उनके पास स्कूल जाने का समय नहीं होता, वे होम स्टडी से अपने ज्ञान को बढा सकते हैं।

स्टुअर्ट ऑस्टिन वियर की दिलचस्पी कन्स्ट्रक्शन विभाग में थी इसलिए वह एक इंजीनियर बने। लेकिन देश में आई मंदी के दौरान उनका कारोबार ठप्प पड़ गया। थोड़ी-सी कमाई से उनकी ज़रूरतें भी पूरी नहीं हो पा रही थी। फिर उन्होंने अपने व्यक्तित्व और गुणों का गहराई से अध्ययन किया और वकालत के व्यवसाय में जाने का फैसला किया। वे दोबारा स्कूल गए और कानून की किताबें पढ़ीं, परीक्षाएं उत्तीर्ण कीं और एक सफल वकील बन गए। जल्द ही उन्हें इस वकालत से अच्छी-खासी आमदन होने लगी।

ज्यादा उम्र में पहुंचने के बाद अक्सर लोग यह बहाने बनाते हैं कि मैं स्कूल नहीं जा सकता क्योंकि मेरे पास मेरा परिवार है और उन्हें पालने की ज़िम्मेदारी मेरी है या फिर मैं बूढ़ा हो गया हूँ या फिर बच्चों के स्कूल जाने की

उम्र में अगर स्कूल जाउंगा तो लोग मज़ाक उड़ाएँगे। ऐसे लोग जान लें कि जब मिस्टर वियर ने वकालत पास की तो उनकी आयु चालीस से ज्यादा थी और वे शादी शुदा भी थे। जिस कोर्स को स्टुडेन्टस आम तौर पर चार सालों में पूरा करते हैं, उसे वियर ने दो साल में ही पूरा कर दिया इसका कारण था प्रशिक्षण के लिए सर्वश्रेष्ठ कॉलेज का चुनाव।

किराने की दुकान में काम करने वाले एक युवक को उसके मालिक ने नौकरी से निकाल दिया। उसके पास बुककीपिंग का अच्छा-खासा अनुभव था और उसने अपने इस अनुभव का सहारा लेकर एकाउंटिंग कोर्स किया। धीरे-धीरे ऑफिस के नवीनतम उपकरणों का प्रयोग करना सीखा और फिर खुद का बिज़नेस शुरू कर दिया। उसने अपने काम की शुरुआत उसी ग्रॉसर से की जिसके पास वह पहले काम किया करता था। उसने एक योजना बनाई जिसके तहत उसने 100 से अधिक व्यापारियों के साथ अनुबंध किया कि वह उनके काम का हिसाब-किताब रखेगा और इसके बदले में थोड़ा -सा मासिक शुल्क लेगा। उसका यह विचार इतना व्यवहारिक रहा कि थोड़े ही दिनों में उसे एक छोटे से डिलीवरी ट्रक में अपना पोर्टेबल ऑफिस बनाना पड़ा जिसमें उसने एक आधुनिक बुककीपिंग मशीन भी रखी। आज उसके पास इन पोर्टेबल वाहनों का दस्ता और सहयोगियों का बड़ा-सा स्टाफ है जिनकी सहायता से वह छोटे व्यापारियों को कम कीमत पर बहुत बढ़िया एकाउंटिंग सेवा देता है।

ज्ञान और कल्पना वे शक्तिशाली तत्व हैं जिनके कारण वह एक सफल बिज़नेसमैन बन पाया। अगले साल जब उसने इन्कम टैक्स भरा तो वह उसकी उस आमदनी से दस गुना था जो उसे ग्रॉसरी की दुकान में सेल्समैन का काम करने पर मिलती थी। इस सफल व्यापार की शुरुआत सिर्फ एक विचार से हुई।

यह विचार दरअसल एक सेल्समैन द्वारा ही सुझाया गया था। वह सेल्समैन की नौकरी छोड़ कर होलसेल स्तर पर बुककीपिंग के बिज़नेस में गया था। जब उसे बेरोजगारी की समस्या का हल बताया गया तो वह तुरंत मान गया और बोला 'मुझे विचार पसंद है लेकिन मुझे ये नहीं पता कि इसे नकद में कैसे बदला जाए और इसकी मार्केटिंग कैसे की जाए। लेकिन इस प्रॉब्लम को भी उसने जल्दी ही सुलझा लिया। एक युवा महिला टाइपिस्ट की मदद से उसने पूरी कहानी को लिखा और एक बहुत ही बढ़िया पुस्तक तैयार की जिसमें बुककीपिंग के नए तरीकों और उससे होने वाले लाभ का वर्णन किया गया था। लोगों को यह इतनी पसंद आयी कि आज इसके मालिक के पास इतने ज़्यादा एकाउंट हैं कि उन्हें संभालते-संभालते उसे पसीना आ जाता है।

देश भर में ऐसे हज़ारों लोग हैं जिन्हें ऐसे मार्केटिंग विशेषज्ञ की सेवाओं की ज़रूरत पड़ती है जो कि उनकी व्यक्तिगत सेवाओं की मार्केटिंग कर सकें और उनके लिए आकर्षक बायोडाटा तैयार कर सके। यह आपातकालीन स्थिति में उठाया गया कदम था जिससे बहुत लोगों का भला हुआ। वह महिला जिसके दिमाग में यह विचार आया उसकी कल्पना शक्ति बहुत पैनी थी। उसने तत्काल समझ लिया कि इस विचार में एक नए व्यवसाय को जन्म देने की शक्ति। है जिसके द्वारा उन हज़ारों लोगों की सेवा की जा सकती थी। जिन्हें मार्केटिंग के लिए व्यवहारिक मार्गदर्शन की ज़रूरत थी।

जब इस महिला को व्यक्तिगत सेवाओं की मार्केटिंग करने के अपने पहले प्लान में सफलता मिली तो उसका हौसला बढ़ गया। और इसके बाद उसने अपने पुत्र की भी इसी तरह की समस्या का समाधान किया। कॉलेज की पढ़ाई पूरी करने के बाद वह नौकरी की तलाश में था लेकिन अपनी सेवाओं के लिए उसे सुयोग्य बाज़ार नहीं मिल रहा था। उस महिला ने अपने पुत्र के

लिए भी ऐसा ही मार्केटिंग प्लान बनाया जिससे कि उसकी सेवाओं का उचित प्रयोग हो सके।

इस प्लान पुस्तिका में पचास पेज थे। इसमें उसके पुत्र की जन्मजात योग्यता, पढ़ाई, व्यक्तिगत अनुभव के अलावा और भी बहुत सी जानकारी दी गई थी। उसने पुस्तक में यह भी स्पष्ट बताया हुआ था कि उसके पुत्र को किस तरह का पद चाहिए और वह किस तरह काम करेगा। सारी जानकारी संक्षिप्त और सुनियोजित ढंग से लिखी हुई थी। कई सप्ताह की मेहनत के बाद यह पुस्तक तैयार हुई। इस दौरान वह अपने पुत्र को हर रोज़ सार्वजनिक लाइब्रेरी भेजती जहां से वह अपनी सेवाओं को सर्वश्रेष्ठ ढंग से बेचने के लिए आवश्यक डाटा लेकर आता। उसने अपने पुत्र को उसके संभावित नियोक्ता के सभी प्रतियोगियों के पास भेजा और उनके व्यापार के तरीकों की जानकारी हासिल करवाई। यह सारी जानकारी प्लान बनाने में बहुत महत्वपूर्ण साबित हुई क्योंकि इससे यह पता लग गया कि वह अपने कार्यों को किस प्रकार करेगा। इस पुस्तिका में उसने वह सब सर्वश्रेष्ठ सुझाव लिखे जिनके प्रयोग से व्यापारियों को उनके व्यापार में लाभ हो सकता था।

इस तरह की प्लान पुस्तिका के बारे में पढ़कर कई लोग तो यही सोचेंगे कि "नौकरी हासिल करने के लिए इतने सारे झंझटों में पड़ने की क्या ज़रूरत है?"

इसका जवाब सरल है "किसी काम को अच्छी तरह से करने में कभी कोई झंझट नहीं होता। उस महिला ने अपने पुत्र के हित को ध्यान में रख कर वह योजना बनाई। जिसका फल उसे जल्द ही मिल गया। उसे पहले ही इंटरव्यू में नौकरी मिल गई और वो भी उसकी अपनी शर्तों पर। जिस तनख्वाह की उसने मांग की थी, वह बिना किसी तर्क-वितर्क के उसे मिली। इससे भी ज़्यादा हैरानी की बात तो यह थी कि उसने पहली बार में ही जूनियर एग्जीक्यूटिव के पद से अपना कॅरियर शुरू किया।"

लेकिन अगर वह युवक बिना किसी योजना के काम करता तो उसे सबसे नीचे के पद पर रखा जाता। उसकी तरक्की तो होती लेकिन इतना ऊपर उठने में उसे कम से कम दस साल लग जाते जबकि इस सुनियोजित प्रदर्शन से उसे एक ही झटके में वह नौकरी मिल गई। नीचे से नौकरी शुरू करके निरंतर तरक्की करते हुए ऊपर जाने का विचार वैसे तो दमदार है लेकिन जोख़िम भरा भी है। जो लोग नीचे से शुरुआत करते हैं वे अपना सिर इतना ऊपर नहीं उठा सकते कि अवसर उन्हें देख पाए इसलिए वे हमेशा नीचे ही बने रहते हैं। दूर से देखने पर कोई भी चीज़ लुभावनी ही लगती है लेकिन जैसे-जैसे हम नज़दीक जाते है वह उतनी आकर्षक नहीं रहती। इससे हमारी महत्वाकांक्षा मर जाती है। नीचे के पद पर रहते हुए हमें इसकी आदत पड़ जाती है और हम इसी को अपनी तकदीर मान कर स्वीकार कर लेते हैं। धीरे-धीरे यह आदत इतनी प्रबल हो जाती है कि हम इससे बाहर निकलने की कोशिश करना भी छोड़ देते हैं। इसलिए हमें अपने विचारों को मज़बूत बनाना चाहिए। ताकि अपने चारों तरफ लोगों को आगे बढ़ते हुए देख सकें और सही अवसर की पहचान करके आगे बढ़ सकें।

1930 में डैन हाल्पिन अपने कॉलेज के दिनों में प्रसिद्ध नेशनल चैम्पियन नॉट्रेडेम फुटबॉल टीम के मैंने जर थे। उस वक़्त इस टीम का निर्देशन स्वर्गीय न्यूट रॉक्रे के हाथ में था। हाल्पिन की आर्थिक स्थिति कुछ ज़्यादा अच्छी न होने के कारण उन्हें कॉलेज की पढ़ाई पूरी करने में बहुत दिक्कतों का सामना करना पड़ा। आर्थिक मंदी के कारण नौकरियों के अवसर भी बहुत कम थे। पहले तो उन्होंने निवेश, बैंकिंग और मोशन पिक्चर्स में हाथ आजमाया लेकिन जब बात ना बनी तो इसे छोड़ दिया। फिर उन्होंने बिजली के हियरिंग एड बेचना शुरू कर दिया।

रुचि ना होने के बावजूद भी उन्होंने लगभग दो सालों तक यही काम लगातार किया। वह अपने उद्देश्य में कभी ऊपर नहीं उठ पाता अगर उसने अपने असंतोष को दूर न किया होता। उसका पहला लक्ष्य था अपनी कंपनी का असिस्टैंट सेल्स मैंनेजर बनना और यह पूरा हुआ। उसके उठाए गए एक कदम ने उसे दुनिया की भीड़ से इतना ऊपर उठा दिया जिससे वह आगे बढ़ने के अवसर को देख पाया। हियरिंग एड बेचने के मामले में उसने इतना शानदार रिकॉर्ड बनाया कि उनकी प्रतिद्वंद्वी कंपनी डिक्टोग्राफ प्रॉडक्ट्स के चेयरमैन ए. एम. एन्ड्रयूज़ यह जानने को उत्सुक हो गए कि आखिर यह डैन हाल्पिन नाम का आदमी है कौन जिसने सालों से काम कर रही डिक्टोग्राफ कंपनी की बिक्री को इतने कम समय में नीचे ला दिया? उसने हाल्पिन को मिलने के लिए बुलाया। सारी बातचीत पूरी हो जाने के बाद उसने हाल्पिन को अपनी कंपनी में सेल्स मैंनेजर की नौकरी का ऑफर दिया। हाल्पिन ने उसका प्रस्ताव मान लिया और उसे एकाउस्टिकन डिवीज़न का पद दिया गया। तब एन्ड्रयूज़ ने हाल्पिन की हिम्मत परखने का प्लान बनाया और उसे बिज़नेस की कोई जानकारी दिए बिना तीन महीने के लिए फ्लोरिडा चले गए। लेकिन हाल्पिन भी किसी कच्ची मिट्टी का नहीं बना था। वह न्यूट रॉकने को अपना आदर्श मानता था और उनकी कही एक बात कि "सारी दुनिया विजेता से प्रेम करती है और पराजित आदमी की तरफ देखने की उनके पास फुर्सत नहीं होती" से बहुत प्रेरित था। उसने सारा काम इतनी कुशलता से किया कि उसे कंपनी का वाइस प्रेसीडेंट चुन लिया गया। जिस पद को लोग दस साल की कड़ी मेहनत के बाद प्राप्त करते हैं उसे हाल्पिन ने छह महीने से भी कम समय में हासिल कर लिया।

इस पूरे लेख में मैं आपका ध्यान इस बिंदु पर केन्द्रित करने की कोशिश कर रहा हूँ कि सारी परिस्थितियां हमारे हाथ में ही होती हैं। अगर हम चाहें तो

ऊंचे से ऊंचे पद को भी आसानी से प्राप्त कर सकते हैं और अगर न चाहें तो वहीं भटकते रहते हैं।

सफलता और असफलता दोनों मनुष्य की आदत का ही परिणाम हैं। हाल्पिन अमेरिका के प्रसिद्ध फुटबॉल कोच के काफी करीब थे और उनके मस्तिष्क में हमेशा से ही सर्वश्रेष्ठ बने रहने की प्रबल आकांक्षा थी, उनकी इसी विशेषता ने नॉट्रेडेम फुटबॉल टीम को विश्वप्रसिद्ध बनाया। आदर्श व्यक्ति के विचारों का अनुसरण करना एक अच्छी बात है बशर्ते आप भी उसी की तरह विजेता ही बनें। हार-जीत प्रत्येक बिज़नेस का अहम हिस्सा है। इस सिद्धांत का महत्त्व मैंने तब जाना जब मेरा पुत्र ब्लेयर डैन हाल्पिन के साथ नौकरी के विषय में चर्चा कर रहा था। प्रतियोगी कंपनी उसे जितना वेतन देती थी, हाल्पिन ने शुरुआत में उसके सामने उससे आधे वेतन का प्रस्ताव रखा। ब्लेयर इतनी कम पगार के कारण थोड़ा हिचकिचा रहा था लेकिन मैंने पिता होने की हैसियत से भावनात्मक दबाव डाला और उसे हाल्पिन के साथ काम करने के लिए राजी कर लिया। मैं हमेशा से यही मानता आया हूँ कि लाभ को कभी पैसे में नही तौला जा सकता। जो व्यक्ति परिस्थितियों के साथ कभी समझौता नहीं करता ऐसे व्यक्ति के साथ काम करना एक अमूल्य अनुभव है।

छोटे पद पर काम करना हमेशा से ही बकवास, भयानक और नुक्सानदायक अनुभव रहा है। वह व्यक्ति कभी आगे नहीं बढ़ सकता। लेकिन यदि सही योजना बनाई जाए तो नीचे से शुरुआत करने वाले को रोका नहीं जा सकता।

प्लान पुस्तिका के प्रकाशन के बाद देश के लाखों-करोड़ों लोगों ने उस महिला से संपर्क करने की कोशिश की जिसने अपने पुत्र के लिए पर्सनल सर्विस सेल्स प्लान बनाया था। सबका उनसे यही आग्रह था कि वह उनके

लिए भी वैसा ही प्लान बना दें। सब अपनी व्यक्तिगत सेवाओं के बदले में अधिक धन प्राप्त करने में उनकी मदद चाहते थे।

वह महिला न केवल चतुर थी बल्कि न्यायप्रिय भी थी। एक तरफ जहां वह लोगों को उन्हीं सेवाओं के बदले में अधिक धन दिलवाती थी, जिन्हें वे पहले कम दामों पर बेच रहे थे वहीं दूसरी तरफ वह उनके खरीददारों का भी ध्यान रखती थी। इसलिए वह इस तरह योजना बनाती थी कि जिससे विक्रेता को भी लाभ हो और खरीददारों को भी उनके धन की पूरी कीमत वसूल हो।

अगर आपकी कल्पनाशक्ति मजबूत है और आप अपनी सेवाओं के बदले में अधिक लाभ कमाने का विकल्प खोज रहे हैं तो यह सुझाव आपके लिए फायदेमंद साबित होगा। किसी ने कहा भी है कि "विचारों की कोई निश्चित कीमत नहीं होती!"

जिन लोगों के पास धन नहीं होता, उनके लिए विचारों की तुलना में विशेषज्ञीय ज्ञान बहुत ज़रूरी होता है। और इसे आसानी से हासिल किया जा सकता है। ऐसे व्यक्ति को सब अपने साथ रखना चाहते हैं और उसके सामने आगे बढ़ने के बहुत से अवसर होते हैं। वह अपनी सेवाओं से लोगों की मदद करता है। अगर आप में कल्पना है तो यह अध्याय आपको एक विचार प्रदान कर सकता है जिससे आप वह दौलत प्राप्त कर सकते हैं, जिसकी आपको चाह होती है। विचार सबसे प्रमुख वस्तु है। और विशेषज्ञीय ज्ञान सर्व-सामान्य है। यह आपको कहीं भी मिल सकता है।

# कल्पना

## मस्तिष्क की वर्कशॉप

कल्पना वह कार्यशाला है जहां मनुष्य द्वारा बनाई गई सारी योजनाएं सही आकार में ढलती हैं। यहाँ कल्पना शक्ति द्वारा इच्छा को आकार, रूप और कार्यरूप दिया जाता है। यह सच है कि यदि मनुष्य किसी चीज की कल्पना कर सकता है तो वह उसकी रचना भी कर सकता है।

अपनी इसी कल्पनाशक्ति का प्रयोग करके मनुष्य ने पिछले पचास वर्षों में प्रकृति की अथाह शक्तियों की जितनी खोज की है उससे कहीं ज्यादा उसका प्रयोग किया है। दुनिया में ऐसा कुछ भी असंभव नहीं जिसे उसने संभव न कर दिखाया हो। पंचतत्वों (हवा, पानी, आकाश, धरती, अग्नि) से बने इस शरीर ने उन्हीं पांच तत्वों को अपने वश में कर लिया। उसने हवा को पूरी तरह से जीत लिया और उड़ने के मामले में पक्षियों को भी पीछे छोड़ दिया। करोड़ों मील दूर स्थित सूर्य का भार मालूम करके उसका विश्लेषण भी

कर डाला और यह भी जान लिया कि यह किन-किन तत्वों से बना है। नए तरह के इंजनों का प्रयोग करके वाहनों की गति बढ़ा ली। अगर मनुष्य इसी गति से अपनी कल्पनाशक्ति का सदुपयोग करता रहा तो वह दिन दूर नहीं जब वह चांद, मंगल जैसे अनेकों ग्रहों पर जीवन की रचना कर डालेगा।

लेकिन अगर तर्क की दृष्टि से देखा जाए तो मनुष्य की हद उसकी कल्पनाशक्ति के विकास और प्रयोग तक ही सीमित है। अभी वह इस शक्ति के प्रयोग के विकास के शिखर पर नही पहुंचा। फिलहाल तो उसे यही पता चला है कि उसके पास कल्पनाशीलता है, जिसका उसने प्रारंभिक तरीके से प्रयोग करना शुरू किया है।

कल्पना के दो रूप होते हैं। एक है 'कृत्रिम कल्पना' और दूसरी 'रचनात्मक कल्पना।'

कृत्रिम या संश्लिष्ट कल्पना: इस शक्ति के द्वारा मनुष्य पुराने विचारों और योजनाओं को नये ढंग से संयोजित कर नया रूप प्रदान करता है। लेकिन इस शक्ति से कुछ रचा नहीं जा सकता। यह केवल अनुभव, शिक्षा और अवलोकन की सामग्री के हिसाब से काम करती है। आविष्कारक ज्यादातर इसी शक्ति का प्रयोग करके अपनी उपलब्धियों को नया रूप प्रदान करते हैं। जीनियस ही इसका एक मात्र अपवाद है जो अगर संश्लिष्ट कल्पना द्वारा अपनी समस्या नहीं सुलझा पाते तो वह रचनात्मक शक्ति का सहारा लेते हैं।

रचनात्मक कल्पना: इसमें मनुष्य अपने सीमित बुद्धि और अनंत ज्ञान से सीधा संपर्क करके नवीनतम उपाय खोजता है। इसी के द्वारा कोई इंसान किसी दूसरे मनुष्य के अवचेतन मस्तिष्क के साथ संपर्क कर पाता है। इस कल्पनाशक्ति का विकास चेतन मस्तिष्क में अधिक तीव्रता से होता है।

रचनात्मक कल्पना अपने आप काम करती है और यह तभी सक्रिय होती है जब चेतन मस्तिष्क बहुत तेज़ गति से काम कर रहा हो। इसे जितना विकसित किया जाता है यह उतनी ही चौकस होती जाती है। दुनिया में जितने भी लीडर और कलाकार हुए हैं उनके पीछे भी इसी शक्ति का हाथ है। क्योंकि उन्होंने इस शक्ति को अपने अंदर विकसित कर लिया है। जिस प्रकार शरीर के किसी अंग का हम जितना ज्यादा प्रयोग करते हैं वह उतना ही मज़बूत बनता जाता है। ठीक वैसे ही इन दोनों शक्तियों का जितना ज़्यादा प्रयोग किया जाए, ये भी उतनी ही तीव्र होती जाती है।

इच्छा न केवल एक विचार है, बल्कि यह प्रेरणा भी है। यह अस्पष्ट और क्षणिक होती है। यह महत्वहीन और अव्यवहारिक होती है और तब तक मूल्यहीन रहती है जब तक कि इसे हकीकत में न बदल दिया जाए। इच्छा को धन में रूपांतरित करने के लिए अधिकतर संश्लिष्ट कल्पना का प्रयोग किया जाता है। लेकिन कभी-कभी परिस्थितियां ऐसी आ जाती हैं जिनमें रचनात्मक कल्पना के प्रयोग की आवश्यकता भी पड़ सकती है।

कल्पना शक्ति कभी नहीं मरती, लेकिन संभव है कि ज़्यादा लंबे समय तक प्रयोग न होने पर यह सो जाती है और कमज़ोर हो जाती है। इसे प्रयोग द्वारा फिर से जगाकर सशक्त बनाया जा सकता है। सबसे ज़रूरी है कि हम अपना ध्यान संश्लिष्ट कल्पना के विकास पर केंद्रित करें क्योंकि यही वह शक्ति है जिससे हम अपनी इच्छा को धन में बदल सकते हैं। इसमें समय की भी बचत होती है और मानसिक क्षमता का भी विकास होता है।

इच्छा की अमूर्त प्रेरणा को धन की मूर्त वास्तविकता में बदलने के लिए आपको योजना बनानी होगी। संश्लिष्ट कल्पनाशक्ति योजनाएं बनाने में आपकी मदद कर सकती है। पूरी पुस्तक पढ़िए और पढ़ने के बाद फिर से

इसी अध्याय पर आइये और तुरंत ही अपनी कल्पना को योजना बनाने के कार्य में लगा दीजिए। वैसे तो हर अध्याय में योजना बनाने के लिए विस्तृत निर्देश दिए गए हैं। लेकिन आपको अपनी आवश्यकता के मुताबिक जो निर्देश ठीक लगे उसी का पालन कीजिए। जिस क्षण आप इसे पूरा कर लेते हैं उसी क्षण आप अपनी अमूर्त इच्छा को मूर्त रूप में तब्दील कर देते हैं। इस वाक्य को ज़ोर-ज़ोर से पढ़ें और अपने मन में दृढ़ विश्वास रखें। यही विश्वास आपके विचार को भौतिक रूप प्रदान करेगा।

यह धरती और इसका कण-कण विकासवादी परिवर्तन का ही परिणाम है जिसके द्वारा पदार्थ के हर सूक्ष्म कण को क्रमबद्ध तरीके से सुव्यवस्थित किया जाता है। दरअसल वास्तविकता तो यह है कि यह धरती, हमारे शरीर की प्रत्येक कोशिका और पदार्थ का हर कण ऊर्जा के अमूर्त रूप में ही प्रारंभ हुआ था।

इच्छा एक प्रेरणात्मक विचार है। और विचार, ऊर्जा का दूसरा रूप है। जब भी आपके दिमाग में धन कमाने का विचार आता है तो अप्रत्यक्ष रूप से आप उन्हीं शक्तियों का प्रयोग करते हैं जिनके द्वारा प्रकृति ने इस धरती की रचना की है और इस ब्रह्मांड के हर पदार्थ, आकार की रचना की है जिसमें हमारा शरीर भी शामिल है।

अमीर बनने के लिए आप को उन नियमों का पालन करना चाहिए जो कि अपरिवर्तनीय हैं। लेकिन इसके लिए पहले आपको इनसे परिचित होना लाज़मी है। मेरा मानना है कि अगर इन सिद्धांतों को बार-बार दोहराया जाए तो हो सकता है कि उनमें छिपे वह सारे रहस्य प्रकट हो जाएं, जिनके द्वारा ढेर सारी दौलत इकट्ठी की जाती है। वास्तव में कोई मी रहस्य, रहस्य नहीं होता। हमारी धरती, चांद, सितारे, ग्रह और हमारे चारों तरफ मौजूद तत्व ये सब प्रकृति

की ही देन है। प्रकृति समय-समय पर इनका विज्ञापन करती रहती है जिसके फलस्वरूप हम इन्हें देख सकते हैं।

आगे आने वाले अध्यायों में इसका संक्षेप में वर्णन है। जब भी आप इसे पढ़ें तो जितना भी समझ आए उसे मस्तिष्क में बिठा लीजिए। जब आप एक ही बात दो-चार बार लगातार पढ़ेंगे तो सारी स्थिति आपके सामने स्पष्ट हो जाएगी। सबसे ज़रूरी बात तो यह है कि आप इन सिद्धांतों के अध्ययन में न तो रूकें और न ही हिचकिचाएं, जब तक कि आप इसे कम से कम तीन-चार बार पूरा न पढ़ लें। क्योंकि इसके बाद आप इसे पढ़ना कभी बंद नहीं करोगे।

पैसे से अमीर इंसान अमीर नहीं होता... अमीरी तो विचारों से आती है। विचार कल्पना से पैदा होते हैं और कल्पना अवचेतन मस्तिष्क में। चलिए, अब कुछ ऐसे विचारों का अध्ययन करते हैं जिनसे बहुत सारी दौलत कमाई गयी है।

पचास साल पहले की बात है। एक बूढ़ा देहाती डॉक्टर शहर आया। एक पेड़ से अपने घोड़े की लगाम बांधी और पिछले दरवाज़े से धीमे से एक दवाई की दुकान में घुस गया और एक नौजवान लड़के से बातें करने लगा जो कि वहां का क्लर्क था। एक घंटे तक दोनों में खुसर- फुसर चलती रही। फिर डॉक्टर बाहर आया और बग्घी में रखे एक पुराने से थैले से एक बड़ी सी पुरानी केतली और लकड़ी का काफी बड़ा पैडल निकाला और इन चीज़ों को वापस दुकान के पिछवाड़े बने स्टोर में रख आया।

क्लर्क ने केतली का अच्छे से निरीक्षण किया और जेब से कुछ नोट निकालकर डॉक्टर के हाथ में थमा दिए। डॉक्टर ने नोट गिने जो कि पूरे 500 डॉलर थे। यह क्लर्क की अब तक की पूरी बचत थी जो उसने केतली के मूल्य में उसे दी थी। फिर डॉक्टर ने क्लर्क को एक काग़ज़ का टुकड़ा दिया

जिस पर एक फॉर्मूला लिखा हुआ था। कागज़ के उस छोटे से टुकड़े पर लिखे वह चंद शब्द क्लर्क के लिए किसी ख़ज़ाने से कम ना थे। लेकिन डॉक्टर के लिए इसका कोई मूल्य ना था। इन शब्दों में ही उस केतली का रहस्य छुपा हुआ था। दोनों ही इस सच्चाई से अनजान थे कि इस केतली से कितना धन बरसेगा, बरसेगा भी या नहीं?

जहां एक तरफ बूढ़ा डॉक्टर केतली को 500 डॉलर में बेचकर बहुत ख़ुश था तो वहीं दूसरी तरफ क्लर्क अपनी पूरी ज़िंदगी की जमा पूंजी इस कागज़ के छोटे से टुकड़े और एक पुरानी केतली में लगाकर बहुत बड़ा जोखिम ले रहा था। लेकिन वह इस सच्चाई से बेखबर था कि जब यह केतली उबलेगी तो उसमें से इतना सोना बरसेगा कि इसके सामने सारी दुनिया का ख़ज़ाना कम पड़ जाएगा। दरअसल क्लर्क ने जो खरीदा था वह एक विचार था जिसे उसे अपनी कल्पनाशक्ति द्वारा सोने में बदलना था।

केतली ने जादू दिखाना शुरू कर दिया। क्लर्क ने इसमें उन गोपनीय निर्देशों के अलावा कुछ ऐसा तत्व भी मिलाया जिसके बारे में डॉक्टर को कोई जानकारी नहीं थी। क्या आप बता सकते हैं कि क्लर्क ने ऐसा क्या मिलाया था जिसकी वजह से केतली से सोना बरसने लगा? यह कहानी पूर्णतया वास्तविक है जो कि कल्पना से भी अधिक हैरान करने वाली है।

क्लर्क ने इससे बहुत सा धन कमाया और आज भी कमा रहा है। वह इस केतली में छिपे रहस्य को सारी दुनिया तक पहुंचाने में लगा हुआ है। यही पुरानी केतली आज दुनिया में शक्कर के सबसे बड़े उपभोक्ताओं में से एक है और इसकी बदौलत ही आज हज़ारों लोगों को गन्ना उगाने का, शक्कर बनाने का और शक्कर बेचने का रोज़गार उपलब्ध है। इससे कांच की बोतलों का व्यवसाय शुरू हुआ और लोगों को रोज़गार के अवसर मिले।

हज़ारों कलाकारों को इस प्रॉडक्ट का विज्ञापन करके अपनी कला का प्रदर्शन करने का मौका मिला। इसी पुरानी केतली ने एक छोटे से शहर को बिज़नेस राजधानी में तबदील कर दिया। इस विचार का प्रभाव दुनिया के हर सभ्य देश में पहुंचा। जिस भी व्यक्ति ने इस सोने सी बहती धारा को छूआ वह मालामाल हो गया।

केतली से बरसते सोने ने दक्षिण में एक प्रसिद्ध कॉलेज बनाया जहां हज़ारों-लाखों युवक-युवती अपनी लक्ष्य प्राप्ति के लिए प्रशिक्षण लेते हैं। अगर पीतल की यह पुरानी केतली बोल सके तो यह हर भाषा में रोमांस की रोचक कहानियां सुनायेगी : प्रेम का रोमांस, बिज़नेस का रोमांस, प्रोफैशनल पुरूषों और महिलाओं का प्रेम जो कि इसके द्वारा प्रेरित होते हैं।

लेखक खुद भी इसी तरह के प्रेम का हिस्सा रहा है इसलिए उसे इसमें पूरा यकीन है। लेखक की शादी से पहले उसकी पत्नी उसी शहर में रहती थी जहां उस क्लर्क ने पुरानी केतली खरीदी थी। एक दिन लेखक भी उसी शहर में आया, वहां उसकी मुलाकात अपनी पत्नी से हुई तो उसने लेखक को उस जादुई केतली के बारे में बताया। उस वक़्त वो दोनों भी इसी केतली में उबलने वाली चाय पी रहे थे। लेखक उसकी बातों से इतना प्रभावित हुआ कि उसके सामने शादी का प्रस्ताव रखते हुए पूछा, “क्या तुम मुझसे शादी करोगी?”

आप विश्व के चाहे किसी भी हिस्से में रहते हो, चाहे कोई भी काम करते हो भविष्य में एक बात हमेशा याद रखना कि जब भी आप कोकाकोला शब्द सुनें तो यह याद कर लें कि दौलत का साम्राज्य एक विचार से शुरू हुआ था। उस क्लर्क ने उस गोपनीय फॉर्मूले के साथ जो रहस्यमयी तत्व मिलाया था वह था .... कल्पना!

यह बात भी याद रखिएगा कि अमीरी के जो निर्देश इस पुस्तक में बताए गए हैं उन्हीं के सहारे कोकाकोला का प्रभाव दुनिया के हर शहर, कस्बे, गांव और चौराहों पर फैला है। इसलिए आपके मस्तिष्क में उत्पन्न होने वाला हर विचार कोकाकोला की तरह ही दमदार और संभावनापूर्ण हो।

'जहां चाह, वहां राह' यह कहावत तो सबने सुनी है तो चलिए अब इसकी सच्चाई सिद्ध करते हुए एक कहानी पढ़ते हैं- एक प्रसिद्ध धर्मोपदेशक और शिक्षाविद स्वर्गीय फ्रैंक डब्ल्यू. गुन्सॉलेस ने मुझे यह सुनाई थी। वह शिकागो के स्कॉटयार्ड में धर्मोपदेशक का कार्य करते थे।

गुन्सॉलेस जब कॉलेज में पढ़ते थे तो उसे हमारे शिक्षातंत्र में कई कमियां नज़र आईं। उसका मानना था कि अगर वह कॉलेज का प्रधान बन जाए तो सारी कार्यप्रणाली को सुधार सकता है। मन ही मन उसने प्रण कर लिया कि एक दिन अपना खुद का कॉलेज बनाएगा जिसे वह अपने तरीकों से चलाएगा और अन्य शिक्षण संस्थाओं से हटकर कुछ करेगा।

इस प्रोजेक्ट के लिए उसे दस लाख डॉलर की ज़रूरत थी। लेकिन इतनी बड़ी रकम कहां से जुटाएगा? यही सवाल उसके मन में हर पल कौंधता रहता।

अपने प्रण को पूरा करने के लिए उसे कोई भी रास्ता नज़र नहीं आ रहा था। हर रात वह अपने बिस्तर पर इसी विचार के साथ सोता और हर सुबह इसी विचार के साथ नींद से जागता। वह जहां भी जाता यह विचार उसके साथ-साथ ही जाता। वह इसे लगातार अपने दिमाग में बिठाता रहा जब तक कि यह विचार प्रबल दीवानगी में ना बदल गया।

दर्शनशास्त्र के ज्ञाता होने के कारण वे इस बात को अच्छी तरह समझते थे कि लक्ष्य की निश्चितता ही किसी कार्य का शुरुआती बिंदु है। वे यह भी

जानते थे कि लक्ष्य निश्चित हो जाने के बाद वे जीवंत हो जाते हैं, उनमें जीवन और शक्ति का संचार हो जाता है। चूंकि उनके मन में इसे भौतिक रूप में बदलने की इच्छा धधकती रहती है।

सब कुछ जानते हुए भी वे एक सच्चाई से अनजान थे कि उनके पास इतने पैसे कहां से आएंगे। उनकी जगह अगर कोई और होता तो यह कहकर प्रयास करना छोड़ देता कि "मेरा विचार तो अच्छा है लेकिन मैं इस बारे में कुछ कर नहीं सकता क्योंकि इतनी बड़ी रकम इकट्ठी करना मेरे बस की बात नहीं।" डॉ गुन्सॉलेस अपनी बात के पक्के थे। वे जो कहते थे उसे करके ही दम लेते थे। उनकी यह बात इतनी महत्वपूर्ण है कि मेरा उसे अपने शब्दों में बयान करना आसान नहीं होगा इसलिए मैं उन्हें ख़ुद अपनी बात कहने देता हूँ-

"शनिवार की एक दोपहरी में मैं अपने कमरे में बैठा सोच रहा था कि अपने सपने को पूरा करने के लिए मैं इतनी बड़ी धनराशि कहां से जुटाउंगा। लगभग दो साल तक मैं यही सोचता रहा।"

अब कर्म करने का समय आ चुका था।

मैंने मन ही मन ठान लिया कि मैं एक हफ्ते में दस लाख डॉलर इकट्ठे कर लूंगा। लेकिन कैसे? ये मैं भी नहीं जानता था। सबसे ज़रूरी बात यह निर्णय लेना था कि मैं वह धनराशि एक निश्चित समय में जुटा लूंगा और जिस क्षण मैं इस निर्णय पर पहुंचा तो मन को एक अजीब सी राहत महसूस हुई। अंतर्मन से आवाज़ आई "तुम इस निर्णय पर पहले क्यूं नहीं पहुंचे? यह धनराशि तो लंबे समय से तुम्हारा इंतज़ार कर रही है !!"

सब कुछ अपने आप होता चला गया। मैंने अखबार वालों को बुलाया और घोषणा की कि कल सुबह मैं एक प्रवचन दूंगा जिसका शीर्षक होगा अगर मेरे पास दस लाख डॉलर हों तो मैं क्या करूंगा।

अगले ही पल मैं प्रवचन की तैयारी में जुट गया। मेरे लिए यह काम कुछ ज्यादा मुश्किल नहीं था क्योंकि मैं इस प्रवचन को पिछले दो सालों से तैयार कर रहा था। आधी रात तक प्रवचन का काम खत्म किया और फिर बिस्तर पर जाकर लेट गया। मैं इस विश्वास की अनुभूति के साथ सोया कि मेरे पास दस लाख डॉलर हैं और यह मेरी सम्पत्ति है।

अगली सुबह मै जल्दी उठा, नहाया, प्रवचन को पढ़ा और घुटनों के बल बैठ गया। मेरा खुद से एक ही सवाल था कि क्या मेरा प्रवचन किसी ऐसे व्यक्ति को प्रभावित कर पाएगा जो मुझे आवश्यक राशि प्रदान कर सके। जब मैं प्रार्थना कर रहा था तो मुझे आश्वासन की वही अनुभूति फिर से हुई कि धनराशि आने वाली है। इसी उत्साह में मैं प्रवचन को अपने साथ ले जाना भूल गया।

जैसे ही मैं हॉल में पहुंचा तो लोगों की अथाह भीड़ ने मुझे घेर लिया। बचते-बचाते किसी तरह से मैं श्रोताओं के सामने मंच पर पहुंच गया। जैसे ही प्रवचन-पत्र निकालने के लिए हाथ जेब में डाला तो मेरे होश उड़ गए। तब याद आया कि जल्दी-जल्दी में वह घर पर ही छूट गया। लेकिन अब नोट्स लाने का वक्त नहीं था और उन्हें घर पर भूल आना ही मेरे लिए वरदान साबित हुआ। मेरे अवचेतन मस्तिष्क ने मुझे वह सारी सामग्री प्रदान की जिसकी मुझे ज़रूरत थी। जब मैं प्रवचन शुरू करने के लिए खड़ा हुआ तो मैंने अपनी आंखे बंद कर लीं और अपने सपनों के बारे में पूरे दिल से बोला। मैंने न सिर्फ अपने श्रोताओं से बात की बल्कि मुझे लगता है कि मैंने सीधे ईश्वर से भी बात की। मैंने उन्हें बताया कि अगर मेरे हाथ में दस लाख डॉलर आ जाएं तो मैं उसका क्या करूंगा। मैंने अपनी सारी योजना विस्तार से बताई कि कैसे मेरे दिमाग में शैक्षणिक संस्था बनाने का विचार आया और मैं अपने

कॉलेज में किस तरह का व्यावहारिक ज्ञान दूंगा, जिससे युवाओं के मस्तिष्क का विकास हो।

जैसे ही मेरा भाषण समाप्त हुआ, मैं जाकर अपने स्थान पर बैठ गया। तभी तीसरी-चौथी पंक्ति से एक व्यक्ति उठकर मेरी तरफ आया। मैं एकटक नज़रों से उसे देखता रहा। वह मंच पर आया और मेरी तरफ अपना हाथ बढ़ाते हुए बोला, "मुझे आपका प्रवचन बहुत पसंद आया। मुझे विश्वास है कि आपने जो कहा है वह सचमुच करके दिखा सकते हैं बशर्ते आपके पास दस लाख डॉलर हों। मेरा नाम फिलिप डी. आर्मर है। अगर आप कल मेरे ऑफिस आ जायें तो मैं आपको दस लाख डॉलर दे सकता हूँ।"

डॉ गुन्सॉलेस अगले दिन मिस्टर आर्मर के ऑफिस गए और उन्हें दस लाख डॉलर मिल गए। उस धनराशि से उन्होंने आर्मर इंस्टीट्यूट ऑफ टैक्नॉलेजी की नींव रखी जिसे अब इलिनॉय इंस्टीट्यूट ऑफ टैक्नॉलेजी के नाम से जाना जाता है।

यह दस लाख डॉलर उनके पास एक विचार के तहत आए और इस विचार के पीछे एक इच्छा थी जिसे गुन्सॉलेस अपने दिमाग में लगभग दो साल से पाल रहा था। यहां एक बात ध्यान देने योग्य है: जब वह अपने मस्तिष्क में एक निश्चित निर्णय पर पहुंच गया तो उसने इसे हासिल करने की योजना बनाई जिसके छत्तीस घंटे बाद ही उसे वह धनराशि मिल गई।

इस घटना को कई वर्ष बीत गए। इस दौरान बहुत-सी नई तकनीक आई और गई, लेकिन जिस सिद्धांत ने डॉ गुन्सॉलेस को दस लाख डॉलर दिलाये थे, वह आज भी जीवित है। यह शाश्वत नियम आज भी उतने ही काम का है जितना कि पहले उस युवा धर्मोपदेशक के काम का था जिसे अपने इरादों में

इतनी ज़बर्दस्त कामयाबी मिली। मुझे यकीन है कि यदि आप भी इस नियम का पालन करेंगे तो यह आपके जीवन को भी संवार सकता है।

आसा कैंडलर और डॉ. फ्रैंक दोनों ही अपने समय के महान व्यक्ति थे। उनकी विचारधाराएं एक समान थी। दोनों इस सत्य को जानते थे कि यदि मन में विश्वास और निश्चित लक्ष्य हो तो विचारों को नकदी में बदला जा सकता है।

यदि आप ये सोचते हैं कि मेहनत और ईमानदारी से ही अमीरी आ जायेगी तो इस विचार को अपने दिमाग से निकाल दें। यह सच नहीं है! अमीरी कभी भी कड़ी मेहनत करने से नहीं आती बल्कि यह निश्चित मांग की प्रतिक्रिया के फलस्वरूप आती है और इसमें किस्मत या भाग्य का कोई लेना-देना नहीं होता।

आमतौर पर विचार ही कल्पना को कर्म करने के लिए प्रेरित करते हैं। सभी मास्टर सेल्समैन जानते हैं कि जहां सामान नहीं बिक सकता वहां विचार बिक सकते हैं। लेकिन जो इस बात से अनभिज्ञ हैं वे औसत सेल्समैन होते हैं।

एक प्रकाशक ने एक ऐसी ही मज़ेदार खोज की जो बाकी सभी प्रकाशकों के लिए महत्वपूर्ण सीख साबित हुई। उसने देखा कि ज्यादातर लोग पुस्तक के अंदर लिखे शब्दों को नहीं खरीदते बल्कि वे शीर्षक को ही खरीदते हैं। उसकी एक पुस्तक काफी समय से बिक नहीं रही थी लेकिन जब उसने इस पुस्तक का शीर्षक बदल दिया तो उसी पुस्तक की दस लाख से अधिक प्रतियां बिक गईं। पुस्तक के अंदर सब कुछ पहले जैसा ही था। उसने सिर्फ पुस्तक का पुराना कवर उतार कर नया लगा दिया जो कि पहले की अपेक्षा बहुत आकर्षक था। यह भी एक कल्पना ही थी जो विचार का आकार लेकर उसके मस्तिष्क में आई।

विचारों की कोई कीमत नहीं होती। इसकी कीमत विचारों का रचयिता खुद तय करता है और अगर वह समझदार हो तो उसे इसकी पर्याप्त कीमत मिल ही जाती है।

अगर व्यावहारिक दृष्टि से देखा जाए तो अमीरी की कहानी वहां से शुरू होती है जब विचारों के रचयिता और विक्रेता आपस में मिलते हैं। और मिलकर काम करना शुरु करते हैं। कारनेगी ने अपने साथ ऐसे लोगों को शामिल किया जो वह सब कुछ कर सकते थे जो कारनेगी नहीं कर सकता था। उन सब में विचारों का जन्म देने और उन्हें साकार करने की अद्भुत शक्ति थी जिससे उन्होंने बहुत दौलत कमाई। जो लोग किस्मत के भरोसे हाथ पर हाथ रख कर बैठ जाते हैं उन्हें सिवाय निराशा के कुछ नहीं मिलता। इससे बेहतर है कि हम मौके की तलाश करें और जब भी अवसर मिले तो भाग्य आज़माने से न चूकें। ऐसा ही एक सुनहरा मौका मुझे भी मिला और मेरे पच्चीस सालों की मेहनत और कोशिशों के बाद मिले इस प्रयास ने मेरी ज़िंदगी बदल दी।

यह तब हुआ जब मैं संयोगवश एन्ड्रयू कारनेगी से मिला। उन्होंने मेरे मस्तिष्क में एक विचार का बीज बोया। यह बीज था कि मैं उपलब्धि के सिद्धांतों को सफलता के आधार पर व्यवस्थित करूं। इन पच्चीस सालों में जितने भी आविष्कार हुए, उनसे हज़ारों लोगों को लाभ हुआ। शुरुआत बहुत आसान थी जिसे अपनाकर बहुत से लोग अमीर बन गए। यह मात्र एक विचार ही था जिसे कोई भी दृढ़ निश्चय वाला व्यक्ति अपने मस्तिष्क में विकसित कर सकता था।

माना कि यह अवसर कारनेगी का ही देन था लेकिन इसमें लगन, निश्चित लक्ष्य और लक्ष्य को हासिल करने की इच्छा का भी बहुत महत्वपूर्ण योगदान था जो कि इतनी निराशा, अस्थायी पराजय, आलोचना, समय की बर्बादी

और लोगों के हतोत्साहित किए जाने के बावजूद भी अटल बने रहे। वास्तव में यह एक धधकती हुई इच्छा थी जो धीरे-धीरे दीवानगी का रूप लेती गई।

कारनेगी ने जब यह विचार मेरे दिमाग में बोया तो मैंने इसे ज़िंदा रहने के लिए मनाया, देखभाल की और इसे आकर्षित किया। धीरे-धीरे यह विचार इतना शक्तिशाली हो गया कि बाद में इसने मुझे मनाया, मेरी देखभाल की और मुझे प्रेरित भी किया। सच तो यह है कि पहले आप अपने विचारों को जीवन और मार्गदर्शन देते हैं, फिर वे स्वयं शक्तिशाली बन जाते हैं और आपके मार्ग की तमाम बाधाओं को हटा देते हैं।

विचार अमूर्त शक्तियां हैं लेकिन उनमें भौतिक मस्तिष्क की तुलना में अधिक शक्ति होती है। उनमे जिंदा रहने की शक्ति होती है और यह तब तक बनी रहती है जब तक कि उन्हें जन्म देने वाला मस्तिष्क धूल में न मिल जाए।

# सुव्यवस्थित योजना

## सुव्यवस्थित योजना

मनुष्य जो भी बनाता या बिगाड़ता है वह इच्छा के फलस्वरूप ही होता है। यह इच्छा ही होती है जो हमें सफर की शुरुआत करने में मदद करती है। अमूर्त से मूर्त की वास्तविकता में और कल्पना से कार्य में ले जाती है। जहां रूपांतरण की योजनाएं बनाकर इन्हें अच्छी तरह से व्यवस्थित किया जाता है।

इच्छा वाले अध्याय में आपको छह निश्चित और व्यावहारिक चरणों का पालन करने संबंधी निर्देश दिए गए हैं ताकि धन की इच्छा को इसके आर्थिक समतुल्य में बदलने की दिशा में कदम बढ़ाया जा सके। इनमें से एक महत्वपूर्ण चरण है निश्चित और व्यावहारिक योजनाएं बनाना। यहां कुछ ऐसे निर्देश बताए गए हैं, जिससे आपको पता चलेगा कि व्यावहारिक योजनाएं कैसे बनाई जाती हैं—

1. धन कमाने की योजना बनाने और पूरा करने में आपको जितने लोगों के समूह की आवश्यकता है, उतने लोगों से जुड़े और मास्टर माइंड के सिद्धांत का प्रयोग करें।

2. मास्टर माइंड समूह बनाने से पहले यह तय कर लें कि आप अपने समूह के सदस्यों को उनके सहयोग के बदले में क्या देंगे। प्रकृति के इस सार्वभौमिक नियम से तो हर कोई परिचित है कि कुछ पाने के लिए कुछ खोना पड़ता है।

3. जब तक धन कमाने की कोई निश्चित योजना न बन जाए तब तक आप अपने मास्टर माइंड समूह के सदस्य से नियमित रूप से मिलते रहें।

4 व्यक्तिगत तालमेल आपके संबंधों को मजबूत बनाता है। यदि यह संबंध मजबूत होगा तो योजनाएं आपकी कल्पना की कसौटी पर खरी उतरेंगी लेकिन अगर ऐसा न हो तो आप असफल हो सकते हैं। दो बातों का हमेशा ध्यान रखें-

**पहला:** आपकी बनाई योजना त्रुटिहीन होनी चाहिए।

**दूसरा:** आपको दूसरों के अनुभव, शिक्षा और उनकी क्षमताओं का पूरा लाभ उठाना चाहिए और जहां तक हो सके दौलतमंद लोगों के तरीकों का अनुसरण करना चाहिए।

कोई भी व्यक्ति इतना योग्य नहीं होता कि दूसरों के सहयोग के बिना ही ढ़ेर सारी दौलत कमा ले। किसी भी व्यवसाय के लिए उसे दूसरों के साथ, उनके अनुभव और शिक्षा की ज़रूरत पड़ती है। इसलिए आवश्यक है कि दौलत कमाने के अपने प्रयास में आप जिस भी योजना का प्रयोग करें उसमें

आपके समूह के हर सदस्य की सहमति होना अनिवार्य है। योजना के हर पहलू को अच्छे से जांच-परख कर ही उचित कदम उठाएं।

मान लीजिए अगर आपकी कोई योजना नाकाम साबित हो जाए तो उदास मत होइये बल्कि पहले की अपेक्षा ज़्यादा साहस से एक नई योजना बनाएं। लेकिन अगर यह नयी योजना भी काम न करे तो इसके बदले में एक और नई योजना बनाएं और ऐसा तब तक करते रहें जब तक कि आपको कोई ऐसी योजना न मिल जाए जो कामयाब साबित हो। इस बिंदु पर अधिकांश लोग असफल होते हैं क्योंकि उनमें असफल योजनाओं के स्थान पर नयी योजनाएं बनाने की लगन का अभाव होता है।

कोई इंसान चाहे कितना भी बुद्धिमान क्यूं न हो, वह भी धन कमाने और किसी काम को करने में तब तक सफल नहीं हो सकता जब तक कि उसकी योजनाएं व्यावहारिक और प्रयोग करने योग्य न हो। एक बात हमेशा याद रखें कि कोई भी पराजय, अस्थायी पराजय नहीं होती। मतलब कि योजना कभी गलत नहीं होती लेकिन कई बार यह हमारे कार्य के मुताबिक सही नहीं होती। ऐसे में दूसरी योजना बनाएं और काम फिर से शुरू करें।

अल्पकालिक पराजय को हमेशा यह मानकर चलें कि आपकी योजना में किसी खास किस्म के ज्ञान की कमी थी... शायद इसी वजह से यह फेल हो गई। लाखों-करोड़ों लोग दुख और गरीबी भरा जीवन बिताते हैं। क्योंकि उनके पास ऐसी कोई दमदार योजना नहीं होती जिससे कि धन कमा सकें। योजनाएं जितनी दमदार होंगी, उसका फल भी उतना रसदार होगा।

कोई भी व्यक्ति तब तक नहीं हारता जब तक कि वह मन से हार न मान ले।

जेम्स जे. हिल ने जब पहली बार पूर्व से पश्चिम तक रेलरोड बनाने के लिए पैसा कमाने की कोशिश की तो उन्हें अस्थायी पराजय का सामना करना पड़ा। लेकिन उन्होंने इस मुसीबत के आगे सिर नहीं झुकाया और नई योजनाओं के द्वारा अपनी पराजय को विजय में बदल दिया। इसी तरह हेनरी फोर्ड को भी ऑटोमोबाइल के आविष्कार में अल्पकालिक पराजय का सामना करना पड़ा लेकिन उन्होंने नई योजनाएं बनाई और आर्थिक विजय की ओर एक लंबी छलांग लगा दी।

जब भी हमारा ध्यान उन लोगों की तरफ जाता है जिन्होंने बहुत सारा धन कमाया है तो ऐसे में हम अक्सर उनकी विजय ही देख पाते हैं और उन अल्पकालिक पराजयों को नज़रअंदाज़ कर देते हैं जिन्हें पार करके ही वे इस मुकाम तक पहुंच पाये हैं।

बड़े-बड़े विद्वानों का यही मानना है कि बिना अल्पकालिक पराजय के अनुभव के बिना ढेर सारी दौलत नहीं कमाई जा सकती। पराजय से घबराएँ नहीं बल्कि इसे संकेत मानें कि आपकी योजनाएँ दमदार नहीं हैं। आप इन्हें फिर से बना लें और नये सिरे से जुट जाएँ। अगर आप मंज़िल तक पहुंचने से पहले ही प्रयास करना छोड़ देंगे तो दुनिया की नजरों में भगौड़े साबित होंगे और भगौड़े लोग कभी नहीं जीतते और विजयी लोग कभी नहीं भागते। इन पंक्तियों को एक कागज़ पर लिख लें और ऐसी जगह पर रखें कि सुबह उठने से पहले और रात को सोने से पहले आपकी नज़र इस पर ज़रूर पड़े।

जब भी आप मास्टर माइंड समूह के सदस्यों का चुनाव करें तो ऐसे लोगों को ही चुनने की कोशिश करें जो पराजय को ज़्यादा गंभीरता से नहीं लेते। कुछ लोग मूर्खतावश यह विश्वास कर लेते हैं कि पैसा केवल पैसे से ही कमाया जा सकता है जबकि यह सच नहीं है! प्रबल इच्छा ही वह माध्यम है जिसके

द्वारा पैसा कमाया जा सकता है। धन का स्वयं में कोई वजूद नहीं होता, यह केवल निर्जीव पदार्थ है। यह न चल सकता है. न बोल सकता है और न ही सुन सकता है लेकिन जब कोई व्यक्ति इसकी प्रबल इच्छा करता है तो यह उसके आमंत्रण पर दौड़ा चला जाता है।

## व्यक्तिगत सेवाओं की बिक्री की योजना

अमीर बनने के लिए जो भी काम किए जाएं उनकी सफलता के लिए बुद्धिमत्तापूर्वक योजना बनाना बहुत ज़रूरी है। इस अध्याय में कई ऐसे निर्देश दिए गए हैं जिनके द्वारा व्यक्तिगत सेवाओं को बेचकर भी अमीर बना जा सकता है। धन से गरीब और विचारों से अमीर व्यक्ति पैसा कमाने के लिए विचारों और व्यक्तिगत सेवाओं के बदले में और क्या दे सकता है?

दुनिया में अक्सर दो तरह के लोग होते हैं-लीडर और अनुयायी। इसलिए शुरुआत में ही तय कर लें कि आप अपने व्यवसाय में लीडर बनना चाहते हैं या सिर्फ अनुयायी। क्योंकि दोनों पक्षों में मिलने वाले लाभ में ज़मीन-आसमान का अंतर होता है। यदि तार्किक दृष्टि से देखा जाए तो कोई भी अनुयायी, लीडर को मिलने वाले लाभ की उम्मीद कभी नहीं कर सकता। हालांकि कई अनुयायी उतना ही धन पाने की आशा करने की गलती कर बैठते हैं और बाद में उन्हें निराशा के सिवा कुछ हाथ नहीं लगता।

एक तरफ तो अनुयायी होना कोई अपमानजनक बात नहीं है लेकिन वहीं दूसरी तरफ अनुयायी बने रहना भी अपने आप में कोई तारीफ की बात नहीं होती। दुनिया में जितने भी महान विद्वान हुए हैं, उन्होंने अपने जीवन की शुरुआत अनुयायी के रूप में ही की थी। वे महान लीडर्स बने क्योंकि वे समझदार अनुयायी थे। जो व्यक्ति पूरी समझदारी से अपने लीडर के सिद्धांतों का पालन कर सकता है उसमें ही तीव्र गति से लीडर के गुणों का विकास करने

की क्षमता होती है। कोई भी होशियार अनुयायी अपने लीडर से ज्ञान हासिल करने का अवसर कभी नहीं छोड़ता।

## नेतृत्व के प्रमुख गुण

1. **अविचल साहस :** यह साहस स्वयं के ज्ञान और व्यवसाय के ज्ञान पर आधारित होता है। कोई भी अनुयायी यह नहीं चाहता कि उसके लीडर में आत्मविश्वास और साहस का अभाव हो। ऐसे लीडर को कोई भी बुद्धिमान अनुयायी ज़्यादा लंबे समय तक नहीं झेल पाता।

2. **आत्म-नियंत्रण:** जो व्यक्ति खुद को नियंत्रित नहीं कर सकता, वह दूसरों को नियंत्रित करने के बारे में कभी नहीं सोच सकता। आत्म-नियंत्रण व्यक्ति को बहुत शक्तिशाली बना देता है।

3. **न्यायपूर्ण आचरण:** यह वह गुण है जिसके बिना कोई भी लीडर ना तो अनुयाइयों का सम्मान प्राप्त कर सकता है और ना ही ज़्यादा देर तक अपने पद पर टिका रह सकता है।

4. **निर्णय की निश्चितता:** जल्दबाज़ी में फैसला लेने वाले व्यक्ति को न तो खुद पर यकीन होता है और न ही अपने लिए फैसले पर। वह किसी दूसरे आदमी का सफलतापूर्वक नेतृत्व नहीं कर सकता।

5. **योजनाओं की निश्चितता :** जो लीडर बिना किसी योजना के केवल अंदाज़े से काम करता है उसकी स्थिति उस किश्ती की तरह होती है जिसका कोई माझी नहीं होता। ऐसा लीडर अपने साथ-साथ बाकी लोगों की नैया भी भंवर में डूबो देता है।

6. **जितना मिले**, उससे ज़्यादा देने की आदत: नेतृत्व का एक प्रमुख गुण यह भी है कि वह अपने अनुयाइयों से जितने की आशा करता है उसे खुद भी उससे अधिक देने के लिए तैयार रहना चाहिए।

7. **सुखद व्यक्तित्व:** कोई भी छिछोरा या आलसी व्यक्ति कभी सफल लीडर नहीं बन सकता। इस पद के लिए आत्मसम्मान का होना बेहद जरूरी है। ऐसे ढ़ीले व्यक्तित्व वाले आदमी का अनुयायी कभी सम्मान नहीं करते।

8. **सहानुभूति और समझ:** एक सफल नेता को अपने समर्थकों के प्रति सहानुभूति रखनी चाहिए। यही नहीं उसे, उन्हें और उनकी समस्याओं को भी समझना चाहिए।

9. **विश्लेषण की कुशलता:** किसी भी नेता का स्थिति को समझने में निपुण होना आवश्यक है।

10. **ज़िम्मेदारी लेने की इच्छा:** सफल नेता को अपने अनुयाइयों की गलतियों और कमियों की ज़िम्मेदारी लेने के लिए तैयार रहना चाहिए। यदि कोई समर्थक गलती कर दे या खुद को अयोग्य सिद्ध करे तो लीडर को उसकी गलती अपने सिर लेने में कभी हिचकिचाना नहीं चाहिए।

11. **सहयोग:** सबके साथ मिल-जुल कर काम करने वाला नेता ही सफल होता है। उसे सबको एक-दूसरे के साथ सहयोग करने के लिए प्रेरित करना चाहिए। सहयोग की शक्ति के बिना नेता का अस्तित्व मुमकिन नहीं।

## नेतृत्व के दो रूप होते हैं

1. अपने समर्थकों की सहमति और सहानुभूति

2. शक्ति, इसमें समर्थकों की सहमति और सुहानुभूति नहीं होती।

इतिहास में ऐसे उदाहरणों की कमी नहीं है जो यह बताते हैं कि शक्ति के दम पर हासिल किया गया नेतृत्व ज़्यादा समय तक नहीं टिक पाता। नेपोलियन, मुसोलिनी, हिटलर जैसे तानाशाहों ने भी ऐसी ही कुछ गलतियां की थीं, जिससे उनका शीघ्र ही पतन हो गया। इस तरह की थोपी हुई लीडरशिप को लोग ज़्यादा लंबे समय तक सहन नहीं करेंगे और जल्दी ही उखाड़ कर फेंक देंगे।

इसके विपरीत समर्थकों की सहमति द्वारा प्राप्त लीडरशिप ही नेतृत्व का वह इकलौता स्वरूप है, जो लंबे समय तक बना रहता है। वर्तमान समय में नेतृत्व में ग्यारह नये तत्वों को शामिल किया गया है। जिनका संक्षेप में वर्णन इस अध्याय में किया गया है। यदि कोई भी व्यक्ति इन्हीं तत्वों को अपनी लीडरशिप का आधार बनाता है, तो उसे जीवन के किसी भी क्षेत्र में लीडर बनने के प्रचुर अवसर अवश्य मिलेंगे।

## लीडरशिप में असफलता के दस प्रमुख कारण

कामयाब नेतृत्व के लिए लीडर के गुणों के साथ-साथ उनके अवगुणों का अध्ययन करना भी बहुत ज़रूरी है। इससे ही उनके व्यक्तित्व का सही पक्ष उभर कर सामने आता है।

1. **विश्लेषण की योग्यता:** प्रभावशाली नेतृत्व के लिए ज़रूरी है कि आप में हर तरह की जानकारी को व्यवस्थित करने और उनमें पारंगत होने की योग्यता हो। यदि कोई लीडर अपने काम से भटक जाता है या अपनी योजनाएं बदलने में असमर्थता दर्शाता है या फिर व्यस्तता के कारण किसी मुश्किल का सामना करने में असमर्थता सिद्ध करता है तो वह लीडर बनने के लायक नहीं होता। एक कामयाब नेता वही है जो हर परिस्थिति में किसी भी तरह का काम करने और विश्लेषण करने में निपुण होता है।

2. **मदद करने की अनिच्छा:** एक महान नेता ज़रूरत पड़ने पर दूसरों की सेवा करने के लिए हँसी-खुशी तैयार रहता है। वह दूसरे लोगों को कभी किसी संकट में नही डालता ।

3. **अपने ज्ञान के लिए भुगतान की उम्मीद करने के बजाए उस ज्ञान के प्रयोग के लिए भुगतान की आशा करना:** दुनिया का दस्तूर यही है कि वह कभी किसी को उनके ज्ञान देने के लिए भुगतान नहीं करती। भुगतान वही है जो आप दूसरों को ज्ञान के रूप में बांटते हैं या लोगों को ऐसा करने के लिए प्रेरित करते हैं।

4. **समर्थकों से प्रतियोगिता का डर:** वह नेता कभी सफल नहीं होता जिसके मन में यह डर घर कर जाता है कि कहीं उसका कोई समर्थक उसका पद न हथिया ले। इसके विपरीत एक योग्य लीडर अपने साथ काम कर रहे लोगों को हर तरह का प्रशिक्षण देता है ताकि किसी मुश्किल समय में उनकी सहायता ले सके। अपनी इसी ताकत की बदौलत वह एक ही समय में कई चीज़ों का ध्यान रख सकता है। अपने काम व्यक्तित्व के जादू से वह दूसरों की कार्यक्षमता बढ़ा सकता है

ज्ञान और और उन्हें ज़्यादा से ज़्यादा सेवा करने के लिए प्रेरित भी कर सकता है। यह एक शाश्वत सत्य है कि लोगों को जितनी कमाई अपने प्रयासों से होती है उससे कहीं अधिक इस बात से होती है कि उनमें दूसरों से काम करवाने की कितनी योग्यता है ।

5. **कल्पनाशीलता की कमी:** बिना कल्पनाशीलता के न तो कोई लीडर भावी योजनाएं बना सकता है और न ही आपातकालीन स्थितियों का सामना कर सकता है।

6. **स्वार्थ:** कई नेताओं का मंतव्य केवल अपनी जेबें भरना ही होता है। वे वाहवाही लूटने से कभी नहीं चूकते फिर चाहे। उसमें उनका पर्याप्त योगदान हो या ना हो। जबकि एक महान लीडर कभी किसी प्रतिष्ठा का भूखा नहीं होता। लोगों की सेवा ही उसका मकसद होता है। वह अपनी जीत का सारा श्रेय अपने साथियों को देता है क्योंकि वह जानता है कि ज़्यादातर लोग प्रशंसा और प्रतिष्ठा के पीछे भागते हैं और ऐसे लोग केवल पैसा कमाने के लिए इतना कठोर परिश्रम नहीं करेंगे।

7. **असंयम:** जो नेता नशे के आदी हो जाते हैं वह अपने साथ-साथ दूसरों का जीवन भी नर्क कर देते हैं। ऐसे व्यक्तियों के हृदय में से सहनशीलता और मार्मिकता का पूर्णतया अंत हो जाता है। अनुयायी ऐसे नेताओं का बिल्कुल भी सम्मान नहीं करते।

8. **निष्ठा का अभाव:** जो नेता अपने कार्य के प्रति, अपने सहयोगियों और अपने वरिष्ठों के प्रति वफादार नहीं होता.... उसे जगह-जगह अपमान का सामना करना पड़ता है। उसकी यही निष्ठाहीनता उसके स्वाभिमान को चूर-चूर कर देती है। ऐसा नेता ज़्यादा लंबे समय तक अपने पद पर नहीं रह सकता ।

9. **लीडरशिप की शक्ति पर ज़ोर:** एक योग्य नेता अपने समर्थकों को प्रोत्साहित करने के लिए हमेशा तैयार रहता है। वह कभी उनके दिल में डर पैदा नहीं करता बल्कि सहानुभूति, समझ, न्यायप्रियता और कार्यकुशलता के बल पर उनका हृदय जीतने का प्रयास करता है।

10. **ओहदे पर जोर:** किसी ओहदे, पद को प्राप्त करने के लिए किसी नेता को अपने समर्थकों की चापलूसी करने की ज़रूरत नहीं होती। जो व्यक्ति केवल अपनी प्रतिष्ठा का सम्मान करता है उसके पास देने को कुछ नहीं होता। जबकि जो व्यक्ति महान होता है उसके दिल में किसी तरह का मैल, कड़वाहट नहीं होती। उनका काम करने का स्थान औपचारिकता और दिखावे से परे होता है।

यह लीडरशिप की असफलता का मुख्य कारण है। यदि आप एक सफल नेता बनना चाहते हैं तो यह सुनिश्चित कर लें कि आप इन गलतियों को जीवन भर कभी नहीं दोहराएंगे।

## वह क्षेत्र जहां नेतृत्व की ज्यादा आवश्यकता होती है

चलिए, अब हम अध्ययन करते हैं कुछ उन क्षेत्रों का पल-प्रतिपल गुमनामी की दलदल में धंसते चले जा रहे हैं। यदि कोई सफल नेता चाहे तो इन्हें पतन से उन्नति की तरफ अग्रसर कर सकता है।

**पहला :** राजनीतिक क्षेत्र में नये-नये लीडरों की बहुत मांग है। यह एक ऐसी मांग है जो किसी भी आपातकालीन स्थिति से कम नहीं है।

**दूसरा :** बैंकिंग बिज़नेस भी सुधार के दौर से गुज़र रहा है।

**तीसरा :** हर तरह के व्यवसाय में लीडर्स की एक अहम भूमिका होती है। ऐसे में लीडर्स का कर्तव्य है कि वह अपने ट्रस्ट को पूरी मेहनत से इस तरह मैंनेज करे ताकि उसके अंतर्गत काम करने वालों को उससे काम करने की प्रेरणा मिले और उन्हें किसी तरह की परेशानी का सामना ना करना पड़े।

**चौथा :** भविष्य का धार्मिक लीडर वर्तमान की आर्थिक और व्यक्तिगत समस्याओं को सुलझाते हुए अपने अनुयाइयों की भौतिक आवश्यकताओं की तरफ ध्यान देने के लिए विवश हो जायेगा। उसे मृत अतीत और अजन्मे भविष्य की तरफ कम ध्यान देना पड़ेगा।

**पांचवां :** दिन-प्रतिदिन बदलती तकनीक के कारण डॉक्टरी और शिक्षा जैसे व्यवसायों में बहुत हद तक नए और कार्यकुशल लीडर्स की आवश्यकता होगी। इस क्षेत्र में लीडर्स को लोगों को शिक्षित करने के नए-नए तरीके खोजने होंगे जिसके लिए उसे सिद्धांतों की बजाए व्यावहारिक उपयोगिता पर अधिक ध्यान देना होगा।

**छठा :** पत्रकारिता के क्षेत्र में भी नये लीडर्स की आवश्यकता होगी। ऐसे और भी बहुत से क्षेत्र हैं जिनमें नई तरह के नेतृत्व की आवश्यकता है। तेजी से बदलती दुनिया में लोगों की आदतों में भी उतनी ही तीव्रता से परिवर्तन हो रहा है। इस अध्याय में बताए गए सब नियमों को अपना कर इंसान किसी अन्य साधन की तुलना में अधिक तेज़ी से प्रगति कर सकता है।

## किसी पद के लिए कब और कैसे आवेदन भेजें?

आबादी का महादानव बहुत तेज़ी से बढ़ रहा है लेकिन इतनी बड़ी जनसंख्या के पेट पालने की समस्या अभी भी वहीं खड़ी है। जहां एक तरफ महंगाई बढ़ रही है वहीं दूसरी तरफ लोगों के लिए रोज़गार के अवसर जुटाना भी बहुत मुश्किल हो गया है। दुनिया में पढ़े-लिखे बेरोज़गारों की संख्या प्रतिवर्ष बढ़ती जा रही है। लोगों की इन सब परेशानियों को ध्यान में रखते हुए हमने ऐसे कुछ उपाय बताए हैं जिनके द्वारा काफी हद तक इन व्यक्तिगत सेवाओं के खरीददारों और विक्रेताओं को आपस में जोड़ा जा सकता है:

1. **रोज़गार ब्यूरो:** किसी प्रतिष्ठित रोज़गार ब्यूरो का ही चुनाव करें जिनकी सेवाओं के परिणाम सकारात्मक हों और जिन्होंने काफी लोगों को अच्छी नौकरियां दिलवायी हों।

2. **अख़बार, बिज़नेस जर्नल्स, पत्रिकाओं में विज्ञापन:** आमतौर पर अख़बारों में रोज़गार संबंधी एक विशेष कॉलम बना होता है जिसमें हर तरह की नौकरियों के लिए विज्ञापन दिया जाता है। इन सब सेवाओं का प्रयोग करके नौकरी के लिए आवेदन किया जा सकता है। यह विज्ञापन किसी विशेषज्ञ द्वारा तैयार किया जाना चाहिए जो कि अच्छी तरह से जानता हो कि व्यक्तिगत सेवाओं का आदान-प्रदान करते समय किन-किन गुणों का समावेश किया जाना आवश्यक है ताकि सकारात्मक जवाब प्राप्त हो सके।

3. **आवेदन के व्यक्तिगत पत्र:** यह सीधे उन फर्मों या व्यक्तियों को लिखे जाते हैं जहां ऐसी सेवाओं की आवश्यकता होती है। आवेदन पत्र को अच्छी तरह से साफ-सुंदर शब्दों में टाइप करवा कर उन पर अपने

हस्ताक्षर करें। आवेदन करते समय आवेदक की योग्यता का पूरा ब्यौरा भी होना चाहिए। हो सके तो इन दोनों को किसी अच्छे विशेषज्ञ से ही तैयार करवाएं।

4. **व्यक्तिगत परिचितों द्वारा किए गए आवेदन :** जहां तक संभव हो आवेदक को किसी परिचित के माध्यम से ही नियोक्ताओं को आवेदन भेजना चाहिए।

5. **स्वयं आवेदन करना :** आवेदक का खुद ही नियोक्ताओं को अपना ब्यौरा देना सबसे अधिक प्रभावकारी होता है। क्योंकि ऐसे मामलों में अक्सर नियोक्ता आवेदक के रिकॉर्ड के बारे में अपने सहयोगियों से चर्चा करना पसंद करते हैं।

## संक्षेप में क्या जानकारियां दी जाएँ?

जब भी हम अपने बारे में किसी को जानकारी देते हैं तो इस बात का ध्यान रखें कि हमारे व्यक्तित्व के किसी भी पहलू का दूसरे पर नकारात्मक प्रभाव न पड़े अर्थात उसके मन में हमारे प्रति किसी तरह की शंका उत्पन्न न हो। इसलिए ज़रूरी है कि अपने बारे में सारांश उतनी ही सावधानी से तैयार करें। जितनी सावधानी से कोई वकील अपने केस की ब्रीफिंग तैयार करता है। यदि आवेदक को इस बारे में कोई ज़्यादा जानकारी ना हो तो बेहतर है कि वह किसी विशेषज्ञ से सलाह-मशविरा करे और उनकी सेवाओं का फायदा उठाए। एक कामयाब व्यवसायी ऐसे लोगों को ही नौकरी पर रखता है जिनमें अपने माल की विशेषताओं और ख़ासियत का विज्ञापन करने की क्षमता हो ।

आवेदक को भी अपनी सेवाओं की बिक्री के लिए इस तरह की रणनीति का प्रयोग करना चाहिए।

1. **शिक्षा:** अपनी शिक्षा संबंधी स्पष्ट जानकारी दें कि आपकी शैक्षिक योग्यता क्या है, किस कॉलेज से की है और किन विषयों में विशेषज्ञता हासिल की है और इस विशेषज्ञता के पीछे का कारण भी बताएं।

2. **अनुभव:** यदि आपने पहले कहीं नौकरी की है और आपको उसका कोई खास अनुभव है जो इस नई नौकरी के लिए भी उतना ही ज़रूरी है तो इसका भी पूरी तरह से उल्लेख करें। इसके साथ ही अपने पहले नियोक्ताओं के नाम और पते लिखना भी न भूलें।

3. **संदर्भ:** हर व्यवसाय में विश्वास होना बेहद ज़रूरी है और हर व्यापारिक कंपनी किसी भी नए व्यक्ति को नौकरी पर रखने से पहले उसके पिछले रिकॉर्ड के बारे में सब कुछ जानना चाहती है। इसलिए सारांश लिखते समय उन विश्वसनीय लोगों की तस्वीरें भी साथ लगा दें जिन्हें आप जानते हो। उदाहरण के तौर पर:

   (अ) पूर्व नियोक्ता।

   (ब) वे शिक्षक जिनसे आपने कभी पढ़ा है।

   (स) वे प्रसिद्ध व्यक्ति जिनकी बात पर भरोसा किया जा सकता है।

4. **अपनी तस्वीर :** अपने सारांश के साथ अपने हाल ही की कोई तस्वीर भी लगाएं।

5. **किसी निश्चित पद के लिए आवेदन:** आवेदन करते समय यह उल्लेख करना मत भूलें कि आप किस पद के लिए आवेदन कर रहे हैं। किसी

भी पद के लिए आवेदन करने की बजाए किसी खास पद के लिए ही आवेदन करें ताकि आपकी योग्यता पर कोई प्रश्नचिन्ह न लगे।

6. **जिस पद के लिए आप आवेदन कर रहे हैं उसके लिए अपनी योग्यताओं का वर्णन करें:** यह आपके आवेदन का सबसे महत्वपूर्ण विवरण है। अन्य किसी भी जानकारी की में तुलना यह जानकारी ही तय करेगी कि आपको चुना जायेगा या नहीं। इसलिए अपनी योग्यताओं का पूरा विवरण सारांश में दें।

7. **परीक्षण पर काम करने का प्रस्ताव रखें :** माना कि यह काफी मुश्किल काम है लेकिन अगर आपको अपनी योग्यताओं पर यकीन है तो सिर्फ एक मौका ही आपकी जिंदगी के मायने बदल देती है। इस प्रस्ताव से नियोक्ता सबसे अधिक आश्वस्त होता है चूंकि वह भी अपने पैसे का सही मूल्य वसूल करना चाहता है। इसलिए आपको प्रस्ताव निम्न बातों को ध्यान में रख कर बनाना चाहिए:

   (अ) उस पद के लिए आपको अपनी योग्यता पर विश्वास है।

   (ब) आपको अपने नियोक्ता के फैसले पर भी विश्वास है कि वह इस इम्तिहान के बाद आपको नौकरी पर रख लेगा।

   (स) आपके मन उस पद को प्राप्त करने का दृढ़ संकल्प है।

8. **अपने नियोक्ता के बिज़नेस का ज्ञान :** किसी भी पद के लिए आवेदन करते समय उस बिज़नेस के बारे में पर्याप्त रिसर्च कर लें। सारांश लिखते समय यह भी स्पष्ट कर दें कि आपने उस क्षेत्र में क्या ज्ञान हासिल किया है। इससे नियोक्ता पर सीधा प्रभाव पड़ेगा और वह आपकी उस पद को हासिल करने की सच्ची लगन को पहचान लेगा।

इसी तरह अगर हम अपने दैनिक जीवन से उदाहरण लें तो पाएंगे कि केवल कानून का ज्ञान ही किसी वकील के केस जीतने के लिए काफी नहीं होता बल्कि केस वही वकील जीतता है जो अपने केस की सबसे अच्छी तैयारी करता है। अगर वह शुरू से ही केस को अच्छी तरह से तैयार करके प्रस्तुत करता है तो उसकी आधी जीत सुनिश्चित हो जाती है।

इस बात की चिंता मत करें कि सारांश ज़्यादा लंबा हो जाएगा या आपको उतनी ही रुचि होगी। दरअसल किसी भी सफल बिजनेसमैन की सुयोग्य कर्मचारियों की सेवाएं खरीदने में नियोक्ता की भी उतनी ही रुचि होगी। दरअसल किसी भी सफल बिजनेसमैन की सफलता का राज एक कुशल सहयोगी को चुनने की उनकी योग्यता होती है। एक बात का खास ध्यान रखें: आपका सारांश जितना सरल और साफ होगा उससे आपकी मेहनत उतनी ही ज़्यादा उभर कर सामने आएगी।

सारांश को किसी बढ़िया काग़ज़ पर ही टाइप करवाएं और बाद में इसे किसी कवर से बाइंड करवा दें। अगर आप एक से ज़्यादा कंपनियों में आवेदन दे रहें है तो हर बार बाइंडिंग और फर्म का नाम बदल दें। आपका फोटो ब्रीफ वाले पेज पर लगा होना चाहिए। इन सभी निर्देशों का पालन करते हुए हर बार इससे बेहतर काम करने का प्रयास करें।

एक कहावत तो सबने सुनी होगी कि फर्स्ट इम्प्रेशन इज लास्ट इम्प्रैशन। एक अच्छा व्यापारी पहनावे को सबसे पहले देखता है। आपका सारांश ऐसा हो कि नियोक्ता पहली ही नज़र में कह उठे कि उसने ऐसा सारांश आज तक नहीं देखा। आप जिस पद के लिए आवेदन कर रहे हैं। वह कुछ ज़्यादा महत्वपूर्ण है तो उसके लिए ज़्यादा सावधानी से तैयारी करें। हो सकता है कि नियोक्ता आप से इस कदर प्रभावित हो जाए कि पहली बार में ही आपको अधिक तनख्वाह पर नौकरी पर रख ले।

यदि आप किसी विज्ञापन एजेंसी या एम्पलॉयमेंट एजेंसी के माध्यम से रोज़गार ढूंढ रहे हैं तो अपने एजेंट को अपने सारांश की प्रतियां इस्तेमाल करने को कहें इससे आपकी सेवाओं की मार्केटिंग भी हो जाएगी और आपको नौकरी ढूंढने में भी आसानी हो जाएगी।

**जो पद आप चाहते हैं उसे कैसे प्राप्त करें?**

आमतौर पर हर इंसान की ज़रूरतें, शौक और ख़्वाहिशें अलग-अलग होती हैं। वह वही काम करना पसंद करता है जिसके वह योग्य होता है। जैसे चित्रकार को रंगो से खेलना, कलाकार को हाथों से काम करना, लेखक को लिखना पसंद है, ठीक उसी प्रकार बिज़नेस और उद्योग के भी निश्चित क्षेत्र होते हैं। इसी तरह आपकी भी अपनी कुछ इच्छाएं होती हैं और आप उन्हें पूरा करने का प्रयास भी करते हैं।

1. पहले तो आप यह तय कर लें कि आप किस तरह की नौकरी करना चाहते हैं।

2. उस कंपनी या व्यक्ति का चुनाव कर लीजिए जिसके लिए आप काम करना चाहते हैं।

3. कंपनी और कंपनी के पिछले रिकॉर्ड का अच्छे से अध्ययन कर लें।

4. अपना और अपने गुणों और योग्यताओं का विश्लेषण करें और अपनी सेवाओं को बेहतर ढंग से प्रदान करने के तरीके सोचें।

5. जब सारी योजनाएं बन जाए तो किसी अनुभवी व्यक्ति से इसे कागज़ पर विस्तार पूर्वक लिखवा लें।

6. सबसे अंतिम और महत्वपूर्ण कार्य बिंदु है—इसे प्रस्तुत करना। कंपनी के नियोक्ता को अपना सारांश पेश करें और बिना किसी हिचकिचाहट के अपना परिचय दें। प्रत्येक कंपनी को ऐसे ही लोगों की तलाश होती है जो उनके कारोबार को लाभ पहुंचा सके।

संभव है कि इस तरह काम करने में आपको कुछ समय अधिक लग जाए लेकिन इसकी वजह से आपकी आमदनी, तरक्की और प्रतिष्ठा में जो अंतर होगा वह कम तनख्वाह पर कड़ी मेहनत के आपके कई साल बचा देगा। इससे आपका समय भी बचेगा और आगे बढ़ने का मौका भी मिलेगा।

## सेवाओं की मार्केटिंग का नया तरीका

जो लोग अपनी सेवाओं की बेहतर तरीके से मार्केटिंग करना चाहते हैं उन्हें पता होना चाहिए कि आज के वर्तमान समय में पहले जैसा कुछ नहीं रहा। मालिक और नौकर का रिश्ता भी एक नया रूप ले चुका जिसे पार्टनरशिप का नाम दिया गया है और इस पार्टनरशिप में-

1. नियोक्ता

2. कर्मचारी और

3. जनता का एक समान योगदान होगा।

आधुनिक युग में मालिक और कर्मचारी दोनों एक ही सिक्के के दो पहलू हैं, जिनका मकसद जनता की सेवा करना है। पुराने जमाने में ये दोनों आपस में ही सौदेबाजी कर लिया करते थे ताकि एक-दूसरे की सेवा से ज़्यादा फायदा

कमा सकें। उस वक्त वे यह नहीं सोचते थे कि अंतिम विश्लेषण वे जनता की उम्मीदों को ताक पर रखकर कर रहे हैं। लेकिन अब जमाना बदल गया है तो जाहिर सी बात है सोच भी बदली है। अब ये दोनों सहकर्मी की तरह मिलकर काम करते हैं।

शिष्टाचार और सेवा, व्यापार के दो अहम शब्द हैं और ये उस व्यक्ति पर अधिक लागू होते हैं जो अपने मालिक की सेवा करने की बजाय व्यक्तिगत सेवाओं की मार्केटिंग कर रहा है। ये जनता ही है जो इन्हें नियुक्त करती है और सेवा का मौका देती है। अगर वे अच्छी तरह से सेवा नहीं करते तो इन्हें उनके पद से बर्खास्त कर दिया जाता है।

पुराने जमाने में जब मीटर की रीडिंग लेने वाला आता तो इतनी जोर से दरवाजा खटखटाता कि दरवाजे तक हिल जाते थे। दरवाजा खुलते ही वह बिना बुलाए मेहमान की तरह अंदर घुस जाता। उसकी तनी हुई गौहों से यही संकेत मिलता कि मानो कह रहा हो "तुमने मुझे इतनी देर प्रतीक्षा क्यों करवाई?" लेकिन अब सब कुछ बदल चुका है। अब मीटर रीडिंग वाला व्यक्ति बहुत ही सभ्य तरीके से पेश आता है जिसके चेहरे के भाव कहते हैं कि आपकी सेवा करते हुए मुझे खुशी हो रही है। इससे पहले कि गैस कंपनियां जान पाती कि उनके नकचढ़े मीटर रीडर की वजह से उनका बिज़नेस प्रभावित हो रहा है, ऑइल बर्नर्स के विनम्र सेल्समैन आए और उन्होंने लैंड-ऑफिस बिजनेस किया।

देश में आई आर्थिक मंदी के दौरान मैंने कुछ महीने पेनसिल्वेनिया के एन्थेसाइट कोयला क्षेत्र में गुज़ारे और उन परिस्थितियों का अध्ययन किया जिन्होंने कोयला उद्योग को बहुत नुकसान पहुंचाया था। कोयले के ऑपरेटर्स

और कर्मचारियों में एक-दूसरे के साथ तीखी सौदेबाजी हुई और फिर कोयले की कीमत में उस सौदेबाज़ी की कीमत भी जुड़ गई। उन्होंने जो किया वह सिर्फ अपने व्यक्तिगत फायदे के लिए किया। जैसे-जैसे कोयले की कीमत बढ़ती गई लोगों ने तेल का प्रयोग करना शुरू कर दिया जिसके परिणाम स्वरूप कच्चे तेल का उत्पादन बढ़ गया और कोयले का कम हो गया। कोयले के उत्पादकों को जाने-अनजाने अपनी ही गलतियों का ख़ामियाजा भुगतना पड़ा और दूसरी तरफ कच्चे तेल के उत्पादक अमीर होते चले गए।

इस तरह के उदाहरण देने का मुख्य उद्देश्य उन लोगों का ध्यान आकर्षित करना है जो अपनी व्यक्तिगत सेवाओं की मार्केटिंग करना चाहते हैं। हमारा व्यवहार ही हमारा आज और आने वाला कल निर्धारित करता है। अगर कोई कारण और परिणाम का सिद्धांत बिज़नेस, फाइनैंस और आवागमन को नियंत्रित करता है तो यही सिद्धांत लोगों को भी नियंत्रित करता है और इसके साथ ही उनके आर्थिक स्टेटस को भी।

## आपकी क्यू. क्यू. एस. रेटिंग क्या है?

अगर कोई व्यक्ति अपनी व्यक्तिगत सेवाओं को बेचना चाहता है तो इसके लिए उसे मार्केटिंग में सफलता के कारणों और परिणामों का विस्तार से अध्ययन करना होगा। जब तक वह इन कारणों का अध्ययन और विश्लेषण नहीं कर लेता तब तक वह अपनी सेवाओं को प्रभावी और स्थायी ढंग से नहीं बेच सकता। उसके रोज़गार की अवधि और आमदनी उसकी सेवाओं की क्वालिटी, मात्रा और भावना पर ही निर्भर करती है। अधिक लाभ के लिए आवश्यक है कि आप अपनी व्यक्गित सेवाओं की प्रभावशाली मार्केटिंग के लिए क्यू. क्यू. एस. फॉर्मूला अपनाएं। क्यू. क्यू. एस. का सही अर्थ है: सेवा

की आदर्श सेल्समैनशिप। चलिए, अब हम इस फॉर्मूले का विश्लेषण करें और इसके सही अर्थ को समझने का प्रयास करें।

1. **क्वालिटी :** सेवा की क्वालिटी का अर्थ है पद संबंधी जानकारी का कार्यकुशल तरीके से प्रदर्शन करना।

2. **क्वांटिटी:** सेवा की क्वांटिटी का अर्थ है अपनी क्षमता के मुताबिक सेवा करना। अभ्यास और अनुभव द्वारा आप अपनी क्षमता और कार्यकुशलता को बढ़ा सकते हैं। सेवा की मात्रा बढ़ाना ही आपका लक्ष्य होना चाहिए।

3. **स्पिरिट:** सेवा की भावना का अर्थ है खुशनुमा, तालमेल व्यवहार करना, जिससे आपको अपने साथियों का सहयोग प्राप्त हो सके।

केवल आपकी सेवा की क्वालिटी और क्वांटिटी ही आपको बाजार में स्थिर नहीं रख सकती बल्कि इसके लिए आपके अच्छे व्यवहार का होना भी बेहद ज़रूरी है। यह एक बहुत ही महत्वपूर्ण तथ्य है। इन तीनों के समावेश से न केवल आपको मिलने वाला भुगतान प्रभावित होता है बल्कि इससे रोज़गार की अवधि भी बढ़ती है।

एन्ड्रयू कारनेगी ने भी व्यक्तिगत सेवाओं की मार्केटिंग की सफलता में अच्छे व्यवहार को बाकी दोनों तत्वों की अपेक्षा अधिक महत्वपूर्ण माना है। उन्होंने बार-बार यही बात कही है कि जिन व्यक्तियों में तालमेल और सहयोग की भावना न हो वे कभी भी तरक्की नहीं कर सकते, फिर चाहे उनके काम करने की क्वालिटी कितनी ही प्रभावी और क्वांटिटी कितनी ही ज़्यादा क्यों ना हो। उन्होंने ऐसे किसी भी व्यक्ति को नौकरी पर नहीं रखा। उन्होंने लोगों के खुशनुमा होने पर ज़ोर दिया। वे अपने कर्मचारियों की अक्सर परीक्षा लेते रहते और जो

व्यक्ति उनके मानदंडों पर खरे उतरते, वे उसकी अमीर बनने में बहुत मदद करते और जो लोग खरे नहीं उतर पाए उन्होंने दूसरों के लिए अपनी जगह खाली कर दी। कई बार आपका व्यक्तित्व सुखद होता है और आप सेवा को सद्भावना से करते हैं तो आपके इस गुण के कारण सेवा की क्वालिटी और क्वांटिटी में कमी की भरपाई स्वतः ही हो जाती है। सुखद व्यवहार का स्थान लेना किसी भी चीज़ के लिए नामुमकिन है।

## आपकी सेवाओं की कैपिटल वैल्यू क्या है?

वह व्यक्ति किसी व्यापारी से कम नहीं होता जो अपनी व्यक्तिगत सेवाओं की बिक्री से ही आमदनी कमाता है। दोनों की स्थिति एक समान होती है। अंतर केवल इतना होता है कि सेवाएं बेचने वाले व्यक्ति को मार्केटिंग में अतिरिक्त धनराशि व्यय नहीं करनी पड़ती जबकि सामान्य व्यापारी को अपने व्यवसाय में काफी पैसा लगाना पड़ता है। इसलिए उस पर भी व्यवहार करने के वही नियम लागू होंगे जो नियम सामान बेचने वाले व्यापारी पर लागू होते हैं।

प्रायः लोग यह मानने की गलती कर बैठते हैं कि उनमें और सामान बेचने वाले व्यक्ति में बहुत अंतर होता है। इसलिए दोनों पर एक समान नियम लागू करना सर्वथा गलत है। क्योंकि जाइये और ले जाइये के दिन गुज़र गए हैं। अब तो जाइये और दीजिए के दिन हैं।

अपनी सेवाओं की बिक्री से प्राप्त आमदनी से ही आपके मस्तिष्क की वास्तविक कैपिटल वैल्यू निर्धारित की जाती है। आपकी सेवाओं की कैपिटल वैल्यू का अनुमान इस तरह लगाया जा सकता है कि आप अपनी वार्षिक आमदनी को 16.66 से गुणा कर दें। यह अनुमान लगाना उचित होगा कि

आपकी वार्षिक आय आपकी कैपिटल वैल्यू की 6 प्रतिशत है और इससे आपको 6 प्रतिशत ब्याज प्रतिवर्ष मिलता है। इससे प्रमाणित होता है कि धन मस्तिष्क से अधिक बल्कि मस्तिष्क ज़्यादा मूल्यवान होता है। मूल्यवान नहीं होता

मस्तिष्क पूंजी का एक ऐसा रूप है जो मंदी के दौरान भी किसी तरह के अवमूल्यन का शिकार नहीं होता, न ही पूंजी के इस रूप की चोरी की जा सकती है और न ही इसे खर्च किया जा सकता है। इसका जितना ज़्यादा इस्तेमाल किया जाएगा यह उतनी ही तेज़ी से बढ़ता जाता है। यही नहीं जो पैसा आप व्यापार में लगाते हैं वह तब तक धूल के कण के समान मूल्यहीन है जब तक कि इसे योग्य मस्तिष्क के साथ ना जोड़ा जाए।

## असफलता के 31 प्रमुख कारण

सफलता और असफलता एक ही सिक्के के दो पहलू हैं। जीवन की सबसे बड़ी दुविधा यह है कि बहुत से लोग गंभीरतापूर्वक कोशिश करने पर भी असफल हो जाते हैं। ऐसे ही एक बार मुझे हज़ारों स्त्री-पुरूष के कार्य का विश्लेषण करने का अवसर मिला। अध्ययन करने पर पाया कि सिर्फ 2 प्रतिशत लोग ही अपने कार्यों में सफल रहे, बाकी के 98 प्रतिशत लोग असफल लोगों की कतार में थे।

मेरे इस विश्लेषण का परिणाम यह निकला कि असफलता के 31 परिणाम होते हैं। इसमें वे 13 सिद्धांत भी शामिल थे जिनके द्वारा लोग दौलत इकट्ठी कर सकते हैं। मैंने इस अध्याय में इन सब कारणों का विस्तारपूर्वक वर्णन किया है। पाठकों से अनुरोध है कि हर कारण को ध्यानपूर्वक पढ़ें और देखें कि कहीं यही आदत आपके और सफलता के बीच में तो नहीं आ रही।

1. **हानिकारक आनुवंशिक पृष्ठभूमि:** जिस व्यक्ति का मस्तिष्क कमज़ोर हो वह सफलता से कोसों दूर रहता है और ऐसे व्यक्तियों का कुछ नहीं किया जा सकता। लेकिन इसका ये मतलब नहीं कि आप अपनी इस कमज़ोरी को पत्थर की लकीर मान कर प्रयास करना ही छोड़ दें। इसे दूर करने का एक ही तरीका है- मास्टर माइंड की सहायता। माना धीरे-धीरे ही सही लेकिन कुछ हद तक तो इसे सुधारा जा सकता है।

2. **जीवन के लक्ष्य को परिभाषित करने का अभाव:** जिन व्यक्तियों का कोई निश्चित लक्ष्य नहीं होता उनके ज़िंदगी में आगे बढ़ने के सारे रास्ते बंद हो जाते हैं। मैंने जिन लोगों का विश्लेषण किया उनमें से 98 प्रतिशत के पास कोई लक्ष्य नहीं था।

3. **औसत दर्जे से ऊपर उठने की महत्वाकांक्षा का अभाव:** जिन लोगों के दिल में जोश नहीं है और जो जीवन में आगे बढ़ने की इच्छा खो चुके हैं ऐसे व्यक्तियों को किसी भी तरह ख्वाब दिखाना बेकार है।

4. **अपर्याप्त शिक्षा:** कई बार अपर्याप्त शिक्षा भी नाकामयाबी का कारण बन जाती है लेकिन इसे आसानी से दूर किया जा सकता है। शिक्षित बनने के लिए सिर्फ कॉलेज की डिग्री हासिल करना ही काफी नहीं होता बल्कि शिक्षित व्यक्ति वह होता है जिसके मन में कुछ पाने की, सीखने की या कुछ कर दिखाने की चाह हो और इसके लिए वह किसी दूसरे के अधिकारों का हनन नहीं करता। शिक्षा में सिर्फ ज्ञान ही ज़रूरी नहीं होता बल्कि उस ज्ञान के प्रयोग पर भी बल दिया जाता है। लोगों को सिर्फ ज्ञान के लिए ही पैसे नहीं मिलते बल्कि इस बात के पैसे मिलते हैं कि वे अपने ज्ञान का किस तरह प्रयोग करते हैं।

5. **आत्म-अनुशासन की कभी:** अनुशासन स्वयं पर नियंत्रण से आता है। मनुष्य को अपने नकारात्मक गुणों को नियंत्रण में रखना चाहिए। परिस्थितियों को नियंत्रित करने से पहले आपको सबसे पहले खुद पर नियंत्रण रखना होगा। खुद को अनुशासित करना सबसे मुश्किल काम है। यदि आप खुद से हार जाते हैं तो हीन भावना का शिकार हो जाएंगे। इसके लिए आवश्यक है कि आइने के सामने खड़े होकर देखिए.... आपको अपना सबसे अच्छा दोस्त और सबसे बड़ा दुश्मन एक साथ खड़ा नज़र आएगा।

6. **बुरा स्वास्थ्य:** स्वस्थ शरीर ही सुखों का घर है। जो व्यक्ति हमेशा अपनी बिमारी का रोना रोता है वह कभी सफल नहीं हो पाता। मनुष्य की इस बिमारी के कई कारण हो सकते हैं:

   (क) हानिकारक भोजन अधिक मात्रा में खाना।

   (ख) हमेशा बुरी बातें सोचना।

   (ग) ज़्यादा से ज़्यादा यौन संबंध बनाना।

   (घ) शारीरिक व्यायाम का अभाव।

   (ङ) गलत ढंग से सांस लेना।

7. **बचपन के माहौल का बुरा प्रभाव:** कोई भी इंसान जन्म से अपराधी नहीं होता। परिस्थितियां और माहौल उसे ऐसा करने पर विवश कर देते हैं। गर्म लोहे को आप जिस तरह चाहो उसी तरह का आकार दे सकते हो। एक छोटे बच्चे की मानसिक प्रवृति भी ऐसी ही होती है। उसे आप जो भी सिखाओगे वह जल्दी ही ग्रहण कर लेगा। बुरी संगति

और बुरे माहौल के प्रभाव से ही आपराधिक प्रवृत्ति वाले लोगों का जन्म होता है।

8. **टालमटोल:** "काल करे सो आज कर, आज करे सो अब......" यह कहावत हमें अपनी इस बुराई को त्यागने का संकेत देती है। टालमटोल एक ऐसा कीड़ा है जो अच्छे-भले इंसान को ख़त्म कर देता है। ज़्यादातर लोग काम शुरू करने से पहले उचित समय का इंतज़ार करते हैं लेकिन एक बात हमेशा याद रखिए कि 'समय कभी किसी का प्रतीक्षा नहीं करता। इसलिए आप भी बिना रूके अपनी मंज़िल की ओर बढ़ते जाइये... बाधाएं खुद-ब-खुद रास्ता छोड़ देंगी।

9. **लगन का अभाव:** किसी काम को पूरे दिल से करना ही लगन है। प्रायः देखने में आता है कि लोग काम की शुरुआत तो बहुत अच्छी करते हैं लेकिन बाद में उनका हौंसला जवाब देने लगता है और वो काम को बीच में ही छोड़ देते हैं। ऐसे लोग संभावना में यकीन रखते हैं। लेकिन अगर लगन को ही अपना मूल मंत्र बना लिया जाए तो असफलता उससे कोसों दूर भाग जाएगी।

10. **नकारात्मक व्यक्तित्व:** सफलता कभी किसी एक व्यक्ति के प्रयासों से नहीं मिलती। यह शक्ति के प्रयोग से मिलती है और शक्ति लोगों की सहयोगपूर्ण कोशिशों से हासिल की जाती है। लेकिन जो व्यक्ति नकारात्मक सोच रखते हैं वे लोगों से कभी नहीं जुड़ पाते और असफल हो जाते हैं।

11. **कामेच्छा पर नियंत्रण का अभाव:** सैक्स शक्ति उन सभी प्रेरक ऊर्जाओं में सबसे शक्तिशाली है जिनसे लोग कार्य करने के लिए प्रेरित

होते हैं। चूंकि यह सबसे सशक्त भाव है इसलिए इसे नियंत्रित करके दूसरी तरह की ऊर्जा में बदलना चाहिए।

12. **कुछ नहीं के बदले पाने की अनियंत्रित इच्छा:** जुऐ की बुरी आदत लाखों लोगों का जीवन तबाह कर देती है। इसका प्रमाण है 1929 के वॉल स्ट्रीट क्रैश की घटना जिसमें लाखों - लोगों ने स्टॉक मार्जिन के जरिए पैसा कमाने का प्रयास किया लेकिन सब बर्बाद हो गए।

13. **निर्णय की शक्ति का अभाव:** कामयाब लोगों की एक बहुत अच्छी आदत होती है कि वो कोई भी फैसला जल्दबाज़ी में नही करते। वे परिस्थितियों को जांच-परख कर ही किसी नतीजे पर पहुंचते हैं। जबकि नाकाम लोग पहले तो कोई फैसला लेने में समर्थ ही नहीं होते या फिर जब तक किसी फैसले पर पहुंचते है तब तक उसका कोई मतलब ही नहीं रहता। यह बिल्कुल टालमटोल की तरह ही होता है।

14. **छह मूल डरों में से एक या अधिक:** अंतिम अध्याय में इन डरों का विश्लेषण किया गया है। सफलता हासिल करने के लिए आपको इन छहों पर विजय पाना ज़रूरी है।

15. **विवाह में गलत जीवनसाथी का चुनाव:** विवाह एक ऐसा बंधन है जो अगर मन से जुड़े तो ही फलता-फूलता है लेकिन अगर यही रिश्ता सुखद तालमेल का न हो तो असफलता निश्चित रूप से आपका पीछा करेगी। इससे सिर्फ दुख और कष्ट ही होगा जो कि महत्वाकांक्षा के सभी लक्षणों को नष्ट कर देगा।

16. **अति- सावधानी:** जोख़िम एक ऐसा तत्व है जिसका जीवन में होना बहुत आवश्यक है। जो व्यक्ति जोखिम उठाने की ताकत रखता है वही कामयाब होता है। इसके विपरीत जो जोखिम नहीं लेता उसे बचा-

खुचा ही मिलता है। अतः अति- सावधानी भी उतनी ही बुरी है जितनी कि कम सावधानी।

17. **बिज़नेस में सहयोगियों का गलत चुनाव:** व्यक्तिगत सेवाओं की मार्केटिंग करते समय आपको अपने भावी नियोक्ता का चुनाव बहुत ही सावधानी से करना चाहिए। ऐसे लोगों का ही अनुसरण करें जो खुद बुद्धिमान हो और आपको भी ऐसी ही प्रेरणा दें।

18. **अंधविश्वास:** यह अज्ञानता की निशानी है। जो लोग सफल होते हैं वे किसी चीज़ से नहीं डरते और अपने दिमाग से फैसले लेते हैं।

19. **व्यवसाय का गलत चुनाव:** व्यक्तिगत सेवाओं की मार्केटिंग का सही कदम है सही व्यवसाय का चुनाव करना जिसे आप उत्साहपूर्वक कर सकें। उदाहरण के तौर पर आप हो तो इंटीरियर डिज़ाईनर लेकिन काम मैंने जिंग डायरेक्टर का कर रहे हो। जिस काम में आप कुशल ना हो उसमें हमेशा असफलता ही मिलती है।

20. **प्रयास में एकाग्रता का अभाव:** सभी व्यवसायों में थोड़ी बहुत जानकारी रखने वाला व्यक्ति कभी किसी एक काम में पूर्णतया निपुण नहीं होता। इसलिए अपने सभी प्रयासों को एक निश्चित लक्ष्य पर ही केन्द्रित करे।

21. **फिज़ूलखर्ची की आदत:** व्यक्ति को हमेशा संभलकर खर्चा करना चाहिए। जो व्यक्ति अपनी आय से ज़्यादा खर्च करता है वह अपनी इसी आदत के कारण कर्जे में डूब जाता है। इसलिए ज़रूरी है कि व्यक्ति को अपनी आय का एक निश्चित हिस्सा बचाकर अलग से निवेश करना चाहिए। इससे आपको लाभ भी होगा और भविष्य में यही पैसा आपके साहस की सुरक्षित आधारशिला भी।

22. **उत्साह का अभाव:** उत्साह वह शक्ति है जो निराश व्यक्ति के मन में विश्वास जगा देती है। यही नहीं उत्साह संक्रामक होता है। दुनिया उसी का सम्मान करती है जिसमें उत्साह को नियंत्रित करने की ताकत होती है।

23. **असहिष्णुता:** इसका अर्थ है सहन करने की क्षमता का अंत हो जाना। असहिष्णुता के विनाशकारी परिणाम विरोध, झगड़ों के रूप में ही सामने आते हैं।

24. **असंयम:** असंयम के सबसे विनाशकारी रूप हैं भोजन, मदिरा और सैक्स के प्रति उतावलापन। असंयम व्यक्ति का दिमाग ख़राब कर देता है जिसके बहुत ही भयंकर परिणाम निकलते हैं। अतः मनुष्य अपने संयम पर नियंत्रण रख कर ही जीवन में सफल हो सकता है।

25. **दूसरों के साथ सहयोग करने की अयोग्यता:** अधिकतर लोग अपनी इसी कमी के कारण कई बड़े-बड़े सुअवसर खो देते हैं। जो व्यक्ति दूसरों का साथ नहीं देता उसकी कोई मदद नहीं करता और मुश्किल समय में वह अकेला ही उदास खड़ा रह जाता है।

26. **वह शक्ति जिसे अपने प्रयासों से हासिल न किया हो:** जो व्यक्ति दूसरों के दम पर उछलता है, वह एक न एक दिन नीचे ज़रूर गिरता है। प्राय देखने में आया है कि अमीर लोगों के बच्चे अपने बाप-दादाओं की कमाई पर ऐश करते हैं लेकिन जब ख़ुद कमाने का वक़्त आता है तो उनके रोंगटे खड़े हो जाते हैं। यह हमेशा याद रखिए कि फटाफट अमीरी, गरीबी से भी ज़्यादा खतरनाक होती है।

27. **जानबूझकर की गई बेईमानी:** कई बार व्यक्ति परिस्थितिवश ऐसा काम कर बैठता जो उसके ईमान के विरुद्ध होता है लेकिन इस तरह की बेईमानी से कभी किसी का बुरा नहीं होता। परंतु जो लोग जानबूझकर

गलत रास्ता चुनते हैं, वे अपने साथ-साथ दूसरों को भी नुक्सान पहुंचाते हैं। देर-सवेर उन्हें अपनी गलतियों का खामियाजा भुगतना पड़ता है और उनकी प्रतिष्ठा मिट्टी में मिल जाती है।

28. **घमंड और अहंकार:** यह अवगुण मनुष्य की सफलता के लिए घातक है। व्यक्ति को अपने पैसे और बल पर कभी घमंड नहीं करना चाहिए क्योंकि ये दोनों चीजें हर वक़्त उसके पास नहीं रह सकती। घमंड और अहंकार व्यक्ति को सब से दूर कर देता है ।

29. **सोचने की बजाय अनुमान लगाना:** अधिकतर लोग खुद को कुछ ज़्यादा ही समझदार मानने लगते हैं। इसी गलती के शिकार लोग सोचने-समझने की शक्ति खो देते हैं और अंदाज़े के आधार पर बिना सोचे-समझे फैसले करते हैं जिसका परिणाम असफलता के रूप में सामने आता है।

30. **पूंजी का अभाव:** पैसे के अभाव में कोई भी बिज़नेस ज़्यादा देर तक नहीं टिक सकता। इसलिए आवश्यक है कि आपके पास जितना पैसा हो उसे ऐसे कार्य में लगाओ जिससे आपको ज़्यादा से ज़्यादा मुनाफा हो और फिर इस मुनाफे को भी उसी पैसे में जोड़ कर दोबारा निवेश करो। इस तरह अपनी बुद्धि का प्रयोग करते हुए लगातार ऐसे ही निवेश करते जाइए, फिर देखिए आपसे बड़ा कामयाब आदमी दुनिया में कोई नहीं होगा।

इन सभी कारणों के अलावा कोई और भी कारण है जो आपकी सफलता में बाधक है तो उसे भी इसमें लिख लीजिए।

असफलता के ये सभी कारण दुनिया के हर एक व्यक्ति के जीवन पर लागू होते हैं। आप भी अपने जीवन का निर्धारण इन्हीं को ध्यान में रखकर कर

सकते हैं। वैसे तो आप इसे स्वयं भी आजमा सकते हैं लेकिन वो कहते हैं ना कि कोई भी व्यक्ति अपनी गलती ख़ुद कभी स्वीकार नहीं करता। इसलिए ज़रूरी है कि आप किसी ऐसे व्यक्ति को चुनें जो आपको अच्छी तरह से जानता हो। वह सूची को पढ़े और उसके आधार पर आपका विश्लेषण करे। इससे आपको अपनी कमियों का पता चल जाएगा और इन्हें दूर करने में भी मदद मिलेगी।

कोई भी व्यक्ति दूसरों की गलतियां तो आसानी से निकाल लेता है लेकिन जब अपनी बारी आती है तो उसकी बोलती बंद हो जाती है। इसलिए बेहतर है कि वह दूसरों की अपेक्षा खुद पर ध्यान दे। यही अवधारणा व्यक्तिगत सेवाओं की मार्केटिंग में भी आती हैं। विक्रेता को अपनी कमज़ोरियों का पूरा ज्ञान होना चाहिए ताकि वह उन्हें दूर कर सके। इसके अलावा आपको अपनी शक्तियां भी पता होनी चाहिए ताकि आप अपनी सेवाएं बेचते समय लोगों का ध्यान आकर्षित कर सके । इस बात को आप अज्ञानता के एक उदाहरण द्वारा अच्छे से समझ सकते हैं।

एक युवक ने एक प्रसिद्ध बिज़नेस मैंने जर के पास नौकरी के लिए आवेदन किया। मैंने जर ने उसे इंटरव्यू के लिए बुलाया। लड़के ने अपने गुणों का ख़ूब बखान किया और मैंने जर को प्रभावित करने में कोई कसर छोड़ी। इंटरव्यू खत्म होने के बाद मैंने जर ने उससे पूछा कि वह कितने वेतन की उम्मीद करता है। इस पर उसने जवाब दिया कि मैंने अभी तक इस बारे में कुछ तय नहीं किया है। उसकी बात सुनकर मैंने जर हैरान रह गया। संभवतया उसे लड़के के अस्पष्ट उद्देश्य की कमी का ज्ञान हो गया था। मैंने जर ने स्थिति को भांपते हुए तुरंत ही कहा 'तो ठीक है फिर हम आपको उतना ही वेतन देंगे जिसके आप योग्य हैं लेकिन इससे पहले हम एक सप्ताह तक आपका काम देखेंगे।

'नहीं, मुझे ये मंजूर नहीं है... क्योंकि जहां मैं अभी काम कर रहा हूँ वहां मुझे इससे ज़्यादा मिल रहा है लड़के ने जवाब दिया।

अपनी अज्ञानता का प्रदर्शन करने से अच्छा है कि आप अपनी सेवाओं की कीमत अच्छी तरह से जान लें और उसी के आधार पर किसी तरह की सौदेबाज़ी करें। पैसे की चाह किसे अच्छी नहीं लगती लेकिन उसकी अपनी सेवाओं की कीमत से तुलना करने की गलती कदापि न करें। कई लोग अपनी इच्छाओं को ही अपनी उचित तनख्वाह मानने की गलती कर बैठते हैं जो कि सही नहीं है। इच्छाओं का आपके मूल्य से कोई लेना-देना नहीं होता। आपका मूल्य इस बात पर निर्भर करता है कि आपमें दसरों को इस तरह की सेवा प्रदान करने की कितनी क्षमता है।

## अपने काम की सूची बनायें

जिस प्रकार हम अपने व्यापार में लाभ-हानि का आर्थिक विश्लेषण साल के अंत में करते हैं ठीक वैसे ही व्यक्तिगत सेवाओं की प्रभावशाली मार्केटिंग के लिए वार्षिक आत्म-विश्लेषण करना भी उतना ही ज़रूरी है। लेकिन यह वार्षिक विश्लेषण तभी कामयाब माना जाएगा जब आपकी गलतियों में कमी और गुणों में वृद्धि होनी शुरू हो जाएगी। यदि हम किसी व्यक्ति के दो-तीन वर्षों के कार्यों का निरीक्षण करें तो पाऐंगे कि उसकी स्थिति कभी एक समान नहीं रही। पहले साल अगर वह दो कदम आगे हैं तो दूसरे साल वहीं खड़ा रहता है। वार्षिक आत्म-विश्लेषण बताएगा कि हमारे गुणों में प्रगति हुई है या नहीं और अगर हुई है तो कितनी। इससे यह भी पता चलेगा कि इस दौरान आप कितना पीछे गए। व्यक्तिगत सेवाओं की प्रभावी मार्केटिंग के लिए

आगे बढ़ते रहना आवश्यक है फिर चाहे प्रगति की रफ्तार धीमी ही क्यूं ना हो। इंसान का लक्ष्य ऊंचाइयों को छूना होना चाहिए।

प्रति वर्ष आप एक नया संकल्प लें और इस संकल्प में बीते वर्ष के आत्म-विश्लेषण के दौरान आई कमियों को भी शामिल किया जाना अनिवार्य है। अपने आप की सूची बनाते समय खुद से नीचे दिए गए सवाल पूछें और जवाबों की जांच करते समय किसी ऐसे व्यक्ति की मदद लें जो इस बारे में आपको किसी धोखे में ना रखे।

## व्यक्तिगत सूची के लिए आत्म-विश्लेषण प्रश्नावली

1. क्या मैंने वह लक्ष्य प्राप्त कर लिया जिन्हें इस साल के लिए तय किया था?
2. क्या मैंने अपनी योग्यता के मुताबिक सर्वोत्तम गुणवत्ता की सेवाएं दीं?
3. क्या मैंने अपनी क्षमता के अनुसार सेवा में सर्वश्रेष्ठ क्वांटिटी दी?
4. क्या मेरा व्यवहार हमेशा तालमेल और सहयोग का रहा है?
5. क्या मेरे टालमटोल करने की आदत में कुछ सुधार हुआ?
6. क्या मैंने अपने व्यक्तित्व में सुधार किया?
7. क्या मैंने अपनी योजनाओं को सफलतापूर्वक संपन्न किया?
8. क्या मैंने हमेशा तत्काल और निश्चित निर्णय लिये हैं?
9. क्या मैंने अपने छह मूलभूत डरों में से किसी को दूर करने की कोशिश की है?

10. क्या मैं कभी अति सावधान या कम-सावधान रहा हूँ?

11. क्या मेरे अपने सहयोगियों से संबंध सुखद हैं या दुखद?

12. क्या मेरे प्रयासों में एकाग्रता की कमी है?

13. क्या मैं सभी मामलों में खुले विचारों का और सहिष्णु रहा हूँ?

14. क्या मैंने अपनी कार्यक्षमता में कुछ सुधार किया है?

15. क्या मैंने अपनी आदतों में कभी असंयमिता का परिचय दिया है?

16. क्या मैंने कभी अहंकार को अपने ऊपर हावी होने दिया?

17. क्या मेरे सहयोगी मेरे व्यवहार से प्रसन्न हैं?

18. क्या मेरे विचार या फैसले अनुमान के आधार फिर सोच-समझकर लिए जाते हैं?

19. क्या मैं फिज़ूलखर्ची करता हूँ?

20. क्या मैं व्यर्थ के महत्वहीन प्रयासों में लगा रहता हूँ?

21. मैं अपने समय का एक नया बजट किस तरह बनाऊं जिससे कि मैं अपनी आदतों को बदल सकता हूँ?

22. क्या मैंने कभी किसी से छल-कपट किया है?

23. अपने वेतन के बदले में मैं किस तरह बेहतर सेवाएं प्रदान कर सकता हूँ?

24. क्या मैंने किसी के प्रति अन्याय किया है?

25. क्या मैं स्वयं अपनी सेवाओं से संतुष्ट हूँ?

26. क्या मैं सही व्यवसाय में हूँ और अगर नहीं हूँ तो क्यों?

27. क्या नियोक्ता मेरी सेवाओं से संतुष्ट हैं?

28. सफलता के इन मूलभूत सिद्धांतों के मूल्यांकन में मैं कौन से दर्जे पर आता हूँ?

इस सारी जानकारी का अध्ययन करने के बाद आप अपनी व्यक्तिगत सेवाओं की मार्केटिंग करने की योजना बनाने के लिए तैयार हैं । इस अध्याय में लीडरशिप के प्रमुख तत्व, इसकी असफलता के प्रमुख कारण, जीवन के सभी क्षेत्रों में असफलता के कारण विगत सेवाओं की बिक्री के लिए अनिवार्य सिद्धांत और आता विश्लेषण में प्रमु किए जाने वाली सारी सामाग्री का अच्छे से विवरण दिया गया है।

इसमें सारी जानकारी का विस्तारपूर्वक वर्णन किया गया है क्योंकि इसकी ज़रूरत उन सभी लोगों को है जो अपनी व्यक्तिगत सेवाओं को बेचकर अमीर बनना चाहते हैं। जिन लोगों माने की दिशा में कदम रखा है उनके पास अमीर बनने के बदले में देने के लिए अपनी सेवाओं के सिवा कुछ नहीं होता। इसलिए यह आवश्यक है कि उनके पास वह सारी व्यावहारिक जानकारी उपलब्ध हो जिसके द्वारा वे अपनी सेवाओं की लाभदायक मार्केटिंग कर सकें।

यहां पर दी जा रही जानकारी को अच्छी तरह से समझना और उन पर अमल करना स्वयं की सेवाओं की मार्केटिंग में सहायक होगा। इसके अलावा आपमें वह सामर्थ्य विकसित होगा जिसके द्वारा आप दूसरे लोगों का अपने से बेहतर तरीके से विश्लेषण कर सकें और उनके बारे में बेहतर निर्णय ले सकें।

इस जानकारी से आपके पर्सनल डायरेक्टर्स, एम्पलॉयमेंट मैंने जर्स और दूसरे एग्जीक्यूटिव्ज़ को भी फायदा होगा और उन्हें भी अपने कर्मचारियों का चुनाव करने में किसी तरह की परेशानी नहीं होगी।

**अमीर बनने के अवसर कहां और कैसे मिल सकते हैं?**

अमीर बनने के सभी सिद्धांतों का विश्लेषण करने के पश्चात आपका अगला सवाल होगा कि "हमें इन सिद्धांतों पर अमल करने के लिए अच्छे अवसर कहां मिल सकते हैं?" तो चलिए अपने गुणों की सूची निकालिए और देखिए कि अमेरिका जैसा बहुविकसित देश आपको कितना अमीर बना सकता है?

एक बात हमेशा याद रखिए कि हम जिस देश में रहते हैं वहां कानून का पालन करने वाले हर नागरिक को कार्य करने और अपने विचार प्रकट करने की स्वतंत्रता दूसरे देशों से कहीं ज़्यादा है। हमने कभी इस स्वतंत्रता के लाभों की सूची नहीं बनाई और ना ही कभी अपनी असीमित स्वतंत्रता की तुलना किसी दूसरे देश की सीमित स्वतंत्रता से की है। यहां पर विचार, धर्म, राजनीति, बिज़नेस या नौकरी चुनने की स्वतंत्रता है, दूसरों को नुक्सान पहुंचाए बिना अपनी मनचाही संपत्ति बनाने की स्वतंत्रता है, विवाह की और अपने घर के लिए मनचाहा स्थान चुनने की स्वतंत्रता है, सभी प्रजातियों के लिए समान अवसर की स्वतंत्रता है, एक देश से दूसरे देश जाने की स्वतंत्रता है, अपनी पसंद का खाना खाने की स्वतंत्रता है और इसके अलावा किसी भी पद के लिए आवेदन देने की भी स्वतंत्रता है फिर चाहे वह पद अमेरिका के राष्ट्रपति का ही क्यों ना हो।

हमारे पास और भी बहुत सी स्वतंत्रताएं हैं लेकिन यह सूची स्वतंत्रताओं का एक अद्भुत नज़ारा पेश करती है। चूंकि इसमें अवसरों की बहुलता है। अमेरिका ही एक ऐसा देश है जो अपने हर नागरिक को हर तरह की स्वतंत्रता प्रदान करता है, फिर चाहे वह यहां का मूल निवासी हो या उसने बाद में यहां की राष्ट्रीयता हासिल की हो।

चलिए, अब उन वरदानों का भी अध्ययन करें जो इस विराट स्वतंत्रता के फलस्वरूप हमें प्राप्त हुए हैं। उदाहरण के लिए औसत आमदनी वाले अमेरिकी परिवार और उसके हर सदस्य को मिले अवसरों के लाभ को ही देख लो जो इस देश में उन्हें प्रचुर मात्रा में उपलब्ध हैं।

1. **भोजन:** रोटी, कपड़ा और मकान किसी भी व्यक्ति के लिए जीवन की मूलभूत आवश्यकताएं हैं। चूंकि औसत आमदनी वाले अमेरिकी परिवार के पास असीमित स्वतंत्रता होती है इसलिए वह दुनिया के किसी भी क्षेत्र में कहीं से भी भोजन का प्रबंध कर सकता है बशर्ते इसकी कीमत उसकी पहुंच में हो।

2. **आवास:** औसत आमदनी वाला यह परिवार एक आरामदायक घर में रहता है जिसमें घर को रूम-हीटर से गर्म किया जाता है, जहां बिजली का पूरा प्रबंध है और जहां खाना बनाने के लिए गैस का इस्तेमाल किया जाता है। इसके अतिरिक्त उनके पास इलैक्ट्रिक टोस्टर भी होता है जिसकी कीमत केवल कुछ डॉलर ही होती है। वे लोग अपने घरों की सफाई के लिए वैक्यूम क्लीनर का इस्तेमाल करते हैं जो कि बिजली से चलता है। किचन और बाथरूम में हर समय गर्म और ठंडे पानी का प्रबंध होता है। खाने को सुरक्षित रखने के लिए उनके पास फ्रिज है। वे लोग अपना अधिकतर काम बिजली संचालित यंत्रों से ही

करते हैं। महिलाओं का कपड़े धोने, प्रैस करने और पुरूषों का दाढ़ी बनाने का सारा काम सब बिजली से ही चलता है। इसके अलावा उनके घरों में रेडियो और टैलीविजन भी होता है जिससे वे चौबीस घंटे अपना मनोरंजन करते हैं। इस सारी सूची से आपको अंदाज़ा हो जाएगा कि अमेरिका के निवासी किन-किन स्वतंत्रताओं का उपभोग करते हैं।

3. **वस्त्र** : अमेरिका में औसत आमदनी वाले परिवार में एक महिला 400 डॉलर प्रति वर्ष में साफ और आरामदेह ढंग से वस्त्र पहन सकती है और पुरुष भी इतने में ही या इससे भी कम खर्चे में वस्त्र पहन सकते हैं।

इन तीन मूलभूत आवश्यकताओं के अलावा भी उन्हें कई और लाभ और अधिकार भी प्रदान किए गए हैं जिसके लिए उन्हें आठ घंटे का श्रम करने की भी ज़रूरत नहीं पड़ती। उन्हें संपत्ति संबंधी अधिकारों में इतनी सुरक्षा प्राप्त है जितनी कि किसी ओर देश में भी नहीं है। वे अपने अतिरिक्त धन को बैंक में सुरक्षित रख सकते हैं इसके साथ ही बैंक उन्हें गारंटी भी देता है कि यदि किसी आर्थिक संकट के समय में बैंक दिवालिया भी हो जाता है तो सरकार उसका पैसा ज़रूर लौटाएगी। वह जहां चाहे वहां जा सकते है और इसके लिए उन्हें पासपोर्ट या किसी की अनुमति लेने की आवश्यकता नहीं पड़ती।

## वह चमत्कार जिसने यह वरदान दिए

जब भी चुनाव शुरू होते हैं तो हम अक्सर नेताओं को देश की स्वतंत्रता के बारे में बातें करते हुए सुनते हैं। परंतु शायद ही कभी वे इस स्वतंत्रता के स्रोत या इसकी प्रकृति के समुचित विश्लेषण के लिए पर्याप्त प्रयास करते हैं या

इसके लिए इतना समय निकालते हैं। हालांकि इसमें मेरा अपना कोई स्वार्थ नहीं है इसलिए मैं इस बात का खुल कर विश्लेषण कर सकता हूँ कि वह रहस्यमयी चीज़ क्या है जो अमेरिका के नागरिकों को दुनिया के बाकी लोगों से अलग करती है। और इससे उन्हें अन्य देशों की तुलना में अमीर बनने का अवसर भी मिलता है।

मैं पचास वर्षो से भी अधिक समय से ऐसे लोगों को जानता हूँ जिन्होंने इस शक्ति को संगठित किया और जिनमें से कुछ ने इसे आज तक जागृत भी रखा। इसलिए मुझे इस अदृश्य शक्ति के स्रोत और प्रकृति के विश्लेषण करने का पूरा अधिकार है।

## मानवता के इस रहस्यमयी हितकारी का नाम पूंजी है।

इस पूंजी में केवल घन नहीं आता बल्कि उन सभी बुद्धिमान लोगों का समूह भी आता है जो जनता के हित में और खुद को लाभ पहुंचाने के लिए धन का बेहतर प्रयोग करने के तरीकों की योजना बनाते हैं। इनमें वैज्ञानिक, शिक्षाविद, केमिस्ट, आविष्कारक, बिज़नेसमैन, पब्लिसिटीमैन, आवा-गमन विशेषज्ञ, एकाउंटेंट, वकील, डॉक्टर और उद्योग-धंधों में विशेषज्ञीय ज्ञान रखने वाले लोग भी आते हैं। ये लोग हर क्षेत्र में लोगों का बढ़-चढ़ कर नेतृत्व करते हैं और अपने व्यक्तित्व की अमिट छाप छोड़ते जाते हैं। वे कॉलेजों, स्कूलों का निर्माण करके बेहतर शिक्षा का समर्थन करते हैं। अस्पताल, अच्छी सड़कें बनाते हैं, अख़बार छापते हैं और सरकार की गतिविधियों पर नज़र रखते हुए मानव प्रगति की दिशा में योगदान देते हैं। संक्षेप में कहा जाए तो पूंजीपति ही हमारी सभ्यता का मस्तिष्क होते हैं क्योंकि वे उस पूरे तंत्र की पूर्ति करते हैं जिनमें सारी शिक्षा, ज्ञान और मानवीय प्रगति समाहित होती है।

एक बुद्धिमान व्यक्ति ही पैसे का सही इस्तेमाल करना जानता है। अगर इसका सही उपयोग किया जाए तो यह पूरी मानव सभ्यता के लिए सबसे महत्वपूर्ण तत्व बन जाता है लेकिन यदि इसे अनदेखा कर दिया जाए तो संपूर्ण मानव सभ्यता के लिए ख़तरा बन जाता है। उदाहरण के लिए जैतून के लिए आपको चीन की यात्रा करनी होगी जो कि भारत से बहुत दूर हैं। यदि आप तैरना जानते हैं और आप में तैरने की साहसिक शक्ति भी है तो यह आपके हाथ में है कि आप किस प्रकार की मुद्रा का प्रयोग करेंगे।

शक्कर के लिए आपको क्यूबा की समुद्री यात्रा पर जाना होगा या फिर उटा के शुगर बीट खंड़ की लंबी पैदल यात्रा पर जाना होगा। हो सकता धन लेकिन इस पर भी हो सकता है कि आपको शक्कर न मिले और आपकी सारी मेहनत बर्बाद हो जाए क्योंकि इसके उत्पादन के लिए बहुत और संगठित प्रयास की आवश्यकता है। प्रायः लोग इस बात को अनदेखा कर देते हैं कि उनके घरों में खाने के लिए जो शक्कर इस्तेमाल होती है उसे खाने योग्य बनाने के लिए रिफाईन, ट्रांसपोर्ट और डिलीवर करने जैसे हज़ारों तामझाम करने पड़ते हैं।

इसी प्रकार अंडे जैसे स्वास्थ्य वर्धक खाद्य पदार्थ तो आपको अपने नजदीक ही फार्मों से भी मिल सकते हैं लेकिन ग्रेपफ्रूट जैसे फल के लिए तो आपको फ्लोरिडा की लंबी यात्रा ही करनी पड़ेगी। गेहूँ की रोटी के लिए आपको कान्सस या किसी दुसरे गेहूँ उत्पादक राज्य में जाना पड़ेगा। इसके अतिरिक्त ड्राई सीरियल के लिए आपको प्रशिक्षित संगठनात्मक श्रम, पूंजी और बढ़िया मशीनरी की ज़रूरत होती है और ये सब एक साथ मिलना नामुमकिन है इसलिए आपको इसे अपने उत्पादन सूची से हटाना पड़ेगा। दक्षिण अमेरिका में भी आप दो-चार केलों पर बटर और क्रीम लगाकर अपने परिवार के साथ लजीज खाने का लुत्फ उठा सकते हैं।

आपको यह सब मज़ाक लगता होगा, है न? लेकिन अगर हमारे पास पूंजीवादी तंत्र न हो तो हम इन जैसे आम भोज्य पदार्थों को इसी तरह अपने नाश्ते में शामिल कर सकते हैं।

## हमारे जीवन की आधारभूत पूंजी

जब हम सामान्य खाने-पीने की सामग्री की तुलना रेलरोड और स्टीमशिप बनाने और उनके रख रखाव के लिए आवश्यक धनराशि से करते हैं तो दहल जाते हैं। क्योंकि यह राशि हमारी कल्पना से परे है। यदि हम इसमें जहाज़ों और कर्मचारियों की फौज का खर्चा शामिल न भी करें तो भी यह अरबों-खरबों डॉलर से कहीं अधिक होती है। आवागमन पूंजीवादी अमेरिका में आधुनिक सभ्यता की आवश्यकताओं का सिर्फ एक हिस्सा मात्र ही है। आवागमन के लिए सबसे पहले ज़रूरी है कि कुछ उत्पादन किया जाए, तभी उस उत्पादन की पैकिंग, मार्केटिंग और डिलीवरी के लिए करोड़ों डॉलर का निवेश करना लाभप्रद साबित होगा ।

स्टीमशिप और रेल रोड न तो धरती से उगते हैं और न ही अपने आप काम करने लगते हैं। इनका उद्गम लोगों की मेहनत, कुशलता और संगठन के सहयोग द्वारा होता है जिसमें कल्पना, आस्था, उत्साह, लगन और निर्णय करने की शक्ति का भी पूरा योगदान होता है। पूंजीपति वर्ग कुछ बनाने की इच्छा से, हासिल करने की इच्छा से, उपयोगी सेवा देने की इच्छा से और लाभ कमाने की इच्छा से प्रेरित होते हैं। और चूंकि वे इस तरह की सेवा प्रदान करते हैं जिसके बिना सभ्यता का विकास संभव नहीं होता इसलिए वे बहुत अमीर बन जाते हैं। इनको क्रांतिकारी, रैकेटियर्स, बेईमान राजनेता, शोषक और अमानवीय या वॉल स्ट्रीट के नाम से भी जाना जाता है।

क्षमा कीजिएगा, मैं यहां पर किसी समूह या अर्थशास्त्र के किसी तंत्र की मुखालफत नहीं करूंगा बल्कि वही कहूँगा जो सही है। इस पुस्तक के माध्यम से लोगों को धन कमाने का सही तरीका बताना और उन्हें इस संबंध में जागरुक करना ही मेरा मूल उद्देश्य है और इसके लिए मैं पूरी तरह से समर्पित हूँ। पूंजीवादी तंत्र के आर्थिक लाभों के विश्लेषण स्वरूप दो तथ्य सामने आए हैं जिनका वर्णन इस प्रकार है :

1. अमीर बनने के लिए ज़रूरी है कि आप सही तंत्र की पहचान करें और धीरे-धीरे खुद को उसके अनुरूप ढाल लें और अमीरी के रास्ते पर बढ़ते चलें। इस तरह आज नहीं तो कल कामयाबी ज़रूर मिलेगी।

2. हर बात का पूरी गहराई से अर्थ जानने का प्रयास करें। अक्सर राजनेता और वक्ता जानबूझ कर मुद्दों को तोड़-मरोड़कर पेश करते हैं और संगठित पूंजी के बारे में ऐसी बातें करते हैं जिससे कि लोगों का इस बारे में विचार बदल जाए।

यह एक पूँजीवादी देश है। आज हम जिस स्वतंत्रता और अमीरी का दावा करते हैं उसमें कहीं न कहीं संगठित पूंजी का ही योगदान है। यदि हमारे पास यह पूंजी न होती तो आज हम आर्थिक दुर्बलता के किनारे बैठे अपनी किस्मत को कोस रहे होते। कानूनी रूप से अमीर बनने और बने रहने का केवल एक ही तरीका है और वह है ज़्यादा से ज्यादा सेवाएं प्रदान करना। बिना मेहनत किए अमीर बनना मुमकिन नहीं लेकिन अगर कोई इस तरह से अमीर बन भी जाए तो उसकी यह अमीरी क्षण भर की ही होती है क्योंकि उसकी मूर्खता और आलस्य इसका सुख भोगने लायक नहीं होता।

## अमीरी के अवसर

अमेरिका एक ऐसा देश है जहां लोग पूरी ईमानदारी से अपने कर्तव्य पालन में लगे रहते हैं और यह उन्हें अमीर बनने के ढेर सारे अवसर प्रदान करता है। वहां जब भी कोई शिकारी शिकार खेलने जाता है तो वह ऐसी जगह चुनता है जहां उसे पर्याप्त शिकार उपलब्ध हो। अमीरी की तलाश करते समय भी यह नियम स्वाभाविक रूप से लागू होता है।

यदि आप अमीरी की तलाश हैं तो इस देश में व्याप्त अमीरी की संभावनाओं को नज़रअंदाज़ मत कीजिए चूंकि इसके नागरिक इतने अमीर हैं कि यहां की महिलाएं लिपस्टिक, रोज़ और कॉस्मैटिक्स के सामान पर एक साल में पांच लाख डॉलर से भी ज़्यादा खर्च कर देती हैं। यहां हर साल सिगरेट पर सैंकड़ों मिलियन डॉलर खर्च किए जाते हैं। फुटबॉल, बेसबॉल और प्राइज़ फाईट्स जैसे कितने ही ऐसे गेम हैं जिन पर करोड़ों डॉलर उड़ाते हुए लोगों के हाथ ज़रा भी नही कांपते. फिर आप क्यूं ऐसे देश से दूर हैं।

व्यापार के इस थोड़े से सामान के उत्पादन से ही आवागमन और मार्केटिंग जैसे बिज़नेस से लाखों-करोड़ों स्त्री-पुरूष को रोज़गार के अवसर मिलते हैं जो अपनी सेवाओं के बदले में प्रतिमाह करोड़ों डॉलर की धनराशि प्राप्त करते हैं और फिर अपनी आवश्यकताओं की पूर्ति के लिए इसे खुलकर खर्च भी करते हैं। व्यापार और व्यक्तिगत सेवाओं के इस विनिमय के पीछे अमीर बनने के प्रचुर अवसर मौजूद हैं। इसमें अमेरिकी स्वतंत्रता आपकी बहुत मदद करती है। बिज़नेस करने के लिए आपको जितने भी प्रयासों की आवश्यकता है उन्हें करने से आपको कोई नहीं रोक सकता। अगर आप में काबिलियत है, प्रशिक्षण है, अनुभव है तो आप कम परिश्रम से ही अधिक लाभ प्राप्त कर सकते हैं। इसके विपरीत जो लोग इतने सौभाग्यशाली नहीं हैं

वे इतने अमीर तो नहीं बन सकते लेकिन थोड़े से श्रम से जीवनयापन अवश्य कर लेते हैं।

**तो अब फैसला आपके सामने है!**

अवसर ने तो आपके सामने अपना खज़ाना खोल कर रख दिया है। अब बारी आपकी है कि आप आगे आएं और वही चुनें जो आप चाहते हैं, योजना बनाएं और उसके मुताबिक ही काम करें। काम करते वक़्त इस बात का ध्यान रखें कि पूंजीवादी देश हर इंसान को उसकी सेवाएं प्रदान करने के अनुपात में ही अमीर बनने का अवसर देता है।

सिस्टम कभी किसी से यह अधिकार नहीं छीनता लेकिन ऐसा कोई आश्वासन भी नहीं देता कि बिना कुछ किए आपको सब कुछ हासिल हो जाएगा क्योंकि यह सिस्टम स्वयं अर्थशास्त्र के नियमों द्वारा नियंत्रित होता है जो कि बिना कुछ दिए हासिल करने के सिद्धांत को न तो पहचानता है और ना ही इसे लंबे समय तक सहन करता है।

# टालमटोल की आदत पर विजय पाना

कई साल पहले मैंने 25,000 ऐसे स्त्री-पुरुष के जीवन और व्यापारिक कार्यक्षेत्र का विश्लेषण किया जो हमेशा नाकामयाब रहे। इससे यह तथ्य सामने आया कि असफलता के 31 प्रमुख कारणों की सूची में निर्णय न लेने की क्षमता सबसे पहले नंबर पर आती थी। यह मनुष्य के सफलता के मार्ग में अवरोधक बनती है। इसलिए इसे जीतना हर व्यक्ति के लिए आवश्यक है।

इस पुस्तक को पढ़ने के पश्चात् आप इसमें बताए गए सिद्धांतों को कार्यरूप में बदलने के लिए तैयार होंगे और तभी आपको निश्चित निर्णय पर पहुंचने की अपनी क्षमता को जांचने-परखने का अवसर मिलेगा। सैकड़ों दौलतमंद लोगों के विश्लेषण के बाद यह सच सामने आया कि उनमें से प्रत्येक व्यक्ति में तत्काल निर्णय पर पहुंचने की आदत थी और वे अपने फैसले बदलने में किसी तरह की जल्दबाजी नहीं करते थे। इसके विपरीत असफल लोगों में से प्रत्येक किसी न किसी अवगुण का शिकार था। उनमें से

हर कोई या तो निर्णय लेता ही नहीं था और अगर कोई ले भी लेता तो उसमें भी बहुत देर लगा देता, इसके अलावा वह ख़ुद के लिए फैसलों पर भी स्थिर नहीं था जिससे उसकी जल्दबाज़ी का परिचय मिलता था।

हेनरी फोर्ड जैसे महान आविष्कारक में एक विशेष गुण था जिसकी वजह से वह बाकी लोगों से सर्वथा भिन्न थे और यह गुण था-निर्णय पर तत्काल पहुंचना और इसे बदलने में देर लगाना। उनकी इसी आदत ने उन्हें बेहद जिद्दी व्यक्ति बना दिया। अपनी इसी जिद्द के वशीभूत होकर उन्होंने अपनी प्रसिद्ध मॉडल टी (दुनिया की सबसे बदसूरत कार) बनाना जारी रखा जबकि उनके बहुत से सलाहकारों और खरीददारों ने भी कई बार उनसे इसे बदलने का आग्रह किया। शायद मिस्टर फोर्ड ने फैसला लेने में देर लगा दी, लेकिन उनके जिद्दी स्वभाव और दृढ निश्चय की वजह से ही वह दुनिया के बेहद अमीर व्यक्ति बने। यह सही है कि देर से निर्णय पर पहुंचने की आदत को उनकी जिद्द माना गया परंतु देर से बदलने की यह आदत उनके जीवन के लिए वरदान साबित हुई।

अधिकतर देखने में आया है कि जो लोग अपनी आवश्यकताओं के अनुसार दौलत नहीं कमा पाते, वे आमतौर पर दूसरों के विचारों से आसानी से प्रभावित हो जाते हैं। दुनिया वाले उनके बारे में क्या सोचते हैं, इस बात से उन्हें कोई फर्क नही पड़ता क्योंकि हर इंसान के बारे में लोगों के भिन्न-भिन्न मत होते हैं और यह सब उसी व्यक्ति पर थोपा जाता जो इसे हँसकर स्वीकार कर ले। वे लोग कभी सफल नहीं होते जो किसी भी फैसले पर पहुंचने से पहले दूसरों की इच्छाओं और विचारों से प्रभावित होते हैं। ऐसे लोगों की अपनी कोई इच्छा नहीं होती बल्कि वह दूसरों की राय से ही प्रभावित होते हैं।

जब आप पुस्तक में बताए गए सिद्धांतों के अनुरूप बदलना शुरू करें तो सबसे पहले अपने खुद के निर्णयों पर पहुंचे और उनका अनुसरण करते हुए अपने स्वयं के परामर्शदाता बनें। अपने मास्टर माइंड समूह के सदस्यों

के अलावा किसी दूसरे व्यक्ति की बातों में ना आएं। मास्टर माइंड समूह के सदस्यों का चयन बहुत सावधानीपूर्वक करें। आप केवल उन्हीं सदस्यों को चुनें जो आपके लक्ष्य के प्रति पूरी सहानुभूति और उत्साह रखते हैं।

कई बार आपके अपने ही जाने-अनजाने ऐसी बातें कह देते हैं जिससे आपके स्वाभिमान को गहरी चोट लगती है और आप अक्सर उनके सामने जाने से कतराने लगते हैं। ऐसे में उनके हृदय में हीन भावना घर कर जाती है जिसका इलाज संभव नहीं होता। इसलिए बेहतर है कि आप दूसरे लोगों के बारे में सोचना छोड़ कर खुद अपने बारे में सोचें। आपके पास खुद का एक दिमाग है, इसका उचित प्रयोग करें और खुद के निर्णयों पर पहुंचें। लेकिन अगर आपको कोई फैसला लेने के लिए दूसरों की जानकारी या सुझावों की आवश्यकता है भी तो बुद्धिमत्ता से बिना किसी को अपना उद्देश्य बताए मनचाही जानकारी हासिल कर सकते हैं।

ज्ञानी लोग कभी अपने ज्ञान का बखान नहीं करते जबकि अज्ञानी लोग जगह-जगह अपने ज्ञान का ढिंढोरा पीटते फिरते हैं। ऐसे लोग बोलते तो बहुत ज़्यादा हैं और सुनते बहुत कम हैं। इसलिए ज़रूरी है कि आप अपनी आंखें और कान खुले और मुंह बंद रख कर अपने दिमाग से सोचें और तत्काल निर्णय पर पहुंचने की आदत डालें। अगर आप ज़्यादा बोलते और कम सुनते हैं तो आप खुद को न केवल उपयोगी ज्ञान हासिल करने के अवसरों से वंचित कर रहे हैं बल्कि अपनी सारी योजनाओं और लक्ष्यों को ऐसे लोगों के सामने प्रकट कर रहे हैं जो आपसे ईर्ष्या करते हैं। ऐसे लोग हमेशा आपको हराने की फ़िराक में लगे रहते हैं।

यदि आप किसी महान विद्वान के सामने अपने अज्ञानता का प्रचार कर रहे हैं तो यह आपकी सबसे बड़ी मूर्खता है। वास्तविक ज्ञान विनम्रता और मौन द्वारा झलकता है न कि व्यर्थ के ढकोसलों से। यह सदैव स्मरण रखें कि आप दुनिया के जिस भी व्यक्ति से जुड़ते हैं वह भी आपकी तरह पैसा कमाने

का अवसर तलाश रहा है। यदि आपने मूर्खतावश बड़बोलेपन में अपनी सारी योजनाओं का खुलासा सामने वाले व्यक्ति से कर दिया तो इसका परिणाम बहुत भयंकर हो सकता है। क्योंकि सामने वाला व्यक्ति आपसे पहले ही आपके लक्ष्य को कार्यरूप में परिवर्तित करके आपको हरा देगा। इसलिए आपका सबसे पहला निर्णय यह होना चाहिए कि आप अपना मुंह बंद और आंख, कान खुले रखें।

इस सलाह का पालन करने की याद दिलाने के लिए जरूरी है कि नीचे दिए गए सूत्रवाक्य को बड़े-बड़े अक्षरों में लिख कर किसी ऐसी जगह रख दें जहां आप हर रोज इसे देख सकें: "लोगों को अपनी काबलियत दिखाने से अच्छा है कि आप इसे साबित करके बताएं। दूसरे शब्दों में कहा जाए तो "कथनी से ज्यादा करनी का महत्त्व होता है।"

## स्वतंत्रता और मृत्यु एक फैसले पर निर्भर

फैसला लेने के लिए व्यक्ति में साहस होना ज़रूरी होता है। बड़े-बड़े विद्वानों द्वारा लिए गए महान निर्णय, जो आज हमारी सभ्यता के आधार स्तंभ हैं, बहुत जोख़िम भरे थे जिसमें मृत्यु का ख़तरा भी शामिल था।

लिंकन ने अमेरिका के अश्वेत लोगों को स्वतंत्रता दिलाई। उसे अच्छी तरह से मालूम था कि उसके इस कदम के बाद हज़ारों दोस्त और राजनैतिक समर्थक उसके विरोधी बन जाएँगे लेकिन फिर भी उसने अपनी जान हथेली पर रखकर दासों को मुक्त करवाने का फैसला लिया।

सुकरात जैसे महान दार्शनिक ने अपने व्यक्तिगत विश्वास के बारे में समझौता करने की बजाय अपमान के कड़वे जहर को पीना उचित समझा। उन्होंने समय के रूख को एक हज़ार साल बाद की तरफ मोड़ दिया और लोगों

को विचार और शब्दों की स्वतंत्रता का अधिकार दिलवाया जिनका उस वक़्त कोई अस्तित्व नहीं था ।

जब जनरल रॉबर्ट ई. ली ने यूनियन के साथ अलगाव किया तो उन्होंने दक्षिण का समर्थन करने का निर्णय किया जो कि किसी साहसिक निर्णय से कम न था क्योंकि वे अच्छी तरह जानते थे कि इसमें बहुत से लोगों की मृत्यु होगी और उनकी जान को भी खतरा हो सकता है लेकिन फिर भी वह अपने फैसले पर अटल रहे।

दुनिया का सबसे महान निर्णय फिलाडेल्फिया ने अमेरिकी नागरिकों की स्वतंत्रता के संबंध में लिया था। 4 जुलाई 1776 को लोगों ने मिलकर एक दस्तावेज पर हस्ताक्षर किए और सरकार का विरोध किया। वे जानते थे कि उनके इस कदम से या तो सारे अमेरिकी लोग आजाद हो जाएंगे या फिर सभी छप्पन लोगों को फांसी के फंदे पर लटका दिया जाएगा।

इस प्रसिद्ध दस्तावेज की ख़बर आग की तरह पूरे विश्व में फैल गई लेकिन शायद किसी ने इस महान व्यक्ति की उपलब्धि से कोई सबक नहीं सीखा। लोगों को हमारे महान विद्वानों द्वारा लिए गए फैसलों की तारीख तो याद है, परंतु बहुत कम लोगों को इस बात का एहसास है कि इस तरह का जानलेवा निर्णय लेने के लिए कितने साहस की ज़रूरत थी। स्कूलों और कॉलेजों में जब हमें इतिहास पढ़ाया जाता है तो हमें युद्ध की तारीखें, योद्धाओं के नाम, वैली फोर्ज और यॉर्कटाउन, जॉर्ज वाशिंगटन और कार्नवालिस जैसे नाम तो अच्छी तरह से याद हो जाते हैं लेकिन इन नामों, तिथियों और स्थानों के पीछे की वास्तविक शक्तियों के बारे में हमें कुछ ख़ास पता नहीं होता। लेकिन दुर्भाग्य की बात है कि किसी भी लेखक ने उस महान अदृश्य शक्ति का ज़िक्र कहीं भी नहीं किया जिसकी बदौलत अमेरिका को आजादी मिली और दुनिया के सभी देशों के सामने स्वतंत्रता के नए मानक स्थापित किए। मेरे लिए यह किसी त्रासदी से कम नहीं है क्योंकि यही वह शक्ति है जिसका

प्रयोग मनुष्य जीवन की कठिनाइयों और बाधाओं को पार करने में करता है और जीवन को उसकी मांगी गई कीमत चुकाने के लिए विवश करता है।

आइए, अब हम उन घटनाओं को संक्षेप में अध्ययन करें जिन्होंने इस शक्ति को जन्म दिया। इसकी शुरुआत 5 मार्च 1770 को बोस्टन में हुई। ब्रिटेन के सिपाही सड़कों पर गश्त लगा रहे थे। औपनिवेशिक लोग अपने बीच में मार्च कर रहे हथियारबंद सैनिकों से चिढ़ गए और गश्त लगा रहे सैनिकों पर पत्थर बरसाने और नारे लगाने आरंभ कर दिए लेकिन इसके जवाब में उन सिपाहियों ने तब तक कोई कार्रवाई नहीं की जब तक कि उनके कमांडर ने यह आदेश नहीं दिया कि, "संगीनें तान लो...हमला बोल दो।"

युद्ध शुरू हो गया। इसमें कई लोग मारे गए और बहुत से लोग घायल भी हुए। इस घटना से चारों तरफ इतना रोष फैल गया कि प्रांतीय सभा ने परिस्थितियों को काबू में करने के उद्देश्य से एक मीटिंग बुलाई। इस सभा के दो सदस्यों जॉन हैनकोंक और सैम्युअल एडम्स ने बहादुरी के साथ घोषणा की कि सभी ब्रिटिश सैनिकों को बोस्टन से बाहर निकालने का प्रस्ताव पारित करना चाहिए। स्मरण रखिए, इन दोनों व्यक्तियों द्वारा लिए एक फैसले से ही उस स्वतंत्रता की शुरुआत हुई जिसका आज हम सभी अमेरिकी उपभोग कर रहे है। इतना जोखिम भरा निर्णय इन दोनों ने बहुत ही सूझबूझ और साहस के साथ लिया।

मीटिंग में उपस्थित सभी सदस्यों की आपसी सहमति से सेम्युअल एडम्स को इस कार्य का कर्ता-धर्ता नियुक्त कर दिया गया और उन्हें प्रांत के गवर्नर हचिन्सन से मिलकर ब्रिटिश सेनाओं की वापसी की मांग करने का कार्य सौंपा गया। गवर्नर हचिन्सन ने उनका आग्रह मान लिया और ब्रिटिश सैनिकों की सारी टुकड़ियां बोस्टन से हटा लीं। लेकिन बात यहीं खत्म नहीं हुई। इससे एक ऐसी स्थिति पैदा हो गई जिससे समूची मानव सभ्यता का इतिहास ही बदल गया।

रिचर्ड हेनरी ली, जो कि उस वक्त के एक जानी-मानी शख्सियत थे भी इस कहानी का एक महत्वपूर्ण हिस्सा बने। उनमें और सेम्युअल एडम्स में अक्सर पत्राचार द्वारा बातचीत होती रहती थी, जिसमें वे अपने प्रांत के लोगों के कल्याण के बारे में खुलकर बताया करते थे। इससे एडम्स के मन में यह विचार आया कि यदि इन तेरह कॉलोनियों के बीच पत्रों के माध्यम से विचारों का आदान-प्रदान करवाया जाए तो इससे एक तो उनकी कोशिशों को बढ़ावा मिलेगा और दूसरा समस्याएं सुलझाने के संबंध में यह सहायक सिद्ध होंगी। मार्च 1772 में एडम्स ने इस विचार को सभा के सामने प्रस्तुत किया और कॉलोनियों की एक पत्राचार कमेटी बनाने का प्रस्ताव रखा जिसमें हर कॉलोनी में कुछ संवाददाता नियुक्त किए गए जिनका उद्देश्य ब्रिटिश अमेरिका की कॉलोनियों की बेहतरी के लिए मैत्रीपूर्ण सहयोग को बढ़ावा देना था।

यह उस संगठन की शुरुआत थी जिसकी वजह से आज आप और मैं स्वतंत्र हैं। मास्टर माइंड पहले से ही संगठित था जिसमें एडम्स, ली और हैनकॉक की महत्वपूर्ण भूमिका थी।

पत्राचार कमेटी की स्थापना हुई। कॉलोनी के नागरिक फिर से ब्रिटिश सैनिकों के खिलाफ युद्ध करने लगे लेकिन इससे कोई फायदा नहीं हुआ क्योंकि उनके पास किसी योग्य नेता का समर्थन नहीं था। उस वक्त एडम्स, ली और हैनकॉक जैसे महान व्यक्तियों का संगठन नहीं बना था इसलिए लोगों को इस बात की समझ नहीं थी कि अपने दिमाग से कोई ऐसा फैसला लें जिससे कि ब्रिटेन के साथ उनका झगड़ा हमेशा-हमेशा के लिए समाप्त हो जाए। इस दौरान ब्रिटेन भी हाथ पर हाथ धरे नहीं बैठा था। वे भी किसी मास्टर माइंड के साथ मिलकर योजना बनाने में लगे हुए थे। अंतर केवल इतना था कि ब्रिटेन के पास धन और सेना का पूरा समर्थन था जबकि कॉलोनियां असहाय होते हुए भी अपनी स्वतंत्रता पाने को बेचैन थी।

सरकार ने गेज को मैसाच्यूएट्स के गवर्नर हचिन्सन की जगह पर नियुक्त किया। इस नए बने गवर्नर का काम सेम्युअल एडम्स के पास संदेश भेजना और उसे युद्ध का डर दिखाकर विरोध ख़त्म करवाना था। उस समय की स्थिति को अच्छी तरह से समझाने के लिए मैं कर्नल फेन्टन और एडम्स की बातचीत को आप सब के समक्ष उधृत करना चाहूँगा।

**कर्नल फेन्टन :** "मिस्टर एडम्स, गवर्नर गेज ने मुझे अधिकार दिया है कि मैं आपको आश्वस्त कर सकूं कि गवर्नर को ऐसी शक्तियां प्रदान की गयी हैं जिससे वे आपको आपकी काबिलियत को ध्यान में रखते हुए ऐसे लाभ प्रदान करेंगे कि आप खुश हो जाएंगे (रिश्वत का वायदा करके एडम्स को अपनी तरफ मिलाने का प्रयास)। लेकिन इसके लिए आपको हमारी शर्त माननी होगी और वह यह कि आप सरकार के फैसलों का विरोध करना बंद कर देंगे। गवर्नर का आपसे विनम्र अनुरोध है कि आप आगे से कोई भी ऐसा कार्य न करें जिससे सरकार आपसे नाखुश हो जाए। हालांकि आपका व्यवहार बहुत ही अभद्र है जिसके लिए आपको कड़ी सजा भी मिल सकती है और आपके साथ इस विरोध में हिस्सा लेने वाले सभी लोगों पर देशद्रोह का मुकद्दमा कभी भी चल सकता है। परंतु अगर आप सम्राट के रास्ते से हट जाते हैं तो इससे न केवल आपको फायदा होगा बल्कि सम्राट से भी आपकी सुलह हो जाएगी।

सेम्युअल एडम्स के सामने अब दो रास्ते थे या तो वह उनसे रिश्वत ले कर विरोध बंद करवा सकता था या फिर आंदोलन जारी रख के फांसी के फंदे पर चढ़ने का जोख़िम उठा सकता था।

वक़्त आ चुका था कि एडम्स एक ऐसा फैसला लें जिससे संपूर्ण अमेरिकी नागरिकों के हितों की रक्षा हो-एक ऐसा फैसला जो शायद उसकी जान भी ले सकता था। उसने कर्नल फेन्टन से कहा कि वह उसके फैसले को गवर्नर को ज्यों का त्यों ही सुनायें ।

**एडम्स का जवाबः** "आप गवर्नर गेज को बता दें कि मैंने उस महान शक्तिशाली सम्राट के साथ काफी समय पहले ही सुलह कर ली है इसलिए आपका किसी भी तरह का प्रलोभन मुझे अपने देश से गद्दारी करने को मजबूर नहीं कर सकता। गवर्नर गेज को यह बताना भी मत भूलिएगा कि सेम्युअल एडम्स ने उन्हें यह सलाह दी है कि वे उत्तेजित जनता की भावनाओं का अपमान न करें और चुपचाप उनके अधिकार उन्हें सौंप दें अन्यथा परिणाम बहुत भयंकर होगा।"

एडम्स का तीख़ा जवाब सुनकर गवर्नर गेज गुस्से से आगबबूला हो गये और तत्काल ही एक घोषणापत्र जारी किया, मैं सम्राट होने के नाते यह वचन देता हूँ कि जो व्यक्ति तुरंत ही अपने हथियार डाल देंगे, मैं उन सभी को क्षमा कर दूंगा और वे सब लोग अपने-अपने क्षेत्रों में शान्तिप्रिय ढंग से शासन कर सकते हैं। लेकिन सेम्युअल एडम्स और जॉन हैनकॉक इस क्षमा के पात्र नही होंगे चूंकि उनके अपराध इतनी देशद्रोही प्रकृति के हैं कि उन्हें कठोर दंड देने के सिवा मेरे पास कोई रास्ता नहीं है।

मज़बूर एडम्स और हैनकॉक बुरी तरह फंस चुके थे। गवर्नर के गुस्से और स्थिति की नज़ाकत ने उन्हें शीघ्र ही एक ऐसा फैसला लेने को कर दिया जो बहुत ही जानलेवा था। उन दोनों ने एक गुप्त मीटिंग बुलाई। जैसे ही सब लोग हॉल में दाखिल हुए, एडम्स ने दरवाज़े पर ताला लगाया और चाबी अपनी जेब में रख ली। फिर उसने वहां उपस्थित सभी लोगों को जानकारी देते हुए बताया कि अब कॉलोनिस्ट्स की कांग्रेस गठित करने का सही समय आ गया है और जब तक इस बारे में कोई फैसला नहीं हो जाता तब तक कोई भी व्यक्ति यहां से बाहर नहीं जाएगा।

सारा माहौल बहुत रोमांचक हो गया था। सब लोग आपस में तरह-तरह की बातें करने लगे। कुछ ने इसे क्रांति का नाम दिया तो कुछ ने सम्राट की निंदा करते हुए इतनी जल्दी किसी निश्चित निर्णय पर पहुंचने की बात पर

शंका व्यक्त की। उस वक़्त कमरे में दो ऐसे लोग भी मौजूद थे जिन्हें किसी बात का कोई डर नहीं था। वे लोग असफलता की संभावना के प्रति अंधे थे और वे थे: एडम्स और हैनकॉक। उन्होंने अपने विचारों से वहां बैठे सब लोगों के मस्तिष्क को अपने नियंत्रण में कर लिया और सब इस बात पर सहमत हो गए कि पत्राचार कमेटी के द्वारा सारी व्यवस्था इस तरह से की जाए कि पहली कॉन्टिनेन्टल कांग्रेस की मीटिंग फिलाडेल्फिया में 5 सितंबर 1774 को आयोजित हो। यह तारीख अमेरिकी इतिहास के लिए नींव का पत्थर साबित हुई क्योंकि यह 4 जुलाई 1776 से कम महत्वपूर्ण नहीं है। अगर कॉन्टिनेन्टल कांग्रेस आयोजित करने का फैसला न लिया होता तो स्वाधीनता के घोषणापत्र पर हस्ताक्षर भी न हुए होते।

नयी कांग्रेस की पहली मीटिंग से पहले ही, दूसरे नेताओं ने देश के बाकी हिस्सों में 'ब्रिटिश अमेरिका के अधिकारों पर संक्षिप्त दृष्टि' का प्रकाशन करना आरंभ कर दिया। इसका सारा श्रेय थॉमस जैफरसन को जाता है जो वर्जीनिया प्रांत का निवासी था और वहां के सम्राट लॉर्ड उनमोर से उतना ही नाराज़ था जितने कि हैनकोंक और एडम्स अपने गर्वनर से थे।

उनके प्रसिद्ध अधिकारों की संक्षेपिका के प्रकाशित होने के कुछ समय बाद ही जैफरसन को सूचित किया गया कि सरकार द्वारा उन पर सम्राट के विरुद्ध विद्रोह करने के लिए मुकद्दमा चलाया जा सकता है। पैट्रिक हैनरी जो कि जैफरसन का बहुत अच्छा मित्र था, इस धमकी से जरा भी नहीं घबराया बल्कि पूरी हिम्मत और विश्वास से अपने दिल की बात जिस वाक्य में कही उसे हमेशा याद रखा जाएगा अगर यह देशद्रोह है तो फिर आप जितने आरोप लगाना चाहें लगा लो।

इन लोगों के पास शक्ति, सत्ता, सैनिक बल और धन कुछ नहीं था, अगर कुछ था तो वह थी हिम्मत, बुलंद इरादे और कुछ कर गुज़रने की चाह। इन्हीं प्रयासों के फलस्वरूप पहली कॉन्टिनेन्टल कांग्रेस आयोजित हुई जो कि

दो साल तक रूक-रूककर चलती रही। फिर 7 जून 1776 को रिचर्ड हैनरी ली आए और अध्यक्ष को संबोधित करते हुए सभा के सामने यह प्रस्ताव रखा:

"महोदय, मैं यह प्रस्ताव रखना चाहता हूँ कि यह युनाइटेड कॉलोनियां स्वतंत्र और आजाद राज्य हैं और स्वतंत्रता उनका सर्वप्रथम अधिकार भी है। इसलिए उन्हें ब्रिटिश सरकार से दासता के सारे बंधन तोड़कर ग्रेट ब्रिटेन से सारे राजनैतिक संबंध समाप्त कर लेने चाहिए।"

रिचर्ड हेनरी ली के इस सनसनीखेज़ प्रस्ताव पर बहुत ज़बर्दस्त बहस हुई और यह इतनी लंबी चली कि उसका धैर्य जवाब दे गया। कई दिनों की बहस के बाद वह फिर से सामने आया और स्पष्ट और दृढ़ आवाज में बोला, "अध्यक्ष महोदय, हम कई दिनों से इस विषय पर चर्चा कर रहे हैं। आप सब जानते हैं कि इस प्रॉब्लम का यही एकमात्र हल है। फिर आप फैसला लेने में इतना विलम्ब क्यूं कर रहे हैं? बहस में समय गंवाने से तो अच्छा है कि कोई उचित कदम उठाया जाए। अतः आपसे अनुरोध है कि आज ही अमेरिकन गणराज्य की स्थापना कर के स्वाधीनता के इस संग्राम को एक नई दिशा प्रदान कीजिए। हमारा राज्य विनाश और विजय पर आधारित नहीं होगा बल्कि इसके माध्यम से तो देश में शांति और कानून की पुनर्स्थापना होगी।"

लेकिन इससे पहले कि प्रस्ताव के बारे में कोई फैसला हो पाता, दुर्भाग्यवश रिचर्ड हेनरी ली को वर्जीनिया छोड़ कर अपने देश वापस लौटना पड़ा क्योंकि उनका परिवार किसी गंभीर बीमारी की चपेट में आ गया था। परंतु जाने से पहले उन्होंने इस काम का बीड़ा अपने मित्र जैफरसन के हाथों में सौंपा और जैफरसन ने ली से वायदा किया कि जब तक कोई सकारात्मक कार्रवाई नहीं होगी तब तक वह निरंतर संघर्ष करता रहेगा। उन दोनों की मेहनत रंग लाई और कुछ समय बाद ही कांग्रेस के प्रैजीडेन्ट हैनकॉक ने जेफरसन को स्वाधीनता का घोषणापत्र तैयार करने वाली कमेटी का चेयरमैन बना दिया। कमेटी ने लंबे समय तक उस दस्तावेज़ को तैयार करने में कड़ी

मेहनत की जिसे कांग्रेस द्वारा स्वीकृति प्रदान की गई और ये स्वीकृति दिए जाने का अर्थ था कि जो भी व्यक्ति इस पर हस्ताक्षर करेगा वह एक तरह से अपने डैथ वारंट पर हस्ताक्षर करेगा। क्योंकि यदि कॉलोनियां ग्रेट ब्रिटेन के साथ विरोध में हार जाएं तो उनमें युद्ध होना तय था।

दस्तावेज़ तैयार हो गया और 28 जून को इसे कांग्रेस के सामने पढ़कर सुनाया गया। इसके बाद कई दिनों तक इस पर विचार-विमर्श होता रहा और इस दौरान इसमें कई तरह के संशोधन हुए और सबकी सहमति से इसे अंतिम रूप दिया गया। 4 जुलाई को थॉमस जैफरसन ने सभा को संबोधित करते हुए निर्भीकतापूर्वक उस दस्तावेज़ पर लिखे महत्त्वपूर्ण निर्णय को पढ़कर सुनाया।

'ईश्वर और प्रकृति द्वारा प्रदान किए गए समानता के अधिकार और मानवीय हितों की रक्षा के लिए जब यह आवश्यक हो जाता है कि एक राष्ट्र दूसरे राष्ट्र से राजनीतिक संबंध नष्ट करके अपनी स्वतंत्रता की शक्तियों का उपभोग करते हुए उन कारणों की घोषणा करें जिससे वे अलगाव के लिए प्रेरित हो...'

जब जैफरसन ने पूरा घोषणापत्र पढ़ा तो उस पर वोटिंग हुई। सबने अपनी-अपनी सहमति देते हुए इसे स्वीकार कर लिया और सभी छप्पन लोगों ने बेधड़क इस पर हस्ताक्षर किए। उनमें से हर एक ने इस पर अपना नाम लिखने के निर्णय के साथ ही अपनी ज़िंदगी का भी फैसला कर दिया। इस महान निर्णय से एक ऐसा राष्ट्र अस्तित्व में आया जिसने भविष्य में मानव जाति को हमेशा के लिए निर्णय लेने के अधिकार का वरदान दिया।

अमेरिका जैसा देश जो इतना शक्तिशाली है, जिसे आज दुनिया के सभी देशों के बीच महत्वपूर्ण सम्मान प्राप्त है, जो अपनी पूंजीवादी अर्थव्यवस्था के लिए विश्व-विख्यात है को बनाने में उन छप्पन लोगों के मास्टर माइंड समूह

का महत्वपूर्ण योगदान है। उनके लिए एक फैसले ने वाशिंगटन के सैनिकों के दिल में सफलता के भाव जगा और इस तरह उनकी जीत संभव हुई। जब इस तरह की आध्यात्मिक शक्ति आपके साथ होती है तो असफलता नाम की अवांछित शक्तियां आपके पास फटक भी नहीं सकती।

जिस शक्ति की बदौलत अमेरिका को स्वतंत्रता हासिल हुई, उसका प्रयोग हर उस व्यक्ति को करना चाहिए जो अपने फैसले खुद लेता है। इस शक्ति के प्रयोग के लिए आवश्यक है कि पुस्तक में दिए गए सिद्धांतों का पूर्णरूप से पालन करें। यदि स्वाधीनता के घोषणापत्र में इन्हें खोजा जाए तो कुछ ज्यादा मुश्किल नहीं होगी... इच्छा, निर्णय, आस्था, लगन, मास्टर माइंड और सुव्यवस्थित योजना जैसे छह सिद्धांत तो कम से कम आपको मिल ही जाएंगे।

इस पूरी फिलॉस्फी का अध्ययन करने से यह तथ्य सामने आता है कि अगर प्रबल इच्छा को सुविचारों का समर्थन मिले तो इसमें स्वतः ही भौतिक स्वरूप में बदलने की प्रवृत्ति पैदा हो जाती है। युनाइटेड स्टेट्स स्टील कॉरपोरेशन के संगठन की कहानी इस बात का आदर्श उदाहरण है कि विचार किस तरह रूपांतरित होते हैं।

प्रायः लोग इस तरह की खोज को चमत्कार समझ बैठते हैं और इन्हीं चमत्कारों की खोज में इधर-उधर भटकते रहते हैं जो कि सर्वथा अनुचित है क्योंकि यह तो प्रकृति के शाश्वत नियम हैं और यह नियम हर उस व्यक्ति पर लागू होता है जिनमें इसका इस्तेमाल करने की आस्था और साहस है। फिर चाहे इसका प्रयोग देश को स्वतंत्र करवाने में किया जाए या फिर अमीर बनने के लिए। जो लोग तत्काल और निश्चित निर्णय लेने की हिम्मत रखते हैं वे जानते हैं कि उनका उद्देश्य क्या है और यह कैसे प्राप्त हो सकता है। नेता लोगों में जीवन के प्रत्येक क्षेत्र में तत्काल और दृढ़ता से निर्णय लेने की क्षमता

होती है। जो व्यक्ति अपने शब्दों और कार्यों से लोगों को प्रभावित करते हैं, दुनिया उन्हें ही अपना प्रतिनिधि चुनती है।

अनिर्णय एक ऐसी भयंकर बीमारी है जो व्यक्ति को बचपन में ही घेर लेती है। यदि इसका तुरंत इलाज न किया जाए तो यह आदत धीरे-धीरे स्थायी रूप लेती जाती है जिसमें लक्ष्य की कोई निश्चितता नहीं होती। यह आदत विद्यार्थी जीवन के साथ-साथ उसके व्यावसायिक क्षेत्र को भी प्रभावित करती है। कॉलेज से निकलने के बाद प्रत्येक विद्यार्थी को नौकरी की तलाश होती है। वह बिना किसी विरोध के पहली मिलने वाली नौकरी ही करने लगता है फिर चाहे यह उसके योग्य हो या न हो। यह केवल इसलिए होता है क्योंकि उसमें निर्णय करने की क्षमता का अभाव होता है। आज भी दुनिया के 98 प्रतिशत लोग सिर्फ अच्छे वेतन के लालच में ऐसे पदों पर काम कर रहे हैं जो उनके लिए उपयुक्त नहीं है क्योंकि उनमें किसी निश्चित पद की योजना बनाने के लिए निश्चित निर्णय लेने की शक्ति का अभाव था और उन्हें यह भी ज्ञान नहीं था कि सही नियोक्ता का चुनाव कैसे किया जाए।

सही फैसला लेने के लिए बहुत ज़्यादा साहस की आवश्यकता होती है। जब उन छप्पन लोगों ने अमेरिका के स्वाधीनता घोषणा पत्र पर हस्ताक्षर किए तो उन्होंने अपने जीवन को दांव पर लगा दिया। जिस व्यक्ति में किसी पद को हासिल करने के लिए निश्चित निर्णय पर पहुंचने की क्षमता होती है वह अपने सेवाओं की वही कीमत वसूल करता है जो वह चाहता है और इसके लिए वह अपनी आर्थिक स्वतंत्रता तक को दांव पर लगा देता है। जो व्यक्ति योजना बनाने, इच्छा और मांग जैसे महत्वपूर्ण तत्वों को नज़रअंदाज़ करता है उसके लिए आर्थिक स्वतंत्रता, अमीरी, अपेक्षित बिजनेस और प्रोफेशनल पद का कोई महत्त्व नहीं रहता। अमीरी केवल उन्हीं लोगों को मिलती है जो सैम्युअल एडम्स की तरह कॉलोनियों को स्वतंत्र करवाने की इच्छा रखते हों।

# लगन

## आस्था पैदा करने के लिए आवश्यक : निरंतर प्रयास

इच्छा को इसके आर्थिक समतुल्य में बदलने की प्रक्रिया में लगन की एक अहम भूमिका है और लगन का आधार इच्छाशक्ति है। जब इच्छा-शक्ति और प्रबल इच्छा को आपस में मिलाया जाता है तो एक ऐसे शक्तिशाली संयोग का उद्गम होता है जिसे तोड़ पाना असंभव होता है। प्रायः लोगों में यह गलत धारणा होती है कि जो लोग अमीर होते हैं वे भावहीन और निर्मम होते हैं। यह बिल्कुल भी सही नहीं है। दरअसल यह उनकी इच्छा-शक्ति ही होती है जिसे वे लगन के साथ मिलाकर अपने लक्ष्यों को हासिल करने में लगे रहते हैं।

अधिकतर लोग थोड़ी सी मुसीबत आने पर ही घबरा जाते हैं और अपने लक्ष्यों और इरादों से पीछे हटने में ही भलाई समझते हैं। इसके विपरीत कुछ लोग ऐसे होते हैं जो लाख मुश्किल आने पर भी अपने पथ पर डटे रहते हैं

और अपने उद्देश्यों को पाकर ही दम लेते हैं। माना कि लगन एक बहुत ही छोटा-सा शब्द है जिसके पीछे कोई बहुत बड़ा अर्थ नहीं छिपा हुआ लेकिन फिर भी यह गुण मनुष्य के चरित्र के लिए उतना ही महत्त्वपूर्ण है जितना कि स्टील के लिए कार्बन।

अमीर बनने के लिए पुस्तक में लिखित सभी तेरह सिद्धांतों पर सावधानीपूर्वक अमल करना बेहद ज़रूरी है और यदि इसमें लगन को भी शामिल किया जाए तो उसकी सभी मुश्किलों का शीघ्र ही अंत हो जाएगा। आपकी सच्ची लगन का पहला इम्तिहान तब होगा जब आप अध्याय दो में बताए गए छह चरणों का पूरी ईमानदारी से पालन करना शुरू करेंगे। इन निर्देशों को तब तक पढ़ें जब तक कि यह आपकी रोजमर्रा की जिंदगी का हिस्सा ना बन जाए और उस वक़्त से पहले तक इन निर्देशों का पालन करने का भी कोई अर्थ नहीं होता। ऐसा करने से धीरे-धीरे आपकी गिनती उन दो प्रतिशत लोगों में होने लगेगी जिनका उद्देश्य पहले से ही निर्धारित है और वे इसे पाने के लिए निरंतर योजनाएं भी बना रहे हैं।

अनमने से किया कोई भी कार्य कभी सफल नहीं होता। हज़ारों लोगों ने अपने अनुभव से सिद्ध किया है कि लगन का अभाव एक ऐसी कमज़ोरी है जो लोगों में बहुतायत पाई जाती है। लेकिन अगर थोड़ी सी कोशिश की जाए तो इस लाइलाज कमज़ोरी पर भी शीघ्रता से नियंत्रण पाया जा सकता है। यह पूर्णतया प्रबल इच्छा शक्ति पर निर्भर करता है। इच्छा जितनी प्रबल होगी लगन के अभाव को जीतने में उतनी ही आसानी होगी।

किसी भी कार्य का आरंभिक बिंदु इच्छा है, इसलिए इसे हमेशा अपने दिमाग में रखें। जिस प्रकार छोटे अलाव से कम आग निकलती है ठीक उसी प्रकार थोड़ी कोशिशों का परिणाम भी थोड़ा ही होता है। अगर आपमें लगन

का अभाव है तो इस कमज़ोरी को दूर भगाने का सिर्फ एक ही उपाय है कि आप अपनी इच्छा शक्ति को प्रबल बना लें।

पुस्तक को पूरा पढ़ने के बाद फिर से दूसरे अध्याय पर लौट जाएं और उसमें बताए गए छह चरणों संबंधी निर्देशों पर अमल करना शुरू कर दें। जितने ज़्यादा उत्साह और लगन से आप इनका पालन करोगे, उससे स्पष्ट होता जाएगा कि आप में पैसा कमाने की इच्छा कितनी ज़्यादा है और कितनी कम है। लेकिन अगर कभी यह लगने लगे कि आप अभी उदासीन हो तो शीघ्र ही इस नतीजे पर पहुंच सकते हो अभी आप में धन कमाने की चेतना का अच्छे से विकास नहीं हो पाया। क्योंकि इस चेतना के विकसित होने के बाद ही अमीरी का विकास होता है।

जिस प्रकार नदियों, नहरों का पानी खुद-ब-खुद समुद्र में खिंचा चला जाता है, ठीक उसी तरह दौलत भी उस व्यक्ति के पीछे दौड़ती है जिसमें धन कमाने की और इसे एकत्रित करके रखने की ताकत होती है। इन सब प्रयासों के बाद भी अगर कभी आपको लगे कि आपकी लगन कमज़ोर है तो अपना पूरा ध्यान मास्टर माइंड की शक्ति वाले अध्याय में दिए गए निर्देशों पर एकाग्र करें। इस समूह के सदस्यों के सहयोग और प्रयासों से आप अपनी लगन को जल्दी विकसित कर सकते हैं। इसके अतिरिक्त आत्मसुझाव और अवचेतन मस्तिष्क वाले अध्यायों में भी लगन को विकसित करने के बहुत से निर्देश दिए गए हैं। इनमें दिए गए निर्देशों का पालन तब तक करें जब तक कि प्रकृति आपके अवचेतन मस्तिष्क में बनी तस्वीर के अनुसार ही वह इच्छित वस्तु आपको न दे दे। इस बिंदु के बाद आपकी कामयाबी की राह में लगन की कमी के कारण किसी तरह की कोई बाधा नहीं आएगी। फिर चाहे आप सो रहें हो या जाग रहे हों लेकिन आपका अवचेतन मस्तिष्क अपना काम लगातार करता रहेगा।

टालमटोल करके नियमों का पालन करने का कोई लाभ नहीं होता। अगर आपको बेहतर परिणाम चाहिए तो सभी नियमों का तब तक पालन करना होगा जब तक कि उनका पालन करना आपकी आदत ना बन जाए। अन्यथा आप धन प्राप्ति की चेतना को विकसित नहीं कर पाएंगे।

निर्धनता प्रायः उसी व्यक्ति की तरफ आकर्षित होती है जिसका मस्तिष्क इसके अनुकूल होता है और धन ऐसे व्यक्ति की तरफ आकर्षित होता है जिसका मस्तिष्क इसके लिए पूरी तरह से तैयार होता है। जिस मस्तिष्क में धन प्राप्ति की चेतना का विकास नहीं होता, गरीबी की चेतना उस मस्तिष्क को अपने शिकंजे में जकड़ लेती है। गरीबी की चेतना स्वतः ही पैदा हो जाती है। इसके लिए आदतों को विकसित करने की कोई ज़रूरत नहीं पड़ती। जबकि धन की चेतना को व्यवस्थित करना होता है और उसी के अनुसार आदतों का विकास भी करना होता है।

यदि आप ऊपर कही गयी सारी बातों को अच्छी तरह से ग्रहण कर लें तो दौलत कमाने में लगन के महत्व को समझने में भी ज़्यादा वक़्त नहीं लगेगा। लगन से काम करोगे तो जीत आपकी ही होगी लेकिन अगर थोड़ा सा भी ध्यान इधर-उधर हुआ तो काम शुरू करने से पहले ही आप हार जाएंगे।

उदाहरण के लिए अगर आपने कभी कोई बुरा सपना देखा हो तो आपको लगन के महत्त्व का एहसास अवश्य हो सकता है। मान लो कि आप बिस्तर पर अर्धनिद्रा में पड़े हो और आपको ऐसा लगता है जैसे कि कोई ट्रक आपको कुचल गया है। आप एकाएक घबरा उठते हैं और करवट बदलना तो दूर एक मांसपेशी तक भी नहीं हिला सकते। तब आपको एहसास होता है कि आपको अपनी मांसपेशियों पर फिर से नियंत्रण करना चाहिए। इच्छाशक्ति के लगन भरे प्रयास से आप अपने हाथ की उंगलियों को हिलाने लगते हैं और

फिर धीरे-धीरे इस नियंत्रण को पूरी बांह तक ले आते हैं जब तक कि आप इसे उठा ना लें। इसके बाद दूसरे हाथ के साथ भी यही करते हैं। फिर पैर की मांसपेशियों पर नियंत्रण करते हैं और फिर इच्छा के सर्वश्रेष्ठ प्रयास द्वारा आप अपनी पूरी मांसपेशियों पर पूरा नियंत्रण हासिल कर लेते हैं और बुरे सपने से बाहर निकल आते हैं। इस प्रकार धीरे-धीरे आगे बढ़ना ही सफलता का रहस्य है।

जीवन में आगे बढ़ने के लिए ज़रूरी है कि हम अपनी पिछड़ी हुई मानसिकता से बाहर निकल कर एक नए दौर में कदम रखें। इसके लिए आवश्यक है कि पहले हम धीमी गति से प्रयास करें और फिर धीरे-धीरे अपनी गति को बढ़ाते जाएं, ऐसा तब तक करते रहें जब तक कि आपका अपनी इच्छाशक्ति पर पूरा नियंत्रण ना हो जाए। लगन के साथ काम करते रहने पर आपको सफलता ज़रूर मिलेगी फिर चाहे आपकी गति कितनी ही धीमी क्यों ना हो। मास्टर माइंड समूह के सदस्यों का चुनाव बहुत सावधानी से करना चाहिए क्योंकि इसमें आपको कम से कम एक आदमी ऐसा मिल सकता है जो लगन के विकास में आपकी सहायता करेगा। दुनिया में ऐसे बहुत से लोग हैं जो बहुत अमीर हैं और यह अमीरी हासिल करने के लिए उन्हें बहुत मेहनत करनी पड़ी। उन्होंने अपने अंदर लगन की आदत का विकास किया क्योंकि परिस्थितियों ने उन्हें ऐसा करने के लिए विवश किया था और उन्हें मजबूरन लगनशील बनना पड़ा।

जिन-जिन लोगों ने अपने भीतर लगन की आदत का विकास किया है एक तरह से उन्होंने असफलता का बीमा करा लिया है। चाहे वे कितनी ही बार असफल हो जाएं परंतु अंत में सफलता की सीढ़ी के शिखर पर पहुंच ही जाते हैं। असफलता एक ऐसा छुपा हुआ मार्गदर्शक है जो निराशाजनक अनुभवों द्वारा लोगों के साहस को परखता है। गिरकर संभलने वालों की ही जीत होती

है और वही इंसान ज़िंदगी के सही मुकाम को हासिल कर पाता है। ऐसे साहसी लोगों को तो दुनिया भी सराहना करती हुई कहती है, "शाबाश! हम जानते थे कि तुम यह कर सकते हो।" जब तक व्यक्ति की लगन का इम्तिहान न हो तब तक किसी भी महान उपलब्धि का कोई मज़ा नहीं आता। परीक्षाओं से बचकर भागने वाला व्यक्ति प्रायः गलत तरीकों से सफलता प्राप्त करने की होड़ में रहता है और वह इसमें कभी उत्तीर्ण नहीं हो पाता।

समुद्र में लहरों और तूफानों का सामना करने वाला माझी ही अपनी नैया को मंज़िल तक पहुंचाता है। ख़तरों का सामना करने वालों को उनकी लगन का पुरस्कार ज़रूर मिलता है। भौतिक समृद्धि के अतिरिक्त उन्हें और भी बहुत कुछ प्राप्त होता है जैसे कि लक्ष्य, जिसके लिए वे लंबे समय से प्रयासरत थे और ज्ञान भी कि, "हर सफलता अपने साथ अपनी ही बराबरी के लाभ का बीज लाती है।"

यहां इस नियम के कुछ अपवाद भी बताए गए हैं। कुछ लोग अपने अनुभवों द्वारा लगन के महत्त्व को जानते हैं और ऐसे लोग जिंदगी में कभी निराश नहीं होते। उनकी इच्छाएं लगन से इतनी जुड़ी हुई हैं कि उनकी पराजय खुद-ब-खुद विजय में बदल जाती है। हम लाखों लोगों को हारकर गिरते हुए देखते हैं, परंतु उनमें से उठकर खड़े होने का साहस होता है। कुछ लोगों का मानना है कि बहुत कम में पराजय जैसा कुछ भी नहीं होता बल्कि यह तो ज़्यादा प्रयास करने की प्रेरणा है। ऐसे लोग ज़िंदगी के इस रिवर्स गियर को कभी स्वीकार नहीं करते। यह एक ऐसी प्रबल शक्ति है जिसे न तो लोग देख सकते हैं और न ही इसके अस्तित्व को पहचान सकते हैं। लेकिन फिर भी यह उन लोगों की मदद करती है जो इस निराशा के खिलाफ संघर्ष करते हैं और यह शक्ति कोई और नहीं बल्कि लगन ही है जो हमें निराशा के अंधकार

से आशा के प्रकाश में ले आती है। लेकिन अगर किसी में लगन ना हो तो वह ज़िंदगी के किसी भी क्षेत्र में सफलता हासिल नहीं कर सकता।

आज जब मैं अपनी निगाहें उठा कर देखता हूँ तो मुझे थोड़ी दूरी पर एक रहस्यमयी ब्रॉडवे नज़र आता है जो कि मृत आशाओं की कब्रगाह और अवसरों की दहलीज़ है। दुनिया भर के लोग दौलत, शोहरत, प्रेम, शक्ति और सफलता की तलाश में ब्रॉडवे आते हैं। काफी समय बाद जब कोई व्यक्ति इन अवसरों को खोजने वालों की लंबी कतार से अलग हट कर खड़ा होता है तो दुनिया उन्हें सुनती है कि ब्रॉडवे में एक नए सितारे का जन्म हुआ है। लेकिन ब्रॉडवे को जीतना बहुत मुश्किल है। क्योंकि यह व्यक्ति में छिपी प्रतिभा को पहचानता है और उन्हें दौलत का वरदान देता है, परंतु सिर्फ तब तक जब तक की व्यक्ति पराजित होकर भी मैदान छोड़ने से इंकार कर दे।

तब यह सत्य हमारे सामने उजागर होता है कि उस व्यक्ति ने ब्रॉडवे को जीतने का रहस्य जान लिया है और यह रहस्य लगन नाम के शब्द से जुड़ा हुआ है। इस रहस्य को फैनी हर्स्ट के संघर्ष में बताया गया है जिन्होंने अपनी लगन से ग्रेट व्हाइट वे को जीता था। वह सन 1915 में न्यूयॉर्क आई थी और लेखन कला में निपुण थी। उनकी दिली-ख़्वाहिश थी कि वह अपनी इस कला के प्रयोग से अमीर बन जाए। हालांकि इसमें बहुत वक़्त लगा लेकिन उसने उम्मीद नहीं छोड़ी। चार साल तक मिस हर्स्ट न्यूयॉर्क के फुटपाथों पर धक्के खाती रही। उन्होंने अपने दिन मेहनत करके और रातें आशा करते हुए बितायी। जब कभी आशा की लौ मंद पड़ने लगती तो उसने कभी यह नहीं कहा ठीक है, ब्रॉडवे, तुम्ही जीते इसकी बजाय उन्होंने कहा, “ठीक है, ब्रॉडवे, तुम कुछ लोगों को नीचे गिरा सकते हो लेकिन मुझे नहीं। मैं तुम्हें हार मानने के लिए मजबूर कर दूंगी।”

द सैटरडे इवनिंग पोस्ट के प्रकाशक ने उसे छत्तीस बार रिजैक्शन स्लिप भेजी और इसके बाद भी उनकी कहानी उसी मैग्ज़ीन में छपी। अधिकतर लेखक तो जिंदगी के बाकी क्षेत्रों के औसत लोगों की तरह पहली रिजेक्शन स्लिप आते ही मैदान छोड़ देते हैं लेकिन मिस हर्स्ट चार साल तक लगातार फुटपाथ पर जूतियां चटकाती रहीं क्योंकि उसमें जीतने का दृढ़ संकल्प था। जल्दी ही तिलिस्म टूटा और अदृश्य मार्गदर्शक द्वारा लिया गया फैनी हर्स्ट का इम्तिहान पूर्ण हुआ जिसमें वह उत्तीर्ण हो गईं। इसके बाद उसके दरवाज़े पर प्रकाशकों की लाइन लग गई। पैसा इतनी तेज़ी से आया कि उसके पास इसे गिनने का समय भी नहीं था। धीरे-धीरे फिल्म-जगत के लोग भी उनके दीवाने बन गए और उसके घर पर पैसे की मूसलाधार बारिश होने लगी।

यह कहानी पढ़ने के बाद तो आपको यकीन हो गया होगा कि लगन से कितना कुछ प्राप्त किया जा सकता है। पैसा कमाने वाले लोगों में लगन अपने आप पैदा हो जाती है और इसमें डूबा व्यक्ति अपनी भूख-प्यास सब भूल जाते हैं। ब्रॉडवे किसी भिखारी को पेट भरने के लिए एक वक्त का खाना तो दे सकता है लेकिन अपना पेट पालने के लिए उसे ख़ुद मेहनत करनी पड़ती है।

केट स्मिथ भी कई सालों तक बिना पैसों के गाती रही। जो भी माइक्रोफोन उसके सामने आ जाता वह उसी के सामने गाना शुरू कर देती थी लेकिन इसके बदले वह किसी से कुछ न लेती। ब्रॉडवे ने उसे चुनौती देते हुए कहा, “अगर तुम इतना सहन कर सकती हो तो आओ और दौलत हासिल कर के दिखाओ।” केट ने उसकी चुनौती को खुले हाथों स्वीकार किया और तब तक गाती रही जब तक कि ब्रॉडवे थक नहीं गया और उसने यह नहीं कहा, “अरे, क्या फायदा? मैं कोड़े बरसाए जा रहा हूँ लेकिन तुम्हें कोई फर्क ही नहीं पड़ रहा। चलो, अब अपनी कीमत बताओ और गंभीरतापूर्वक अपने

काम में जुट जाओ।" उस वक़्त मिस स्मिथ ने जो कीमत बताई वह ब्रॉडवे की सोच से बहुत परे थी।

लगन एक मानसिक अवस्था है इसे विकसित किया जा सकता है। सभी मानसिक अवस्थाओं की तरह लगन भी निश्चित कारणों पर आधारित है जिनका वर्णन इस प्रकार है :

1. **निश्चित उद्देश्य:** लगन का पहला और सबसे महत्वपूर्ण चरण है यह जानना कि आप चाहते क्या हैं। एक दृढ़ उद्देश्य व्यक्ति की सभी मुश्किलों को दूर कर देता है।

2. **इच्छा:** जब दिल में किसी वस्तु को हासिल करने की प्रबल इच्छा हो तो लगन हासिल करना और भी आसान हो जाता है।

3. **आत्मनिर्भरता**: अगर आपको अपनी योग्यता पर यकीन है तो आप किसी भी काम को सफलतापूर्वक पूरा कर सकते हैं।

4. **योजनाओं की निश्चितता:** सुव्यवस्थित योजनाएं, चाहे कमज़ोर हो या अव्यावहारिक यह लगन को प्रोत्साहित करती है।

5. **सटीक ज्ञान:** यदि आपकी योजनाएं दमदार है, अनुभव और पर्यवेक्षण पर आधारित हैं तो यह लगन को प्रोत्साहित करती हैं। लगन के लिए किसी भी जानकारी का अनुमान लगाने की बजाय उसे जानना बहुत ज़रूरी है क्योंकि केवल अनुमान लगाने से यह नष्ट हो जाती है।

6. **सहयोग:** सहानुभूति, समझ और दूसरों के साथ सद्भावनापूर्ण सहयोग करने से लगन विकसित होती है।

7. **इच्छाशक्ति:** किसी निश्चित लक्ष्य को हासिल करने के लिए योजनाएं बनाने के अपने विचारों को केन्द्रित करने की आदत से ही लगन का विकास होता है।

8. **आदत:** लगन आदत का ही सीधा परिणाम है। मस्तिष्क नियमित अनुभवों का एक हिस्सा सोख लेता है और वैसा ही बन जाता है, जैसी इसे खुराक दी जाती है। लगन का सबसे बड़ा शत्रु डर है। इसलिए प्रभावशाली इलाज के लिए आपको साहसपूर्ण कार्य करने की आवश्यकता है।

## लगन की कमी के लक्षण

आगे बढ़ने से पहले स्वयं का अच्छे से निरीक्षण करें और अपने सारे गुणों की सूची बना लें ताकि यह निर्धारित करने में आसानी हो जाए कि कहीं आप में किसी अनिवार्य गुण की कमी तो नहीं है। इस विश्लेषण से आपको जानने में आसानी होगी कि आपकी किस गुण पर पकड कमज़ोर है और किस पर मज़बूत। यहां आपको कुछ ऐसे शत्रु भी मिलेंगे जो आपके और आपकी कामयाबी के बीच में दीवार की तरह खड़े होंगे। यहां लगन की कमी दर्शाने वाले लक्षणों के साथ-साथ इस कमज़ोरी के अवचेतन में गहराई में जाने के कारण भी पता चलेंगे। इस सारी सूची को सावधानी से पढ़ें और फिर अपने आप से सवाल करें कि क्या आप सचमुच जानना चाहते हैं कि आप कौन हैं और क्या-कुछ करने में सक्षम हैं। अगर आप अमीर बनना चाहते हैं तो आपको इस सूची में बताई सब कमजोरियों को जीतना होगा:

1. अपनी इच्छा को स्पष्ट रूप से परिभाषित न कर पाना।

2. टालमटोल की आदत।

3. विशेषज्ञीय ज्ञान हासिल करने में रुचि का अभाव।

4. फैसला न ले पाने का अवगुण।

5. समस्याओं का हल निकालने के लिए निश्चित योजनाएं बनाने की बजाए बहानों पर यकीन करने की आदत।

6. आत्मसंतुष्टि का अभाव।

7. मुश्किलों का सामना करने की बजाए उनसे समझौता करने की आदत।

8. अपनी गलतियों के लिए दूसरों को दोष देना।

9. इच्छा की कमज़ोरी। अपने निश्चित लक्ष्य का चुनाव करने में लापरवाही।

10. पराजय की संभावना नज़र आते ही मैदान छोड़ कर भागने की आदत।

11. सुव्यवस्थित योजनाएं बनाने की अक्षमता।

12. मौके का फायदा ना उठा पाने की आदत।

13. कोई निश्चित निर्णय लेने की बजाय केवल बेकार में ही अपनी कल्पनाओं के घोड़े दौड़ाना।

14. कुछ बनने और कुछ हासिल करने की महत्वाकांक्षा को त्याग कर गरीबी से समझौता करने की आदत।

15. मेहनत करके दौलत कमाने की बजाए अमीरी के शार्टकट खोजना जैसे कि जुआ या सट्टा।

16. आलोचना का डर। कुछ लोग सिर्फ इसलिए योजनाएं नहीं बना पाते क्योंकि उनके मन में सदैव यही डर रहता है कि अगर कुछ गलत हो गया तो लोग उनके बारे में क्या सोचेंगे।

प्रायः कई बार लोग अपने रिश्तेदारों, मित्रों और दूसरे लोगों को अपनी निजी जिंदगी में ताकझांक करने की इजाज़त दे देते हैं जिससे वे अपने जीवन को अपने हिसाब से नहीं जी पाते और उन्हें हमेशा दूसरों लोगों की आलोचनाओं का डर सताता रहता है। अधिकतर लोग विवाह संबंधी फैसलों में भी गलती कर बैठते हैं और इसे कभी नहीं सुधारते । इसका अंजाम उन्हें जीवन भर भुगतना पड़ता है क्योंकि उन्हें डर होता है कि यदि वह कोई ऐसा-वैसा कदम उठाएंगे तो लोग उनके बारे में तरह-तरह की बातें बनाएंगे। जो व्यक्ति इस तरह के डर के आगे हार मान कर बैठ जाता है वह जानता है कि इससे सबसे ज़्यादा नुक्सान उसी को होगा लेकिन फिर भी वह इस डर से बाहर नहीं निकल पाता।

लाखों लोग उम्र की अधिकतम सीमा पार करने के बाद वयस्क शिक्षा हासिल करने के विचार को त्याग देते हैं क्योंकि उन्हें डर होता है कि कहीं लोग उनका मज़ाक न उड़ाएं। उनका यही डर उनके जीवन के बेहतरीन अवसर को खोने का कारण बनता है। ऐसे ही बहुत से स्त्री-पुरूष, युवा और बड़े-बूढ़े अपने रिश्तेदारों को कर्तव्यों के नाम पर उनकी ज़िंदगियों को तबाह करने की इजाज़त दे देते हैं और ऐसा सिर्फ इसलिए होता है क्योंकि उन्हें आलोचना

का डर होता है। लेकिन कर्तव्य का मतलब यह नहीं होता कि आप अपनी व्यक्तिगत इच्छाओं को नष्ट करके दूसरों के हिसाब से जिंदगी जिएं।

बड़े-बड़े बिज़नेस जोख़िम पर ही टिके होते हैं। कुछ लोग इन ख़तरों को उठाने से इसलिए इंकार कर देते हैं क्योंकि उन्हें डर होता है कि असफल होने पर उन्हें लोगों की निंदा का सामना करना पड़ेगा। ऐसे मामलों में आलोचना का डर सफलता की इच्छा से अधिक प्रबल हो जाता है। बहुत से लोग अपना कॅरियर चुनने को भी नज़रअंदाज़ कर देते हैं क्योंकि उन्हें अपने रिश्तेदारों और दोस्तों की आलोचना का डर होता है जो उनके असफल होने पर यह कहकर मज़ाक उड़ा सकते हैं कि "ज्यादा ऊंचे लक्ष्य मत बनाओ नहीं तो लोग सोचेंगे कि तुम्हारा दिमाग खिसक गया है।"

जब एन्ड्रयू कारनेगी ने मुझे बीस साल तक व्यक्तिगत सफलता की फिलॉस्फी को विकसित करने का काम सौंपा तो मेरे दिल में डर की पहली प्रतिक्रिया यही उत्पन्न हुई कि लोग क्या कहेंगे। एक ही झटके में मेरा दिमाग बहाने बनाने लगा और तभी एक ऐसा विचार सामने आया जो मेरी कल्पना से बिल्कुल परे था। यह सारे बहाने आलोचना के इसी अदनी डर की वजह से बने थे जो चिल्ला-चिल्लाकर कह रहे थे कि यह काम बहुत बड़ा है तुम इसे नहीं कर सकते और इसमें समय भी तो इतना लगेगा... अगर तुम इसी बेकार के काम में लगे रहोगे तो अपने परिवार का पालन-पोषण कैसे करोगे... तुम्हारे रिश्तेदार क्या सोचेंगे?.. आज तक किसी ने सफलता की ऐसी कोई फिलॉस्फी नहीं बनाई हैं तो यह "अधिकार किसने दिया? वैसे भी तुम हो कौन जो इतने ऊंचे लक्ष्य बनाओ? याद रखो कि तुम गरीब परिवार से हो और हमेशा रहोगे... इसलिए बेहतर होगा कि तुम इन सब बेकार की बातों में न पड़ो। अगर लोगों को पता चला कि तुम ऐसी कोई फिलॉस्फी बना रहे हो तो सब यही सोचेंगे कि तुम्हारा दिमाग फिर गया है... वैसे भी क्या भरोसा लोग

तुम्हारी बातों पर यकीन करेंगे भी या नहीं? मान लो अगर यह किताब ना बिकी तो तुम्हारी बीस साल की मेहनत तो गई पानी में.... ।"

इस तरह के अनेक सवाल लगातार मेरे दिमाग में कौंधने लगे। ऐसा लग रहा था जैसे सारी दुनिया टेढ़ी नज़रों से मुझे ही देख रही हो और मेरा मज़ाक उड़ाने पर तुली हो। मानो हर कोई यही कह रहा हो कि कारनेगी के सुझाव को पूरा करने से पहले ही मैं हार मान लूं।

अगर चाहता तो मैं भी बाकी लोगों की तरह बेकार के झंझटों से बचने के लिए तुरंत ही अपनी महत्वाकांक्षा का गला घोंट देता और इसे खुद पर हावी ही न होने देता। लेकिन बाद में जब मैंने हज़ारों लोगों का विश्लेषण किया तो पाया कि अधिकतर विचार मृत ही पैदा होते हैं। इन विचारों को पूरा करने के लिए निश्चित योजनाएं बनाकर ही हम उनमें जीवन की सांस फूंकते हैं। विचार पालने का सही समय इसके जन्म का समय ही होता है। इसके पैदा होने के बाद गुज़रा हर मिनट इसके ज़िंदा रहने को सुनिश्चित करता है। विचारों की मौत की वजह आलोचना का डर ही है, जिसकी वजह से वे योजनाओं और कर्म की अवस्थाओं तक नही पहुंच पाते।

**सौभाग्यशाली अवसर आपकी इच्छा से ही आते हैं।**

प्राय: लोग यही मानते हैं कि भौतिक सफलता सौभाग्यशाली अवसरों के परिणामस्वरूप मिलती है। लेकिन जो लोग केवल किस्मत के भरोसे बैठे रहते हैं उनके हाथ निराशा के सिवा कुछ नहीं लगता। वह लगन नाम के उस महत्वपूर्ण तत्व को नज़रअंदाज़ कर देते हैं, जो हमारी सफलता को सुनिश्चित करने में हमारी मदद करता है। लगन ही एक ऐसा ज्ञान है जिसकी सहायता से आप अपनी इच्छा को सौभाग्यशाली अवसरों में तबदील कर सकते हैं।

जब देश में आर्थिक मंदी आई तो इसी दौरान डब्ल्यू. सी. फील्ड्स नामक कॉमेडियन ने अपना सारा पैसा गवां दिया। न तो उसके पास कोई नौकरी थी और न ही आमदनी का कोई साधन। यही नहीं उसकी उम्र भी साठ साल से ऊपर हो गई थी जिसकी वजह से कोई भी उसे अपने यहां काम देने को तैयार नहीं था। लेकिन फील्ड्स में काम करने का और अपनी वापसी का इतना उत्साह था कि उसने बिना तनख्वाह के ही एक नये फिल्म क्षेत्र में काम करने का प्रस्ताव रखा। इसी बीच एक दिन वह गिर गया जिससे उसकी गर्दन में बहुत गंभीर चोट आयी। अगर उसकी जगह कोई और व्यक्ति होता तो शायद कब का हार मान कर मैदान छोड़ गया होता लेकिन फील्ड्स में लगन थी... आत्मविश्वास था। वह जानता था कि अगर वह अपने इरादों पर डटा रहा तो देर-सवेर उसे मौका ज़रूर मिलेगा और उसे यह अवसर मिला भी परंतु किस्मत के कारण नहीं बल्कि मजबूत इरादों से।

मैरी ड्रैज्लर भी उम्र के छठे दशक में बहुत दयनीय अवस्था में पहुंच गई थी। धन-दौलत, ज़मीन-जायदाद सब कुछ लुट चुका था। जहाँ भी नौकरी की तलाश में जाती, उसका दुर्भाग्य पीछा करता हुआ वहीं पहुंच जाता। लेकिन इस पर भी वह हताश नहीं हुई और लगातार अवसरों के पीछे भागती रही। फिर एक दिन दुर्भाग्य ने भी थककर उसके मजबूत हौंसले के आगे हार मान ली। लगन और दृढ़-निश्चय ने उसे उस मोड़ पर आश्चर्यजनक सफलता दिलाई जब अधिकांश स्त्री-पुरुष कुछ हासिल करने की महत्वाकांक्षा छोड़ देते हैं।

एड्डी कैंटर 1929 के स्टॉक क्रैश में बुरी तरह बर्बाद हो गया। दौलत के नाम पर उसके पास एक आना भी नहीं था लेकिन साहस और लगन की कोई कमी नहीं थी। इन दोनों ताकतों के बल पर उसने एक बार फिर से 10,000 डॉलर प्रति सप्ताह कमाना शुरू कर दिया। दरअसल अगर किसी में लगन

हो तो वह बिना किसी अन्य गुण के भी कामयाब हो सकता है। लगन का शुरुआती बिंदु है निश्चित लक्ष्य। इंसान को केवल उसी अवसर पर भरोसा करना चाहिए जो वह खुद पैदा करे|

चलिए इस बात को एक उदाहरण द्वारा स्पष्ट करते हैं: आप जिन पहले सौ लोगों से मिलें उनका परीक्षण करें। उनसे जानने की कोशिश करें कि वे जीवन में सबसे ज़्यादा क्या चाहते हैं। आपको यकीन नहीं होगा। लेकिन उनमें से 98 तो कम कम ऐसे होंगे जिनके पास आपके इस सवाल का कोई जवाब नहीं होगा। अगर आप उन पर जवाब देने का जोर डालेंगे भी तो वे ज़्यादा से ज़्यादा यही कहेंगे- सुरक्षा, कुछ कहेंगे-धन और कुछ का जवाब होगा-सुख, शोहरत, ताकत, सामाजिक प्रतिष्ठा, आरामदायक जीवन, नाचने-गाने की योग्यता। परंतु उनमें से कोई भी इसको सही ढंग से परिभाषित करने में सक्षम नहीं होगा। या आपको उस योजना के बारे में हल्का सा संदेश भी नहीं दे पाएगा, जिसके द्वारा वे अपनी अस्पष्ट इच्छाओं को हासिल करने की अपेक्षा रखते हैं। याद रखिए कि अमीरी सिर्फ बातों से नहीं आती बल्कि इसके लिए निश्चित योजनाएं बनाकर पूरी लगन से प्रयास भी करना पड़ता है।

## लगन को विकसित कैसे करें

लगन एक ऐसी आदत है जिसके लिए न तो ज़्यादा बुद्धि की, न ज्यादा उच्च शिक्षा की और न ही ज्यादा समय की आवश्यकता होती है। इसे विकसित करने के चार आसान से रास्ते जिन पर चलकर व्यक्ति का जीवन संवर सकता है और ये आवश्यक कदम हैं:

1. निश्चित लक्ष्य जिसके पीछे इसकी प्राप्ति की प्रबल इच्छा हो।

2. एक निश्चित योजना जिस पर लगातार काम किया जाए।

3. एक सकारात्मक सोच रखने वाला मस्तिष्क।

4. लोगों के साथ सद्भावनापूर्ण सहयोग संबंध बनाना जिससे कि आपकी योजनाओं और लक्ष्य को प्रोत्साहन मिले।

इस पुस्तक में बताए तेरह सिद्धांतों का मुख्य उद्देश्य यह है कि आप इन चारों कदमों को अपनी आदत बना लें क्योंकि-

1. इनके द्वारा ही इंसान अपने आर्थिक भाग्य को अपने नियंत्रण में रख सकता है।

2. यही आपके विचारों को स्वतंत्रता की ओर ले जाते हैं।

3. यही आपको गरीबी की दलदल से निकाल कर अमीरी के स्वर्ण युग की ओर ले जाते हैं।

4. यही आपको शक्ति, प्रसिद्धि और सांसारिक प्रतिष्ठा का मार्ग दिखाते हैं।

5. यही आपको लाभदायक अवसर प्रदान करते हैं। यही आपके सपनों को भौतिक समतुल्य में बदलते हैं।

6. यही आपको डर, हताशा और उदासीनता से छुटकारा दिलाकर साहसी और आत्मनिर्भर बनाते हैं।

जो व्यक्ति इन चारों कदमों को अपने जीवन में उतार लेता है उसमें अपना भाग्य लिखने और उसको जीवन से अपनी मुंहमांगी कीमत मांगने का अधिकार मिल जाता है।

क्या आप जानते हैं कि लगनशील व्यक्तियों के पास ऐसी कौन सी रहस्यमयी ताकत होती है जिसके दम पर वे मुश्किलों पर आसानी से जीत हासिल कर लेते हैं? क्या लगन इंसान के मस्तिष्क में किसी तरह की आध्यात्मिक, मानसिक या रासायनिक गतिविधियां उत्पन्न करती है जो उसे पराभौतिक शक्तियों के संपर्क में ले आती हैं? क्या अनंत प्रज्ञा उस व्यक्ति के पक्ष में हो जाती है जो युद्ध में हार जाने के बाद भी संघर्ष करता रहता है जबकि सारी दुनिया उसके खिलाफ लगातार वही होती है?

जब मैंने हेनरी फोर्ड जैसे महान आविष्कारकों का अवलोकन किया तो इस तरह के कई सवाल मेरे अंतर्मन में खलबली मचाने लगे। हेनरी ने अपने जीवन की शुरुआत शून्य से की थी। उस वक़्त उनके पास लगन के अलावा और कोई ख़ास गुण नहीं था। लेकिन उसने इस छोटे से गुण को ही अपनी सबसे बड़ी ताकत बनाया और शीघ्र ही एक विराट औद्योगिक साम्राज्य स्थापित किया। इसी तरह थॉमस ए. एडीसन जो केवल तीन महीने ही स्कूल गए थे परंतु वे विश्व के महान आविष्कारक बन गए और अपनी लगन को टॉकिंग मशीन, मूविंग पिक्चर मशीन और बिजली के बल्ब जैसे पचासों उपयोगी आविष्कारों में परिवर्तित कर दिया।

मुझे एडीसन और फोर्ड का विश्लेषण करने का मौका मिला और इसी बीच मैंने कई वर्षों तक लगातार उनके कॅरियर पर नज़र रखी। मैंने उनकी हर छोटी सी छोटी बात का क़रीब से अध्ययन किया। इसलिए मैं यह बात अपने वास्तविक ज्ञान के आधार पर ही कह रहा हूँ कि मैंने उन दोनों में लगन के

अतिरिक्त कोई और गुण नहीं देखा जिससे कि यह आभास हो कि वह उनकी महान उपलब्धियों का स्रोत हो सकता है।

जब भी आप हमारे पूर्वजों, धर्मगुरुओं, बड़े-बड़े दार्शनिकों और धार्मिक नेताओं के जीवन का अध्ययन करेंगे तो इस निष्कर्ष पर पहुंचेंगे कि लगन, एकाग्रता और दृढ़ निश्चय ही उनकी सफलता का प्रमुख स्रोत थे। उदाहरण के तौर पर आप मोहम्मद साहिब की अद्भुत और मनमोहक कहानी को ही ले लें। उनके जीवन का विश्लेषण करें और आधुनिक युग में उद्योग और फाइनैंस में प्रख्यात लोगों से उनकी तुलना करें तो पता चलेगा कि उन सब में एक ही बात कॉमन थी-लगन।

मोहम्मद साहिब की जीवनी लगन की शक्ति से प्रेरित है और इसकी रचना असद बे ने की है। इस पुस्तक की संक्षिप्त समीक्षा थॉमस स्यूयू ने हेराल्ड ट्रिब्यून में की है। केवल इस समीक्षा को पढ़ने मात्र से आपको उस दुर्लभ सफलता का पूर्वाभास मिल जाएगा जो उन लोगों के लिए सुरक्षित रखी हुई है जो उस व्यक्ति की पूरी कहानी पढ़ेंगे जो लगन की शक्ति का एक अद्भुत उदाहरण है।

## अंतिम पैगंबर

मोहम्मद साहिब एक महान पैगंबर थे, परंतु उन्होंने जीवन भर कभी कोई चमत्कार नहीं किया। वे कोई रहस्यवादी नहीं थे और न ही उन्होंने किसी तरह की कोई औपचारिक शिक्षा ग्रहण की थी। उन्होंने अपने मिशन की शुरुआत चालीस वर्ष की आयु में की। उन्होंने समस्त विश्व के सामने घोषणा करते हुए कहा कि वे ईश्वर के संदेशवाहक है और सच्चे धर्म का प्रसार करने ही दुनिया में आए हैं। लोगों ने उनकी

इस बात का बहुत मज़ाक उड़ाया और उन्हें सनकी करार दे दिया। बच्चे हर वक़्त उनकी नकल उतारते और उनके आगे-पीछे घूमकर उन्हें तंग करते और औरतें उन पर कूड़ा फेंककर गालियां देतीं। उन्हें उनके जन्म-स्थान मक्का से निकाल दिया गया और उनके समर्थकों की सारी ज़मीन-जायदाद छीन कर उन्हें भी मोहम्मद साहिब के पीछे रेगिस्तान की धूल चाटने के लिए छोड़ दिया गया। दस साल तक लोगों को धर्म और सच्चाई का उपदेश देने के उपरांत भी उन्हें निर्वासन, गरीबी और जग-हँसाई के सिवा कुछ हासिल न हुआ। लेकिन अगले दस सालों में वह पूरे अरब के डिक्टेटर, मक्का के शासक और एक नए विश्व धर्म के गुरू बन गए जो कि धीरे-धीरे डानुबे और पायरनीज़ तक फैल गया। मोहम्मद साहिब की शक्ति त्रि-आयामी थी: शब्दों की शक्ति, प्रार्थना का प्रभाव और मनुष्य का ईश्वर के साथ निकट संबंध।

मोहम्मद साहिब का जन्म मक्का के एक प्रतिष्ठित परंतु बहुत गरीब परिवार में हुआ। चूंकि मक्का दुनिया का चौराहा और जादूई पत्थर, काबा का घर था, बड़ा व्यावसायिक शहर था और व्यापार के केंद्रों के बीचों-बीच स्थित था। इसलिए यहां का माहौल थोड़ा अस्वच्छ था। यहां के बच्चों को बेडुइन्स रेगिस्तान में ले जाकर पालते थे। मोहम्मद साहिब की परवरिश भी कुछ इस तरह से ही हुई और उन्हें यायावर माताओं के दूध से शक्ति और अच्छी सेहत मिली। वे बचपन से ही भेड़ों को चराने जाया करते थे और शीघ्र ही वे एक अमीर विधवा के कारवां के प्रमुख बन गए। इसी दौरान वे पूर्वी दुनिया के भ्रमण पर निकल गए और विभिन्न धर्मों के लोगों से मिले और ईसाई संप्रदायों की लड़ाई में इसका विनाश होते हुए भी देखा। 28 वर्ष की आयु में एक खदीजा नाम की विधवा उनसे प्रेम करने लगी और मोहम्मद साहिब के साथ शादी के बंधन में बंध गई। खदीज़ा के पिता उनके इस विवाह के विरुद्ध थे लेकिन खदीजा ने अपनी चतुराई का इस्तेमाल करते हुए उन्हें शराब पिला दी और धोखे से नशे की हालत में ही उनसे शादी के लिए हां करवा

ली। बारह वर्षों तक मोहम्मद साहिब ने एक अमीर और सफल व्यवसायी का जीवन व्यतीत किया। फिर उन्होंने काम के सिलसिले में रेगिस्तान जाना शुरू कर दिया और एक दिन वे वहां से कुरान की पहली आयत लेकर वापस लौटे और खदीजा को बताया कि आर्क जिब्रील उनके सपने में आए थे और उन्होंने आदेश दिया है कि वे ईश्वर के संदेशवाहक के रूप में प्रसिद्ध होंगें।

कुरान में लिखा प्रत्येक शब्द उनके जीवन में चमत्कार साबित हुआ। वे न तो कवि थे और न ही उनके पास शब्दों की शक्ति थी परंतु जब वे कुरान की आयतें लोगों को पढ़कर सुनाते तो लोग मंत्रमुग्ध हो कर एकटक उन्हें देखते रहते। अरब के लोगों के लिए मोहम्मद किसी मसीहा से कम नहीं थे। शब्दों का जो उपहार मोहम्मद साहिब को मिला था वह उस वक़्त के किसी प्रसिद्ध कवि तक को भी नसीब नहीं हुआ था। उन्होंने कुरान में लिखित शब्दों सभी इंसान ईश्वर के सामने बराबर हैं और संसार को प्रजातांत्रिक राज्य बनाना चाहिए को अपने जीवन का अहम हिस्सा बनाया। उनके इसी राजनैतिक सिद्धांत की वजह से उन्हें वहां से निकाल दिया गया और उन पर आरोप लगाया गया कि वे काबा के प्रांगण में रखी सभी 360 मूर्तियों को नष्ट करना चाहते थे। ये मूर्तियां मक्का से रेगिस्तान व्यापार के उद्देश्य से लायी गई थी। इसलिए मक्का के व्यापारियों और पूंजीवादियों ने उन पर आक्रमण कर दिया जिससे मोहम्मद साहिब को रेगिस्तान में पनाह लेनी पड़ी और यहीं पर रह कर उन्होंने विश्व पर संप्रभुता की मांग की।

मोहम्मद साहिब के अथाह प्रयासों से रेगिस्तान में आशा की एक किरण प्रज्जवलित हुई जिसने धीरे-धीरे एक प्रचंड अग्नि का रूप धारण कर लिया और इसी से इस्लाम धर्म का उदय हुआ। उन्होंने एक प्रजातांत्रिक सेना का गठन किया जो उनके एक इशारे पर जान देने को तैयार थी। उन्होंने यहूदियों और ईसाइयों को भी अपने साथ आने के लिए आमंत्रित किया। वे सब लोगों

को एक ही मानवता के में सूत्र पिरोना चाहते थे इसलिए उन्होंने सभी को एक ही आस्था में शामिल होने का संदेश दिया। लेकिन अगर यहूदियों और ईसाइयों ने उनके आमंत्रण को स्वीकार कर लिया होता तो इस्लाम ने संपूर्ण विश्व को जीत लिया होता। परंतु उन्होंने ऐसा नहीं किया। उन्होंने तो मानवीय युद्ध की मोहम्मद की नई अवधारणा को भी स्वीकार नहीं किया। इसलिए जब पैगम्बर की सेनाएं येरूशलम में दाखिल हुई तो उनकी आस्था के कारण किसी भी व्यक्ति को मौत की घाट नहीं उतारा गया लेकिन जब जेहादी उस शहर में दाखिल हुए तो किसी भी मुस्लिम पुरूष, महिला या बच्चे को नहीं बख़्शा गया। इतना सब होने पर भी ईसाइयों ने एक मुस्लिम विचार को अवश्य स्वीकार किया—शिक्षा।

# मास्टर माइंड की शक्ति

## प्रेरक बल

यह शक्ति एक ऐसा अनिवार्य तत्व है जो व्यक्ति की धन कमाने की इच्छा को प्रेरित करता है।

कोई भी कार्य बिना किसी निश्चित योजना के करना निरर्थक है। और कोई भी योजना तब तक निष्क्रिय और महत्वहीन है जब तक उनमें कार्यरूप में रूपांतरित करने की ताकत न हो। इस अध्याय में शक्ति हासिल करने के कई उपाय बताए गए हैं।

शक्ति को संगठित और बुद्धिमता से निर्देशित ज्ञान के रूप में परिभाषित किया जा सकता है। शक्ति से तात्पर्य है संगठित प्रयास द्वारा व्यक्ति की इच्छा को इसके आर्थिक समतुल्य में बदलना। यह संगठित प्रयास दो या दो से अधिक लोगों के संयोजित प्रयास के फलस्वरूप पैदा होता है जो कि एक निश्चित लक्ष्य की प्राप्ति के लिए सद्भावना से मिलजुल कर काम करते हैं। जिस

प्रकार धन कमाने के लिए शक्ति ठीक उसी प्रकार इसे आजीवन बनाए रखने के लिए भी आवश्यक है... शक्ति अनिवार्य है।

1. **अनंत प्रज्ञा:** ज्ञान के इस स्रोत स्रोत का प्रयोग किसी दूसरे अध्याय में बताए गए तरीके का फायदा उठाने के लिए किया जा सकता है और इसमें रचनात्मक कल्पना शक्ति की भी मदद ली जा सकती है।

2. **संग्रहित अनुभव:** इसके लिए मनुष्य किसी सार्वजनिक लाइब्रेरी की सहायता भी ले सकता है। इस अनुभव का एक महत्वपूर्ण हिस्सा सार्वजनिक स्कूलों और कॉलेजों में भी पढ़ाया जाता है जहां इसे अच्छी तरह से वर्गीकृत और व्यवस्थित किया जाता है।

3. **प्रयोग और खोज:** मनुष्य विज्ञान और जीवन दोनों क्षेत्रों में प्राय रोजाना नई-नई जानकारियां एकत्रित करके सुव्यवस्थित ढंग से वर्गीकृत कर रहा है। जब ज्ञान संग्रहित अनुभव से उपलब्ध न हो तो अक्सर रचनात्मक कल्पनाशक्ति का प्रयोग किया जाता है।

ज्ञान इन तीनों में से किसी भी माध्यम से प्राप्त किया जा सकता है। इसे निश्चित योजनाओं में व्यवस्थित करके और फिर इन योजनाओं को कार्यरूप में परिवर्तित करके शक्ति में तब्दील किया जाता है। एक अकेले व्यक्ति को इस तरह ज्ञान इकट्ठा करने, योजना बनाने और योजना को कार्यरूप में बदलने के लिए बहुत सी मुश्किलों का सामना करना पड़ता है, लेकिन अगर उसकी योजनाएं विस्तृत है तो उसे दूसरों को भी अपने साथ सहयोग करने के लिए प्रेरित करना चाहिए।

## मास्टर माइंड द्वारा शक्ति हासिल करना

किसी निश्चित उद्देश्य की पूर्ति के लिए दो या दो से अधिक लोगों का आपस में मिलकर एक-दूसरे के ज्ञान और प्रयासों का संयोजन ही मास्टर माइंड कहलाता है जिसमें वे सर्वश्रेष्ठ विकल्पों को ही अपने उद्देश्य प्राप्ति का मार्ग बनाते हैं।

कोई व्यक्ति अकेला बिना किसी मास्टर माइंड की सहायता के कभी कोई बड़ी कामयाबी हासिल नहीं कर सकता। उसके प्रयास बिल्कुल एक निर्जन वन में रास्ता भटके व्यक्ति की तरह होते हैं जो कि बिना किसी के मार्गदर्शन के इधर-उधर घूमता रहता है और सही दिशा न मिलने पर थक कर बैठ जाता है। इस पुस्तक के एक अध्याय में इच्छा को वास्तविकता में बदलने के लिए योजनाएं बनाने संबंधी निर्देश दिए गए हैं। अगर आप बुद्धि और लगन से इन सब निर्देशों का पालन करें और सावधानी पूर्वक मास्टर माइंड सदस्यों का चुनाव कर लें तो समझ लीजिएगा कि आपने आधा सफर तो तय कर लिया है हालांकि यह आपको प्रत्यक्ष महसूस नहीं होगा।

मास्टर माइंड समूह के माध्यम से आपके सामने शक्ति की उन अमूर्त संभावनाओं को व्यक्त किया गया है जिनके द्वारा कार्य को कम समय में सफलतापूर्वक आपसी सूझ-बूझ से संपन्न किया जाता है। इसलिए यहां पर हम मास्टर माइंड के सिद्धांत के दो लक्षण स्पष्ट करेंगे जिनमें से एक आर्थिक प्रकृति का और दूसरा आध्यात्मिक प्रकृति  का। आर्थिक पहलू में जो भी आर्थिक लाभ हासिल किए जाते हैं वह ऐसे लोगों के समूह की सलाह, परामर्श और सहयोग की बदौलत मिलते हैं जो पूरे दिल से आपकी सहायता करने के इच्छुक होते हैं और ऐसे लोगों के दिलों में किसी तरह का द्वेष नहीं होता। सहयोग पूर्ण संबंध का यह प्रकार लगभग हर बड़ी दौलत का आधार रहा।

इस सच्चाई का ज्ञान हो जाने के पश्चात आपका आर्थिक स्टेटस निश्चित रूप से बदल सकता है।

मास्टर माइंड के सिद्धांत का आध्यात्मिक पहलू समझना थोड़ा मुश्किल है इसलिए आप इस वक्तव्य के केवल एक महत्वपूर्ण सुझाव को पकड़ लें कि जब दो व्यक्ति इकट्ठे होते हैं तो किसी तीसरी अदृश्य और अमूर्त शक्ति का जन्म होना स्वाभाविक है और इसे ही तीसरे मस्तिष्क का नाम दिया जाता है। मानवीय मस्तिष्क ऊर्जा का स्रोत है। जब दो लोगों के मस्तिष्क सहयोग की भावना से संयोजित होते हैं तो दोनों की ऊर्जा के आध्यात्मिक यूनिटों में सामंजस्य स्थापित हो जाता है जिससे मास्टर माइंड के आध्यात्मिक पहलू का जन्म होता है।

मास्टर माइंड सिद्धांत की तरफ मेरा ध्यान एन्ड्रयू कारनेगी ने पचास साल पहले खींचा था और इसकी वजह से ही मैं जीवन मे काम के विकल्प चुनने में कामयाब हो पाया। कारनेगी के इस मास्टर माइंड समूह में लगभग पचास लोग थे जिनके सहयोग से उन्होंने स्टील को बनाने और बेचने का व्यवसाय शुरू किया। उन्होंने अपनी दौलत का श्रेय उस शक्ति को दिया जो उन्होंने अपने मास्टर माइंड द्वारा हासिल की थी। आप चाहें तो किसी भी दौलतमंद व्यक्ति के जीवन का विश्लेषण कर लीजिए... अंत में निष्कर्ष यही निकलेगा कि उन सब ने जाने-अनजाने मास्टर माइंड के सिद्धांत का ही प्रयोग किया है। किसी भी अन्य सिद्धांत के द्वारा महान शक्ति हासिल नहीं की जा सकती।

मानव मस्तिष्क की तुलना एक बिजली की बैटरी से की जा सकती है। यह एक सार्वभौमिक सत्य है कि बिजली की बैटरियों का समूह एक बैटरी की तुलना में ज़्यादा ऊर्जा प्रदान करता है और यह भी सत्य है कि एक बैटरी उसी अनुपात में ऊर्जा प्रदान करेगी जितनी कि इसके शेलों की संख्या या क्षमता होगी।

मानवीय मस्तिष्क भी कुछ इस तरह से ही काम करता है। एक मस्तिष्क की तुलना में कई मस्तिष्कों का मिला-जुला कार्य अधिक प्रभावशाली होता है। जिस प्रकार बिजली की कई बैटरियों का समूह एक अकेली बैटरी की तुलना में ज्यादा ऊर्जा प्रदान करता है। ठीक उसी प्रकार सामंजस्य के भाव द्वारा मस्तिष्कों का संयोजित समूह एक अकेले मस्तिष्क की तुलना में अधिक विचार- पैदा करेगा जिससे हमारी कार्यकुशलता में वृद्धि होगी।

अतः स्पष्ट है कि मास्टर माइंड के सिद्धांत में शक्ति का वह रहस्य छिपा है जिसके द्वारा उन लोगों को शक्ति प्राप्त होती है जो दूसरे लोगों के मस्तिष्कों का प्रयोग करके सफलता प्राप्त करते हैं। मास्टर माइंड के सिद्धांत द्वारा आध्यात्मिक शक्ति के आध्यात्मिक स्वरूप को आसानी से समझा जा सकता है। जब व्यक्तिगत मस्तिष्कों का समूह सामंजस्य की भावना से प्रेरित होता है तो इस गठबंधन से हमें ताकत मिलती है जो उस समूह के प्रत्येक व्यक्ति के लिए लाभदायक सिद्ध होती है।

महान आविष्कारक हेनरी फोर्ड ने भी अपना बिज़नेस गरीबी, अशिक्षा और अज्ञानता जैसी बाधाओं के बीच शुरू किया था। लेकिन यह भी सच है कि दस साल से भी कम समय में हेनरी ने इन तीनों बाधाओं को पार कर लिया और करीब पच्चीस साल में ही उनकी गिनती दुनिया के सबसे अमीर व्यक्तियों में होने लगी। इन सब के अतिरिक्त हेनरी को ज्यादा सफलता उस वक़्त मिली जब वह और थॉमस ए. एडीसन मित्रता के अटूट बंधन में बंध गए। हार्वे फायरस्टोन, जॉन रोज़ और लूथर बरबैंक जैसी महान शख़्सियत भी उनकी इस महान सफलता में बराबर की हिस्सेदार थीं। इन सब के मस्तिष्कों के मैत्रीपूर्ण गठबंधनों से एक महान शक्ति का जन्म हुआ जो कि उपलब्धि के क्षेत्र में वरदान सिद्ध हुई।

इंसान का एक स्वाभाविक गुण है कि वह जिन-जिन लोगों के संपर्क में रहता है, जिनके साथ उठता- बैठता और काम करता है वह धीरे-धीरे उनके गुणों से प्रभावित होता जाता है और यही गुण आगे चलकर उसके भविष्य निर्माण में सहायक बनते है। एडीसन, बरबैंक, बरोज और फायरस्टोन के साथ अपने संबंधों के साथ-साथ हेनरी ने अपनी मस्तिष्क और उन चार लोगों की बुद्धि, ज्ञान, अनुभव और आध्यात्मिक शक्तियों का भी समावेश कर लिया।

यह सिद्धांत आपके लिए भी उपलब्ध है बशर्ते कि आप इसका सही ढंग से प्रयोग करें।

महात्मा गांधी भी इसका सर्वश्रेष्ठ उदाहरण हैं। उन्होंने अपनी इस विराट शक्ति का प्रयोग इस प्रकार किया कि बीस करोड़ लोगों को तन, मन और धन से एक ही निश्चित लक्ष्य के लिए संयोजित कर दिया। संक्षेप में कहें तो यह कोई आसान कार्य नहीं था लेकिन फिर भी गांधी जी ने हिम्मत नहीं छोड़ी और नामुमकिन को मुमकिन कर दिखाया। उन्होंने बीस करोड़ लोगों को सहयोग के लिए मजबूर करने की बजाए सामंजस्य की भावना से प्रेरित किया। अगर आपको इन बातों में ज़रा भी संदेह है तो आप भी दो लोगों को इस तरह सामंजस्य की भावना के साथ सहयोग करने के लिए प्रेरित करके देखें-फिर चाहे इसमें कितना भी वक्त क्यूं न लगे।

प्रत्येक बिज़नेसमैन इस बात से भली-भांति वाकिफ होता है कि कर्मचारियों से सामंजस्य और सद्भाव से काम करवाना बहुत मुश्किल काम है। लेकिन एक सफल बिज़नेसमैन वही है जो अपने सभी कर्मचारियों को इस गुण से प्रेरित करके अपने व्यापार को सफल बना सके।

शक्ति प्राप्त करने के जितने भी माध्यम हैं उसमें अनंत प्रज्ञा सबसे आगे है। जब दो या दो से अधिक व्यक्ति एक निश्चित लक्ष्य की प्राप्ति के लिए आपसी सहयोग से काम करने की भावना से जुड़ते हैं तो वे इस गठबंधन द्वारा खुद को ऐसी स्थिति में ले आते हैं जहां वे अपनी बुद्धिमत्ता के शाश्वत स्टोर हाउस से सीधे शक्ति हासिल कर सकें। यह शक्ति के महानतम स्रोतों में से एक है। यह वह स्रोत है जिसकी आवश्यकता दुनिया के हर महान लीडर को कभी न कभी ज़रूर पड़ती है।

इसके अलावा दो अन्य स्रोत भी हैं जिनसे ज्ञान हासिल किया जा सकता है, जो शक्ति हासिल करने के लिए उतना ही आवश्यक और विश्वसनीय भी है, जितनी कि मनुष्य की पांच इन्द्रियां। इन्द्रियां हमेशा विश्वसनीय नहीं होतीं। आगामी अध्यायों में ऐसे नए-नए तरीके बताए जाऐंगे जिनके द्वारा अनंत प्रज्ञा से सबसे अधिक तीव्रता से संपर्क किया जा सकता है।

इस पुस्तक की रचना करने का हमारा एक ही उद्देश्य है कि हम पाठकों को उनकी धन प्राप्ति की इच्छा को वास्तविक रूप प्रदान करने के लिए उचित निर्देश देना चाहते हैं। अतैव यहां वर्णित किसी भी सिद्धांत का इस तरह से विश्लेषण ना करें कि यह प्रत्यक्ष या अप्रत्यक्ष रूप से मनुष्य की धार्मिक आदतों में हस्तक्षेप करने लगे।

हर एक वक्तव्य को ध्यानपूर्वक पढ़िये और चिंतन कीजिए। इससे हर एक छोटी-छोटी बात अपने विशालतम रूप में आपके सामने खुलती जाएगी और आप इसके हर पहलू को अच्छे से जान पाएंगे।

जिस प्रकार एक प्रेमी अपनी प्रेमिका का दिल जीतने के लिए लगातार उसका पीछा करता है और एक दिन उसे अपना बना लेता है, ठीक उसी प्रकार धन भी शर्मीला और संकोची होता है। इसे पाने के लिए बहुत कोशिशें

करनी पड़ती हैं। मज़ेदार बात तो यह है कि धन का पीछा करने के लिए जिस शक्ति का प्रयोग होता है। उसी से मिलती-जुलती शक्ति किसी लड़की का पीछा करने में भी प्रयोग की जाती है। धन की तलाश के लिए इच्छा, आस्था और लगन तीनों को आपस में मिलाकर एक निश्चित योजना के द्वारा इस पर अमल करना चाहिए और उस योजना को कार्यरूप में परिवर्तित करना चाहिए।

पैसा जब भी आता है तो इस तरह आता है मानो किसी पहाड़ी से पानी बह रहा हो। यहां शक्ति की एक महान अदृश्य धारा मौजूद है। जिसकी तुलना एक नदी से की जा सकती है, जिसका एक हिस्सा एक दिशा में बहता है। और जो लोग धारा की उस दिशा से इसमें प्रवेश करते हैं यह धारा इन्हें दौलत की तरफ ऊपर ले जाती है, जबकि इसके विपरीत दिशा में बहने वाली धारा बाकी लोगों को नीचे की तरफ गरीबी और दुख में ले जाती है, जो कि इतने बदकिस्मत होते हैं कि खुद को इस धारा से निकाल कर दूसरी तरफ नहीं ले जा सकते।

एक कामयाब व्यक्ति जीवन की इस धारा के अस्तित्व को अच्छे से जानता है। यह इंसान की चिंतन प्रक्रिया का एक महत्वपूर्ण अंग है। विचार का सकारात्मक पहलू इंसान को अमीरी की तरफ ले जाता है और नकारात्मक पहलू इंसान को गरीबी की तरफ ले जाता है। यह सब बातें उन व्यक्तियों के लिए बहुत महत्वपूर्ण हैं। जो अमीर बनने के उद्देश्य से इस पुस्तक को पढ़ रहे हैं।

अगर आप शक्ति की धारा के उस तरफ हैं जो गरीबी की तरफ ले जाती है तो यह आपके लिए चप्पू का काम कर सकता है जिससे आप खुद को धारा के दूसरी तरफ धकेल सकते हैं। लेकिन यह आपकी मदद तभी करेगा जब

आप इस पर अमल करेंगे। सिर्फ बताने या पढ़ने से आपको कोई फायदा नहीं होगा।

समय कभी एक-सा नहीं रहता। ठीक उसी प्रकार अमीरी और गरीबी भी अक्सर अपना स्थान बदलती रहती है। जब अमीरी गरीबी की जगह लेती है तो यह परिवर्तन आमतौर पर अच्छी तरह से सोची गयी और सावधानी से प्रयोग में लायी गई योजनाओं का ही परिणाम होता है। दूसरी तरफ गरीबी के लिए किसी भी तरह की योजना की आवश्यकता नहीं होती और ना ही इसे किसी की सहायता की ज़रूरत होती है यह खुद-ब-खुद चली आती है क्योंकि यह साहसी और निर्मम होती है। जबकि अमीरी संकोची और शर्मीली होती है और इसे अपनी तरफ आकर्षित करना पड़ता है।

# सेक्स-रूपांतरण का रहस्य

रूपांतरण का अर्थ है "किसी तत्व या ऊर्जा के एक रूप को दूसरे रूप में बदलना।"

सेक्स का मनोभाव एक मानसिक अवस्था का परिणाम है। प्रायः इस विषय में अज्ञानता के कारण लोग इसके भौतिक स्वरूप को ही जानते हैं और इसी वासनात्मक प्रवृत्ति ने उनके मस्तिष्क को पूर्वाग्रह से ग्रस्त कर रखा है।

सेक्स एक ऐसी शक्तिशाली ताकत है जो मानव जाति के विकास के साथ-साथ एक प्रेरक शक्ति के रूप में भी कार्य करती है। सेक्स के भाव के पीछे भी तीन रचनात्मक संभावनाएं होती हैं:

1. मानव जाति का स्थायीकरण।

2. स्वास्थ्य का संरक्षण।

3. रूपांतरण की प्रक्रिया द्वारा सामान्य व्यक्ति से जीन में परिवर्तन।

सेक्स रूपांतरण एक बहुत ही आसान प्रक्रिया है जिसे आसानी से समझाया जा सकता है। इसका सही अर्थ है मस्तिष्क का भौतिक अभिव्यक्ति के विचारों से दूसरी प्रकृति के विचारों तक पहुंचना।

मनुष्य की सभी इच्छाओं में सेक्स की इच्छा सबसे शक्तिशाली है। इस इच्छा द्वारा संचालित होने पर व्यक्ति कल्पनाशीलता, साहस, इच्छा-शक्ति, लगन और रचनात्मक योग्यता हासिल कर लेता है जो किसी दूसरे समय उसके पास नहीं होती। शारीरिक संपर्क की यह इच्छा इतनी प्रबल और शक्तिशाली होती है कि लोग इसकी संतुष्टि के लिए अपना जीवन और प्रतिष्ठा तक दांव पर लगा देते हैं। लेकिन यदि इसका सही ढंग से प्रयोग किया जाए तो यह प्रेरक शक्ति अपने सभी तत्त्वों जैसे कि कल्पनाशीलता, साहस, इच्छा और लगन को वैसे ही बनाए रखती है और अगर इन शक्तियों का प्रयोग कला, साहित्य किसी अन्य व्यवसाय में किया जाए तो सफलता मिलना स्वाभाविक है।

सेक्स ऊर्जा के भौतिक स्वरूप से प्रेरक शक्ति में रूपांतरण के लिए तीव्र इच्छा शक्ति की आवश्यकता होती है। संभोग की इच्छा जन्मजात और प्राकृतिक है। ना तो यह नष्ट होती है और ना ही इसे दबाया या ख़त्म किया जा सकता है। बल्कि तीव्र प्रयासों द्वारा इसे उस दिशा में मोड़ना चाहिए जिनसे मनुष्य का शरीर, मस्तिष्क और आत्मा समृद्ध हो। यदि रूपांतरण के द्वारा इसका दिशा परिवर्तन ना किया जाए तो यह विशुद्ध शारीरिक इच्छाओं की मांग करने लगता है।

उदाहरण के लिए नदी पर बांध बनाकर पानी को कुछ समय के लिए तो रोका जा सकता है लेकिन अपने शक्तिशाली वेग से यह बाहर निकलने का रास्ता बना ही लेता है। ठीक उसी तरह सेक्स का भाव भी अनियंत्रित होता

है, इसे भी कुछ समय के लिए तो दबाया जा सकता है, परंतु अभिव्यक्ति के साधन खोजना इसकी प्रकृति में है। अगर इसे किसी रचनात्मक कार्य में ना लगाया जाए तो यह जल्द ही कोई कम महत्वपूर्ण निकास खोज लेगा।

जिस व्यक्ति ने सेक्स के भाव को रचनात्मक कार्यों की दिशा मोड़ना सीख लिया है उसने अपनी सबसे बड़ी कमज़ोरी को जीत लिया और उसके जैसा सौभाग्यशाली इंसान दुनिया में कोई नहीं हो सकता । वैज्ञानिक खोजों ने इस तथ्य का उद्घाटन इस प्रकार किया है :

1. दुनिया के बड़े-बड़े विद्वानों में उच्च विकसित सेक्स प्रकृति पाई जाती है और उन्हें सेक्स रूपांतरण की कला का पूर्ण ज्ञान होता है।

2. साहित्य, कला, व्यापार और आर्किटेक्चर के क्षेत्र में सफलता पाने वाले लोगों की प्रेरणादायक शक्ति महिला ही है।

कई हज़ार साल पहले के जितने भी स्त्री-पुरुष की जीवनियों और कहानियों का अध्ययन किया तो यही निष्कर्ष सामने आया कि उनमें महान उपलब्धियों के साथ-साथ उच्च-विकसित सेक्स प्रकृति का गुण भी था। सेक्स का भाव एक ऐसी अस्थिर शक्ति है जिसके खिलाफ गतिहीन शरीर जैसा कोई विरोध काम नहीं करता। इस भाव द्वारा संचालित होने पर लोगों में कार्य करने की एक अद्‌भुत शक्ति आ जाती है। इस सत्य को समझते ही आप में सेक्स रूपांतरण की रचनात्मक क्षमता का विकास होता है।

यदि किसी व्यक्ति या जानवर में से सेक्स ग्रंथियों को हटा दिया जाए या फिर नष्ट कर दिया जाए तो उनमें संघर्ष करने की इच्छा समाप्त हो जाती है। उदाहरण के लिए यदि आप बैल को बधिया कर दें तो यह उतना ही पालतू हो जाता है जितनी कि गाय।

## मस्तिष्क के दस आवेग

मानव मस्तिष्क उत्साह, रचनात्मक कल्पना और प्रबल इच्छा जैसे आवेगों पर ही प्रतिक्रिया करता है और इनके सकारात्मक प्रयोग से अपने व्यवसाय को उन्नति के शिखर तक ले जाता है। वे आवेग जिन पर मस्तिष्क अधिक मुक्त रूप से प्रतिक्रिया करता है का वर्णन इस प्रकार है:

1. सेक्स की इच्छा।
2. प्रेम।
3. पैसा, शोहरत की इच्छा।
4. संगीत।
5. दो लोगों के बीच मित्रता फिर चाहे यह समलैंगिक हो या विपरीत लैंगिक।
6. कई लोगों के बीच सद्भाव पर आधारित मास्टर माइंड गठबंधन जो आध्यात्मिक या सांसारिक प्रगति के लिए आपस में एक हो जाते हैं।
7. सुख-दुख में एक दूसरे का साथ देना।
8. आत्मसुझाव।
9. डर।
10. शराब जैसे नशीले पदार्थों का सेवन करना।

इन सारे आवेगों की सूची में सेक्स की इच्छा सबसे पहले नंबर पर आती है जो मस्तिष्क को अपने नियंत्रण में करके शारीरिक क्रिया करने को उत्तेजित

करती है। इनमें आठ आवेग तो प्राकृतिक और रचनात्मक प्रवृत्ति के हैं जबकि दो विध्वंसक हैं। इस सूची को यहां दिखाने का मुख्य उद्देश्य मस्तिष्क प्रेरणा के स्रोतों का तुलनात्मक अध्ययन करना है।

किसी महाज्ञानी ने कहा भी है कि एक प्रतिभाशाली व्यक्ति वह है जिसके लंबे बाल हैं, जो विलक्षण बुद्धि का है, जो अजीबो-गरीब भोजन खाता है, जो लोगों की भीड़ से दूर एकांत में रहना पसंद करता है और जिसके कार्यों का अक्सर लोग मज़ाक उड़ाते हैं। वह व्यक्ति, जिसने अपने विचारों की गहनता को उस बिंदु तक बढ़ा लिया, जहां वह ज्ञान के उन स्रोतों के साथ मुक्त संवाद कर सका जो कि सामान्य विचार वाले व्यक्तियों के लिए उपलब्ध नहीं हैं, जीनियस कहलाता है।

चिंतन करने वाले व्यक्ति का जीनियस की परिभाषा के संबंध में यही सवाल होगा कि कोई व्यक्ति ज्ञान के उन स्रोतों से संवाद कैसे कर सकता है जो सामान्य विचार के माध्यम से उपलब्ध ही नहीं है? क्या ज्ञान का ऐसा कोई माध्यम भी हैं जो सिर्फ जीनियस के लिए ही होता है? और यदि ऐसा है तो वह कौन सा स्रोत है जिससे उस तक पहुंचा जा सकता है?"

अधिकांशतः लोगों को पांच इन्द्रियों का ही ज्ञान होता है और वे छठी इंद्रिय के यथार्थ से अनभिज्ञ होते हैं। छठी इंद्रिय रचनात्मक कल्पनाशीलता होती है। इस शक्ति का प्रयोग लोग सारी ज़िंदगी कभी नहीं करते और अगर कुछ एक लोग करते भी हैं तो केवल संयोगवश। जो लोग इस रचनात्मक कल्पनाशीलता का प्रयोग बहुत सोच-विचार कर किसी निश्चित लक्ष्य की पूर्ति के लिए करते हैं वही सच में जीनियस होते है। रचनात्मक कल्पनाशीलता मनुष्य के सीमित मस्तिष्क और बुद्धि बीच की एक कड़ी है। सभी तथाकथित धार्मिक क्षेत्रों के रहस्योद्घाटन और आविष्कार के नये सिद्धांतों की खोज रचनात्मक के कल्पनाशक्ति द्वारा ही संभव है।

जब विचार या अवधारणाएं एकाएक किसी सक्रिय मस्तिष्क में कौंधने लगती हैं तो इसे आभास कहा जाता है और इन आभासों के उत्पन्न होने के कई माध्यम हैं:

1. अनंत प्रज्ञा।

2. अवचेतन मस्तिष्क जहां पांचों इंद्रियों द्वारा मस्तिष्क को पहुंचाई गई सारी सूचनाओं का संग्रह होता हैं।

3. किसी दूसरे व्यक्ति के मस्तिष्क से निकला कोई विचार।

4. किसी अन्य व्यक्ति के अवचेतन मस्तिष्क से प्राप्त विचार।

जब मस्तिष्क को दस आवेगों में से किसी एक या अधिक आवेगों द्वारा प्रेरित किया जाता है तो व्यक्ति सामान्य विचार के क्षितिज से ऊपर उठ कर सोचने लग जाता है। इससे व्यक्ति को दूरी, स्कोप और विचारों की वह गुणवत्ता हासिल हो जाती है जो निचले स्तर पर उपलब्ध नहीं थी जैसे कि जब कोई व्यक्ति व्यापार के क्षेत्र में आने वाली समस्याओं के समाधान में संलग्न हो। जब आप का मस्तिष्क आवेग से किसी विचार के अधिक ऊंचे स्तर तक उठ जाते हो तो उस वक्त आपकी स्थिति हवाई जहाज़ में बैठे उस व्यक्ति की तरह होती है, जिसे आसमान की ऊंचाई पर पहुंचकर उस क्षितिज के पार भी दिखाई देने लगता है जो ज़मीन पर रहते समय आपको कभी दिखाई नहीं दिया। यही नहीं विचारों के इस उच्च शिखर पर पहुंचकर व्यक्ति किसी भी बंधन या मोह को महसूस नहीं करता जो वह उस वक़्त महसूस करता था जब वह जीवन यापन की तीन मूलभूत आवश्यकताओं- रोटी, कपड़ा और मकान- को हासिल करने के लिए जूझता था। वह विचारों के ऐसे जहाज में होता है जहां से रोज़मर्रा की ये छोटी-मोटी मुश्किलें नज़र ही नहीं आती जिस

तरह हवाई जहाज़ में सफर करने पर पहाड़ों, घाटियों और देशों की भौतिक सीमाएं खत्म हो जाती हैं।

विचारों के इस उच्च स्तर पर पहुंचकर जहां एक तरफ मस्तिष्क को रचनात्मक कार्य करने की स्वतंत्रता मिल जाती है, वही दूसरी ओर छठी इंद्रिय के काम करने का रास्ता भी खुल जाता है। यह उन विचारों के प्रति अधिक ग्रहणशील हो जाती है जो किसी कारणवश व्यक्ति तक नही पहुंच पाते। छठी इंद्रिय वह शक्ति है जो एक सामान्य इंसान और जीनियस के बीच के अंतर को स्पष्ट करती है।

रचनात्मक शक्ति का जितना ज़्यादा प्रयोग किया जाता है उतनी ही अधिक तीव्रता से बढ़ती जाती है और अवचेतन मस्तिष्क के बाहर से आ रहे तत्वों के प्रति उतनी ही सतर्क और ग्रहणशील होती है। व्यक्ति जितना इस पर भरोसा करता है और विचार संवेगों के लिए इससे जितनी मांग करता है यह उतनी ही प्रबल होती जाती हैं। केवल उपयोग द्वारा ही इस शक्ति को विकसित किया जा सकता है।

जिस अद्वितीय अनुभूति को हम अंतरात्मा का नाम देते हैं वह और कुछ नहीं बल्कि छठी इंद्रिय होती है।

जितने भी कलाकार, लेखक, संगीतकार और कवि हुए हैं वे केवल इसलिए महान नहीं बने क्योंकि ये गुण उन्हें पैतृक संपति में उपहार स्वरूप मिले बल्कि उन्होंने अपनी शांत आवाज़ पर भरोसा करने की आदत डाली और अपनी कला का विकास किया। यह आवाज़ रचनात्मक कल्पनाशीलता की शक्ति द्वारा अंदर से बोलती है। जिन लोगों में इन विचारों को ग्रहण करने की शक्ति होती है वे इस बात से अनजान नहीं होते कि सर्वश्रेष्ठ विचार आभासों द्वारा ही आते हैं। एक महान वक्ता वही होता है जो अपने मन की

आवाज़ को शब्दों का लिबास ओढ़ाकर व्यक्त करता है और ऐसा करते वक्त वह अपनी आंखे बंद करके पूरी तरह से रचनात्मक कल्पनाशीलता पर निर्भर रहता है। एक बार मैंने जब किसी से पूछा कि वह अपने भाषण के क्लाइमैक्स पर पहुंचने से ठीक पहले अपनी आंखे क्यों बंद कर लेता है तो उसने जवाब दिया, "मैं ऐसा इसलिए करता हूँ क्योंकि तब मैं उन्हीं विचारों को व्यक्त करता हूँ जो मेरे भीतर से आते हैं।"

अमेरिका के सबसे प्रसिद्ध फाइनैन्सरों में से एक की आदत थी कि वह कोई भी फैसला लेने से पहले दो-तीन मिनट तक अपनी आंखे बंद रखता था। जब उससे पूछा गया कि वह ऐसा क्यों करता था तो उसने जवाब दिया कि "आंखें बंद होने पर मैं ज्ञान के बेहतर स्रोत से विचार हासिल करने में समर्थ होता हूँ ।"

मैरीलैंड के चेवी चेज़ के महान वैज्ञानिक स्वर्गीय डॉ. एल्मर आर. गेट्स ने अपने जीवन काल में 200 से भी अधिक उपयोगी पेटेन्ट कराये, जिनमें से अधिकतर मौलिक थे। अपनी रचनात्मक शक्ति और विकास की प्रक्रिया द्वारा उन्होंने ऐसी कई खोजें की जो वैज्ञानिक जगत के लिए आधार स्तंभ साबित हुई। डॉ. गेट्स निःसंदेह महान थे परंतु उनके कार्य भी किसी जीनियस से कम न थे।

उनकी प्रयोगशाला में एक कक्ष था जिसमें उनके सिवाय किसी को आने-जाने की इजाज़त नहीं थी। यह साउंडप्रूफ था और इस तरह से बना था कि अंधेरा करने पर रोशनी की एक छोटी सी किरण भी अंदर नहीं आ सकती थी। इसमें एक छोटी सी टेबल थी जिस पर उनकी राइटिंग पैड के अलावा कुछ नहीं रखा होता था। टेबल के सामने दीवार पर एक बिजली का पुशबटन लगा था जिससे बल्ब जलते और बुझते थे। जब कभी डॉ. गेट्स का अपनी रचनात्मक शक्ति द्वारा उपलब्ध शक्तियों से मदद लेने का मन होता तो वे इस

कमरे में जाकर टेबल पर बैठ जाते और बत्तियां बुझाकर अपना पूरा ध्यान उस खोज के सभी तत्त्वों पर एकाग्र करते थे जिस पर वे काम कर रहे थे। वे तब तक इसी अवस्था में बैठे, रहते जब तक कि उनके दिमाग में कोई विचार कौंध नहीं जाता था। इस तरह उस खोज के अनजान तत्व उनके दिमाग में घूमते रहते।

एक बार एक बहुत ही अजीब सी घटना घटी। वह अपने कक्ष में ध्यान लगाए बैठे थे कि तभी उनके दिमाग में विचार आने शुरू हुए और यह इतनी तेजी से आए कि उन्होंने करीब तीन घंटे तक लगातार लिखा। जब विचारों का प्रवाह समाप्त हुआ तो उन्होंने अपने नोट्स देखे। इनमें उन सिद्धांतों का विस्तारपूर्वक वर्णन था जिनकी वैज्ञानिक जगत में उपलब्ध आंकडों से कोई तुलना नहीं की जा सकती थी। यही नहीं, इन नोट्स में उनकी हर समस्या का समाधान बुद्धिमतापूर्वक किया गया था।

अमेरिका के कुछ बहुत बड़े कॉरपोरेशन्स ने उनकी इस अद्भुत विचार-शक्ति का प्रयोग अपने व्यापार को बढ़ाने के लिए किया। डॉ. गेट्स उनके लिए ध्यान लगाते और इसके बदले में उनसे प्रति घंटा के हिसाब से बहुत भारी फीस प्राप्त करते थे। इस तरह डॉ. गेट्स ने विचारों के लिए बैठकर अपनी बहुत सी आजीविका कमाई।

मनुष्य की तार्किक शक्ति प्रायः डावांडोल होती है क्योंकि यह ज़्यादातर व्यक्ति के अनुभव द्वारा निर्देशित होती है। अनुभव के द्वारा प्राप्त सारा ज्ञान कभी-कभार सही नहीं होता जबकि रचनात्मक शक्ति द्वारा प्राप्त विचार अधिक विश्वसनीय होते हैं। क्योंकि वे ऐसे स्रोतों से आते हैं जो मस्तिष्क की तार्किक शक्ति के उपलब्ध स्रोतों से अधिक विश्वसनीय होते हैं।

एक जीनियस और सनकी आविष्कारक में बहुत बड़ा अंतर होता है। जीनियस अपनी रचनात्मक कल्पनाशक्ति के द्वारा काम करता है जबकि साधारण व्यक्ति को इन सब के बारे में कोई जानकारी नहीं होती। डॉ. गेट्स और एडीसन जैसे महान वैज्ञानिक अपने आविष्कारों के लिए संश्लिष्ट और रचनात्मक दोनों तरह की कल्पना शक्तियों का प्रयोग कर सकते हैं। उदाहरण के तौर पर एक वैज्ञानिक जब कोई खोज शुरू करता है तो सर्वप्रथम वह अपनी संश्लिष्ट शक्ति द्वारा अनुभव के माध्यम से विचारों और सिद्धांतों को एकत्रित करता है। अगर उसे लगता है कि यह संचित ज्ञान उसके आविष्कार के लिए पर्याप्त नहीं तो वह ज्ञान के उन स्रोतों का सहारा लेता है जो उसकी रचनात्मक शक्ति के प्रयोग द्वारा उपलब्ध है। वह तरीका जिसके द्वारा वह ऐसा करता है, उसकी तकनीक का सार होता है:

1. वह अपने मस्तिष्क को सामान्य से अधिक ऊंचे स्तर पर काम करने के लिए प्रेरित करता है और इसके लिए वह अपने दस मस्तिष्क आवेगों में से एक या अधिक को प्रयोग कर सकता है।

2. वह अपने आविष्कार संबंधी सभी तत्वों पर ध्यान केन्द्रित करता है और अपने दिमाग में ही सभी अज्ञात तत्वों की एक पूरी तस्वीर बना लेता है। इस तस्वीर को वह तब तक अपने मस्तिष्क में बनाए रखता है जब तक कि अवचेतन मस्तिष्क इसे ग्रहण ना कर ले और फिर वह इन विचारों को अपने दिमाग से साफ करके सही उत्तर की तलाश करता है।

कई बार परिणाम तत्काल और निश्चित होते हैं। और यह छठी इंद्रिय पर निर्भर करते हैं। एडीसन ने बिजली का बल्ब बनाने के लिए अपनी सरल और स्पष्ट कल्पना शक्ति के द्वारा 10,000 से भी अधिक विचारों का संयोजन किया। फिर वे रचनात्मक शक्ति द्वारा विश्वसनीय स्रोतों से जुड़े और शीघ्र ही

उन्हें अपनी समस्या का समाधान मिल गया जिससे वे अपने बल्ब बनाने के प्रयोग में कामयाब हुए। फोनोग्राफ बनाते समय भी उनका यही अनुभव था।

यह एक विश्वसनीय तथ्य है कि रचनात्मक कल्पनाशीलता की शक्ति का अस्तित्व होता है। इसका प्रमाण उन लोगों के सटीक विश्लेषण से मिलता है जो ज़्यादा शिक्षित ना होने के बावजूद भी दूसरे लोगों का प्रतिनिधित्व करने की क्षमता रखते हैं। इसका साक्षात उदाहरण है अब्राहिम लिंकन, जिन्होंने अपनी रचनात्मक कल्पनाशीलता की शक्ति का प्रयोग करके महानता हासिल की। उन्हें इस शक्ति का अहसास एन रूटलेज़ नामक महिला ने करवाया।

यह एक सार्वभौमिक सच है कि एक महान व्यक्ति की सफलता में एक औरत का ही हाथ होता है। हमारे इतिहास के पन्ने ऐसे ही महान लीडर्स के नामों से भरे पड़े हैं जिन्होंने कामेच्छा के आवेग के द्वारा अपने मस्तिष्क में रचनात्मक शक्ति को जागृत किया और महान उपलब्धियां हासिल की। नेपोलियन बोनापार्ट भी इनमें से ही एक था। उनकी पहली पत्नी जोसेफाइन ने उसे जीवन में मुश्किलों से हार न मानकर आगे बढ़ने की प्रेरणा दी और वे लगातार विजयी होते रहे, लेकिन जब उनकी तार्किक शक्ति ने उन्हें जोसेफाइन से अलग होने प्रेरित किया तो उनका विनाश होना शुरू हो गया।

ऐसे ही दर्जनों व्यक्तियों के उदाहरण हैं जो अपनी पत्नियों के प्रेरक प्रभावों से उंचाईयों के शिखर तक पहुंचे लेकिन जब पैसे और ताकत का जुनून उनके सिर चढ़ कर बोलने लगा तो उन्होंने अपनी पत्नियों की तौहीन करना शुरू कर दिया और दूसरी शादी कर ली। वहीं से उनके पतन का दौर शुरू हो गया। अंततः निष्कर्ष निकाला गया कि सही स्रोत से आने वाला सेक्स का प्रभाव किसी अन्य विकल्प से अधिक सशक्त होता है।

## मानवीय मस्तिष्क आवेग पर प्रतिक्रिया करता है।

कामेच्छा, समस्त आवेगों में सबसे सशक्त और महान आवेग है। यदि इसका सही ढंग से प्रयोग किया जाए और ऊर्जा में रूपांतरित किया जाए तो यह प्रेरक शक्ति मनुष्य को विचारों के उच्च शिखर तक उठाने का सामर्थ्य रखती है। जिसके द्वारा वे अपनी मंज़िल के रास्ते में आने वाली छोटी-मोटी चिंताओं और परेशानियों को दूर करने में सक्षम हो जाते हैं।

आपकी जानकारी के लिए हम यहां पर कुछ ऐसे ही महान लोगों के नाम पेश कर रहे हैं जिनमें से हर एक में यह कामवासना की प्रवृति उच्च मात्रा में पाई जाती थी। उनकी प्रतिभा निःसंदेह शक्ति के उस स्रोत में पाई जाती है जो सेक्स ऊर्जा में रूपांतरित होती है।

जॉर्ज वॉशिंगटन

नेपोलियन बोनापार्ट

विलियम शेक्सपियर

अब्राहिम लिंकन

राल्फ वाल्डो इमर्सन

रॉबर्ट बर्न्स

थॉमस जेफरसन

अलबर्ट हबार्ड

अल्बर्ट एच. गैरी

वुडरो विल्सन

जॉन एच. पीटरसन

एन्ड्रयू जैक्सन

एनरिको कैरूसो

यदि आप चाहें तो इतिहास और सभ्यता के हर पहलू को जांच लें और ऐसे व्यक्ति को खोजने की लाख कोशिश करें जिसने उपलब्धि के क्षेत्र में तो अपना खूब नाम कमाया है लेकिन सेक्स के प्रति उसका ज़रा भी रुझान न हो। यह होना बिल्कुल असंभव है। यदि आपको उन मृत लोगों की जीवनियों पर

भरोसा नहीं है तो वर्तमान के उन लोगों के जीवन का अध्ययन करें जिन्हें आप अपना आदर्श मानते हैं और फिर देखें कि क्या उनमें से कोई ऐसा है जिसमें सेक्स की प्रकृति नहीं हैं। हर एक जीनियस सेक्स की ऊर्जा को रचनात्मक ऊर्जा में तब्दील करने की क्षमता रखता है। दुनिया में ऐसा कोई भी महान नेता या कलाकार नहीं हुआ जिसमें सेक्स की प्रेरक शक्ति का अभाव हो।

अतः यह कहना कदापि गलत नहीं होगा कि उच्च सेक्स प्रकृति वाला हर व्यक्ति जीनियस होता है। जब वह अपनी कल्पना की रचनात्मक शक्ति द्वारा अपने मस्तिष्क को प्रेरित करता है तो जीनियस के स्तर से कहीं आगे बढ़ जाता है। सेक्स की ऊर्जा जैसे प्रेरक आवेग उसे प्रेरणा देते हैं। और कार्य करने के लिए प्रेरित करते हैं। जीनियस बनने के लिए केवल सेक्स ऊर्जा ही पर्याप्त नहीं होती बल्कि जीनियस वह है जो इस शारीरिक संपर्क की इच्छा को रूपांतरित करके इच्छा और कार्य के रूप में बदल देता है।

कई बार लोग अपनी इस प्रबल कामेच्छा को इस कदर खुद पर हावी होने देते हैं कि उन्हें सही-गलत का कुछ अहसास नहीं हो पाता और ऐसे लोगों की गिनती जानवरों की श्रेणी में कर जाती है।

लोग चालीस साल से पहले सफल क्यों होते हैं?

मैंने 25,000 से भी अधिक लोगों का विश्लेषण किया और पाया कि ज़्यादातर लोग चालीस से कम की उम्र में सफल नहीं हो पाते चूंकि उस वक्त ना तो उनमें सफलता प्राप्ति की कोई लगन होती है और ना ही कोई जज़्बा। वे अपनी ज़िंदगी को अपने तरीके से ही जीना पसंद करते हैं। उम्र के पांचवे दशक में उन्हें अपनी सही जिम्मेदारियों और लक्ष्यों का अहसास होता है। यह तथ्य इतना आश्चर्यजनक था कि मैंने इसके हर एक पहलू का बहुत ही सावधानी से निरीक्षण किया।

इसके अध्ययन से जो सच्चाई सामने आई वह उनकी असफलता का सबसे बड़ा कारण थी। दरअसल लोग चालीस-पचास साल की आयु से पहले सेक्स के भाव की शारीरिक अभिव्यक्ति में लगे रहते हैं। वे इस सच्चाई से अनभिज्ञ रहते हैं सेक्स की ऊर्जा की शारीरिक अभिव्यक्ति के सिवाय और भी कई तरह की संभावनाएं हैं जो इससे भी कहीं ज़्यादा महत्वपूर्ण हैं। लेकिन जो लोग इस सत्य को पैंतालीस-पचास साल की उम्र से पहले ही खोज लेते हैं वे अपने जीवन के महत्वपूर्ण वर्ष ऐसे ही बर्बाद कर लेते हैं क्योंकि उस आयु में सेक्स ऊर्जा अपने शिखर पर होती है। जबकि उपलब्धियां तो इसके बाद ही मिलनी शुरू होती हैं।

अक्सर लोग चालीस-पचास साल की उम्र पार करने के बाद भी अपनी इस ऊर्जा को सही जगह पर लगाने की बजाय व्यर्थ में ही अपव्यय करते रहते हैं। जिससे उनके अति-मूल्यवान श्रेष्ठ और सशक्त भाव यूं ही बेकार चले जाते हैं। यदि सेक्सुअल अभिव्यक्ति की इस महान आकांक्षा का सही ढंग से दोहन किया जाए और इसका प्रयोग शारीरिक सुख-सुविधाओं की बजाय अन्य कार्यों में किया जाए तो महान सफलता हासिल की जा सकती है।

इतिहास में ऐसे लोगों की भी कमी नहीं हैं जिन्होंने कृत्रिम मानसिक प्रेरकों जैसे शराब या अन्य नशीले पदार्थों का प्रयोग करके बेहतर परिणाम प्राप्त किए। एडगर एलन पो ने शराब के नशे में "द रेवन" नामक पुस्तक की रचना ऐसे सपने देखते हुए की जिसे देखने का साहस एक सामान्य इंसान कभी नहीं कर सकता। जेम्स व्हिटकॉम्ब राइले ने भी नशे में धुत्त होकर अपनी सर्वश्रेष्ठ लेखन कला का परिचय दिया। शायद इसलिए उन्होंने देखा कि "वास्तविकता और स्वप्न में संयोजन है जिससे नदी के ऊपर मिल और धारा के ऊपर कोहरा" हो सकता है। राबर्ट बर्न्स ने भी नशे की हालत में ही अपना सर्वश्रेष्ठ लेखन किया।

अत्यधिकता सदैव हानिकारक ही होती है। नशे नामक जहरीले पदार्थ ने कई महान लोगों को मौत की नींद सुला दिया और ऐसा होने के पीछे भी मनुष्य की अपनी ही गलती है। प्रकृति ने अपना स्वयं का ऐसा प्रेरक द्रव्य पदार्थ बनाया है, जिसके द्वारा मनुष्य अपने मस्तिष्क को प्रेरित करके अच्छे और दुर्लभ विचार हासिल कर सकता है। लेकिन मनुष्य प्रकृति के इन प्रेरकों का कोई भी संतोषजनक विकल्प खोजने में आज तक सफल नहीं हो पाया है।

मनोवैज्ञानिकों का मानना है कि सेक्स आकांक्षा और आध्यात्मिक आकांक्षा में एक बहुत करीबी संबंध होता है परंतु जो लोग धार्मिक कार्यों में लिप्त रहते हैं उनके लिए इसका ज़्यादा महत्व नहीं होता।

संसार मानवीय भावों द्वारा शासित और स्थापित होता है। तर्क लोगों के कार्यों को उतना प्रभावित नहीं करता जितना कि उनकी भावनाओं को करता है। मस्तिष्क की रचनात्मक शक्ति भी इन्हीं भावनाओं से संचालित होती है। समस्त मानवीय भावों में सेक्स का भाव सबसे ज़्यादा सशक्त है । यदि अन्य प्रेरक आवेगों को आपस में मिला दिया जाए तो भी सब मिलकर सेक्स की प्रेरक शक्ति का मुकाबला नहीं कर सकते।

एक सक्रिय मस्तिष्क इतना कार्यशील होता है कि यह प्रेरक विचार आवेगों की गहनता को स्थायी या अस्थायी तौर पर बढ़ा भी सकता है और कम भी कर सकता है। जिन दस प्रेरक आवेगों का वर्णन पीछे किया गया है वे आम प्रेरक हैं। इन स्रोतों के द्वारा इंसान अनंत प्रज्ञा से संपर्क कर सकता है या अपनी इच्छा से दूसरों के मस्तिष्क में चल रही गतिविधियों पर नज़र रख सकता है।

एक अध्यापक ने 30,000 से अधिक सेल्समैनों को प्रशिक्षित करके उनके प्रयासों का निर्देशन किया जिससे एक आश्चर्यजनक बात सामने आई कि जो व्यक्ति उच्च सेक्स प्रवृत्ति के होते हैं वे सबसे अधिक प्रभावी

सेल्समैन होते हैं। इसका कारण यह है कि व्यक्ति के जिस गुण को व्यक्तिगत चुंबकीयता का नाम दिया जाता है वह सेक्स ऊर्जा के अतिरिक्त कुछ नहीं होता। उच्च सेक्स प्रवृत्ति वाले व्यक्तियों में यह चुंबकीयता प्रचुर मात्रा में होती है। यदि वह अपने इस गुण का प्रयोग पूरी सूझ-बूझ से करे तो अपनी सेल्स के साथ-साथ लोगों के साथ संबंधों में भी बढ़ोत्तरी कर सकता है। यह ऊर्जा कई कई माध्यमों से एक-दूसरे को संप्रेषित की जा सकती है :

1. **हाथ मिलाना :** हाथ के स्पर्श से तत्काल ही चुंबकीयता की उपस्थिति या अनुपस्थिति का पता चल जाता है।

2. **आवाज का लहज़ा :** सेक्स ऊर्जा वह तत्व है जिससे आवाज़ रंगीन, आकर्षक या संगीतमय बनती है।

3. **हाव-भाव :** उच्च सेक्स प्रवृत्ति के लोग सहजता और शालीनता से चलते हैं।

4. **विचार में कम्पन :** उच्च सेक्स प्रवृत्ति के लोग अपने विचारों को सेक्स मनोभावों के साथ मिश्रित करके लोगों को मनचाहे ढंग से प्रभावित करते हैं।

5. **शरीर की सजावट :** उच्च सेक्स प्रवृत्ति के लोग अपनी व्यक्तिगत छवि के बारे में बहुत सजग रहते हैं। वे अपने रहन-सहन, मधुर वक्तव्य और स्टाइलिश पहनावे से लोगों को अपनी तरफ आकर्षित करते हैं।

सेल्समैन का चुनाव बहुत ही सावधानी से करना चाहिए। सेल्समैन का सबसे प्रभावशाली गुण होता है व्यक्तिगत चुंबकीयता जो उनकी पहली मूलभूत आवश्यकता होती है। जिन लोगों में सेक्स ऊर्जा कम होती है न तो खुद उत्साहित रहते हैं और ना ही कभी दूसरों को उत्साहित रख पाते

हैं। सेल्समैनशिप की सबसे महत्वपूर्ण शर्त -उत्साह, फिर चाहे वह कोई भी सामान क्यों ना बेच रहा हो, लेकिन उसका यह उत्साह कम नहीं होना चाहिए।

अगर किसी सेल्समैन, वकील या सार्वजनिक वक्ता में सेक्स ऊर्जा में कमी होती है तो वह दूसरों को प्रभावित करने में नाकाम हो जाता है। प्रभावशाली सेल्समैन लोगों की भावनाओं को प्रभावित करके ही उन्हें प्रभावित कर सकता है। मास्टर सेल्समैन सेलिंग में महारत इसलिए हासिल कर लेते हैं क्योंकि वे सेक्स ऊर्जा को उत्साह में रूपांतरित करने का हुनर जानते हैं। इस वक्तव्य में सेक्स रूपांतरण का बहुत ही आसान सा सुझाव बताया गया है।

जो व्यक्ति अपने मौलिक लक्ष्य को पूरा करने का संकल्प कर लेता है और अथाह उत्साह से इसे पूरा करने में जुट जाता है, वही व्यक्ति सेक्स रूपांतरण की कला से भली-भांति परिचित होता है। वह जानता है कि किस तरह अपने दिमाग को सेक्स के विषय से दूर हटाकर सेल्स बढ़ाने में लगाया जाए। अधिकतर सेल्समैन अपनी सेक्स ऊर्जा रूपांतरित करते हैं और ऐसा करते हुए उन्हें ज़रा भी अंदेशा नहीं होता कि वे क्या कर रहे हैं और कैसे कर रहे हैं।

सेक्स ऊर्जा के रूपांतरण के लिए प्रबल इच्छाशक्ति की आवश्यक पड़ती है और एक सामान्य इंसान में न तो इतनी इच्छा-शक्ति जुटाने की क्षमता होती है। और न ही वह इसकी परवाह करता है। जिन लोगों को इस रूपांतरण के लिए पर्याप्त इच्छा-शक्ति जुटाना कठिन लगता है वे इस योग्यता को धीरे-धीरे हासिल कर सकते हैं। हालांकि इसमें इच्छा-शक्ति की आवश्यकता होती है परंतु अधिक प्रयासों से ही बेहतर परिणाम मिल सकते हैं।

सेक्स एक ऐसा विषय है जिसके बारे में लोग बहुत कम जानते हैं लेकिन कुछ नासमझ और शरारती तत्वों ने इस शब्द का गलत इस्तेमाल करके पूरी मानव जाति को शर्मिंदगी की दलदल में धकेल दिया है। जिन स्त्री-पुरूषों को उच्च सेक्स प्रवृत्ति का वरदान मिला है वे भी अक्सर इस वरदान को श्राप समझने की भूल कर बैठते हैं। प्रबुद्धता के इस युग में करोड़ों लोग इस हीन भावना का शिकार हैं कि उच्च सेक्स प्रवृत्ति उनके लिए एक अभिशाप है। सेक्स ऊर्जा के गुणों की बातों से यह कदापि मत समझ लेना कि हम उन्मुक्त सेक्स की वकालत कर रहें हैं। बल्कि सेक्स की यह भावना तभी एक सद्गुण कही जाएगी। जब इसका प्रयोग बुद्धिमानी और सावधानी से किया जाए। लेकिन इसका दुरुपयोग भी किया जा सकता है और अक्सर किया: जाता है उस हद तक कि यह शरीर और मस्तिष्क की समृद्ध बनाने की बजाय इन्हें नीचे गिराती है।

हर महान लीडर की सफलता के पीछे किसी महिला की प्रेरणा की बात जानकर मुझे बहुत प्रसन्नता हुई। नारी एक ऐसी प्रेरणादायक शक्ति है जो अगर चाहे तो अपनी प्रेरणा से किसी का भी भाग्य उज्जवल कर सकती है, लेकिन यदि इसका अपमान किया जाए या फिर उसकी अवहेलना की जाए तो यह उसे बर्बादी की कगार पर ले जाती है। लेकिन मैंने महिलाओं के संकोची या मतलबी होने की बात आज तक कभी नहीं सुनी।

जहां एक तरफ शराब या नशीले पदार्थों का सेवन प्रेरक आवेग में असंयम का विध्वंसक रूप है, वहीं दूसरी तरफ सेक्स में अति-संलग्नता एक ऐसी बुरी आदत बन जाती है जो रचनात्मक प्रयासों के लिए उतनी ही विनाशकारी होती है जितनी कि शराब। सेक्स के पीछे पागल इंसान और नशे में धुत इंसान, दोनों की स्थिति एक जैसी ही होती है। दोनों ही अपनी तर्क और इच्छा-शक्ति पर नियंत्रण खो देते हैं और कई भयंकर बीमारियों का शिकार हो जाते हैं।

सेक्स रूपांतरण के विषय में अज्ञान एक तरफ तो एक अज्ञानी व्यक्ति पर बहुत अधिक पैनल्टी ठोक देता है और दूसरी तरफ उसे इससे मिलने वाले लाभों से भी वंचित रखता है। लोग सेक्स संबंधी जानकारी प्राप्त करने में बहुत हिचकिचाते हैं। यही रहस्य और मौन का षड्यंत्र युवा वर्ग के लोगों के मस्तिष्क पर वही प्रभाव डालता है जितना कि निषेध के मनोविज्ञान। जिसका परिणाम यह होता है कि लोगों की जिज्ञासा बढ़ती जाती है और वे इस विषय में जानने के लिए बेचैन हो उठते हैं। लेकिन शर्म की बात है कि हमारे देश में डॉक्टर और कानून बनाने वाले, लोगों को शारीरिक सुखों के लिए प्रयोग करते हैं। चालीस से साठ के बीच की उम्र ही महानतम रचनात्मक कार्य करने की होती है। जो लोग अपने बुढ़ापे के आगमन को लेकर चिंतित हैं और चालीस साल से पहले सफल नहीं हो पाये हैं, उनके लिए तो यह बहुत बड़ी खुशी का मौका है। इसलिए उम्र के इस पड़ाव पर व्यक्ति को घबराना नहीं चाहिए बल्कि उम्मीद और उत्साह से इसके आने का इंतजार करना चाहिए चूंकि हो सकता है कि उम्र के इस दौर में ही उनका भविष्य संवर जाए।

अगर आपको इस विषय को लेकर कोई भी शंका है तो अमेरिका के सर्वसंपन्न लोगों के रिकॉर्ड उठाकर देख लीजिए ... प्रमाण आपके सामने होगा। अधिकांश लोग किसी कार्य में अपना सर्वश्रेष्ठ योगदान चालीस साल की उम्र के बाद ही देते हैं। हेनरी फोर्ड भी चालीस साल की उम्र तक भटकता रहा लेकिन सफलता उसे बाद में ही मिली। एन्ड्रयू कारनेगी को भी अपने प्रयासों का फल चालीस साल के बाद ही मिला। इसी तरह जेम्स जे. हिल चालीस साल की उम्र के बाद तक टेलीग्राफ चला रहा था। उसके प्रयासों को नई दिशा बाद के कुछ सालों में ही मिली। अमेरिकी उद्योगपतियों और फाइनैन्सरों की जीवनियां इस प्रमाण से भरी हुई हैं कि चालीस से साठ के बीच का कालखंड मनुष्य का सबसे अधिक उत्पादक कालखंड होता है।

तीस से चालीस के बीच की उम्र में व्यक्ति सेक्स रूपांतरण की कला को सीखना और समझना शुरू करता है। यह खोज अनायास ही होती है और जो व्यक्ति इसे खोजता है वह इसके बारे में पूरी तरह से अनजान होता है। पैंतीस से चालीस साल के बीच उसकी उपलब्धियों की क्षमता धीरे-धीरे बढ़ती जाती है लेकिन वह तब भी इन परिवर्तनों से अनजान रहता है। प्रकृति का नियम है कि तीस से चालीस के बीच की उम्र में यह व्यक्ति में प्रेम और सेक्स के भावों में संयोजन करना शुरू कर देती है ताकि वह इन महान शक्तियों की मदद लेकर उन्हें प्रेरणा के रूप में उपयोग कर सके, लेकिन जो व्यक्ति इन्हें अन्यथा ही लेते हैं उनके लिए यह अनुपयोगी रहती है।

सेक्स ही एक्शन के लिए शक्तिशाली आकाक्षा है, परंतु इसकी शक्तियां किसी तूफान की तरह होती है जिन्हें नियंत्रित करना बहुत आधार पर मुश्किल होता है। लेकिन जब प्रेम और सेक्स के भाव आपस में जुड़ते हैं तो उद्देश्य, संतुलन और निर्णय की सटीकता जैसे महत्वपूर्ण परिणाम के सामने आते हैं। चालीस के दशक तक पहुंचते-पहुंचते व्यक्ति में इतना सामर्थ्य पैदा हो जाता है कि वह अपने खुद के अनुभव इनके सही-गलत होने का विश्लेषण कर सकता है।

जब कोई व्यक्ति किसी महिला को खुश करने के लिए सिर्फ सेक्स के उद्देश्य से संचालित होता है तो वह असंगठित, विकृत और विध्वंसक प्रवृत्ति के विचारों से प्रेरित होता है। ऐसे में वह चोरी कर सकता है। धोखा दे सकता है और यहां तक कि किसी की हत्या भी कर सकता है। परंतु जब सेक्स के भाव में प्रेम के भाव का संयोजन होगा तो वह प्रत्येक कार्य को बुद्धिमानी, संतुलन और तर्कपूर्ण ढंग से करेगा।

प्यार, रोमांस और सेक्स यह सभी भाव इंसान को उपलब्धि के शिखर तक ले जाने में समर्थ होते हैं। प्रेम का भाव इसमें सेफ्टी वाल्व का काम करता है और संतुलन बनाए रखता है। जब इन तीनों भावों का संयोजन होता है तो व्यक्ति जीनियस की ऊंचाइयों को छू लेता है। दूसरे शब्दों में कहा जाए तो प्रकृति ने मनुष्य को मस्तिष्क की एक अदभुत कैमिस्ट्री प्रदान की है जो उसी तरह काम करती है जिस तरह कि पदार्थ की कैमिस्ट्री के सिद्धांत। जिस प्रकार पदार्थ की कैमिस्ट्री का प्रयोग कोई कैमिस्ट अपने व्यक्तिगत स्वार्थ की पूर्ति के लिए ज़हर बनाने में कर सकता है, ठीक उसी प्रकार ईर्ष्या और सेक्स जैसी भावनाएं जब आपस में मिलती हैं तो इंसान हैवानियत की सारी हदें पार कर देता है। मस्तिष्क की कैमिस्ट्री मानवीय मस्तिष्क में एक या एक से अधिक विनाशकारी भावों को मिलाकर एक ऐसा ज़हर उत्पन्न कर देती है जिससे इंसान में न्याय और सहनशीलता जैसे सारे भाव नष्ट हो जाते हैं। जबकि एक जीनियस का सेक्स, प्रेम, रोमांस के विकास पर नियंत्रण होता है। यह प्रक्रिया इस तरह से बताई जा सकती है:

मानव मस्तिष्क आदत का गुलाम होता है और यह उन्हीं विचारों के कार्य करता है जो इसे दिए जाते हैं। मनुष्य अपनी इच्छाशक्ति से किसी भी भाव को प्रोत्साहित और निरुत्साहित कर सकता है। यह अनुरूप इच्छाशक्ति मस्तिष्क के भावों को नियंत्रित करने में सहायता करती है। और नियंत्रण, लगन और आदत से आता है। यदि आप रूपांतरण की प्रक्रिया को समझ जाएंगे तो नियंत्रण का रहस्य भी आसानी से समझ में आ जाएगा क्योंकि रूपांतरण में ही नियंत्रण का रहस्य छुपा होता है। जब भी कोई नकारात्मक भाव मस्तिष्क में आता है तो अपने विचारों को बदल कर इसे सकारात्मक या रचनात्मक भावों में रूपांतरित किया जा सकता है।

जीनियस बनने के लिए स्वैच्छिक आत्मप्रयास ही एकमात्र सुझाव है। सेक्स ऊर्जा की प्रेरक शक्ति के द्वारा कोई व्यक्ति आर्थिक या व्यवसायिक उपलब्धि तो प्राप्त कर सकता है लेकिन इसके साथ ही उसमें कुछ ऐसी कमियां भी होती हैं जिससे या तो वह अपनी दौलत को एकत्रित करके नहीं रख पाता या फिर इसका सही ढंग से उपभोग नहीं कर पाता। हमें इस का सही ढंग से विश्लेषण करके चिंतन और मनन करना चाहिए क्योंकि यह एक ऐसी सच्चाई है जिसके बारे में यदि लोगों को ना पता हो तो वे दुख और परेशानियों से घिरे रहते हैं फिर चाहे वह कितने ही दौलतमंद क्यों न हों ।

किसी ने सच ही कहा है कि प्रेम कभी खत्म नहीं होता। प्रेरणास्रोत के चले जाने के बाद भी इसकी यादें ज्यों की त्यों बनी रहती हैं और आगे बढ़ने में मार्गदर्शक बनती है। एक सच्चा प्रेमी प्रेम की अनुभूति को अच्छी तरह से पहचानता है। प्रेम का प्रभाव स्थायी प्रवृत्ति का है क्योंकि इसकी प्रकृति आध्यात्मिक है। प्रेम मानवीय हृदय पर स्थायी चिन्ह छोड़ देता है। प्रत्येक व्यक्ति जीवन में कभी ना कभी तो प्रेम के इस अनोखे अहसास से प्रभावित अवश्य होता है लेकिन अगर कोई इससे अछूता रह जाए तो वह दुनिया का सबसे बदकिस्मत इंसान होगा जो जीवित होते हुए भी किसी मुर्दा व्यक्ति से कम नहीं होता।

जब भी समय मिले तो अपने बीते हुए कल को याद कीजिए और प्रेम की सुंदर स्मृतियों में खोलकर देखिए। यकीन मानिए प्रेम की यह छोटी सी झलक ही आपको वर्तमान की सारी चिंताओं और तनावों से कर देगी और यह आपको जीवन की अप्रिय वास्तविकताओं से मुक्ति का स्रोत प्रदान करेगा। और क्या पता फंतासी के संसार में इस अस्थायी विचरण के दौरान आपका मस्तिष्क आपको कुछ ऐसे विचार प्रदान करें जिससे आपके जीवन का पूरा आर्थिक और आध्यात्मिक स्टेटस बदल जाए।

जो व्यक्ति अपने प्रेम को खोने से उदास हो जाता है और अपनी बदकिस्मती के लिए खुद को कोसने लगता है, उसके लिए बेहतर है कि वह इस बात को भूल जाए क्योंकि जिस व्यक्ति ने सच्चा प्रेम किया है वह इसे कभी गंवा नहीं सकता। हां, यह सच है कि इसके जाने से थोड़ी पीड़ा ज़रूर होती है लेकिन प्रेम भी थोड़ा सनकी और तुनकमिजाजी होता है। यह अपनी इच्छा से आता और बिना कोई चेतावनी दिए चला जाता है। इसे कोई बांध कर नही रख सकता। इसलिए जब तक यह आपके पास है तब तक इसे खुले दिल से स्वीकार करें और आनंद उठाएं लेकिन इसके जाने के बाद व्यर्थ में चिंता करके अपना समय बर्बाद ना करें क्योंकि आपके चिंता करने से यह वापस नहीं आएगा।

कई लोग इस में यकीन रखते हैं कि प्यार जिंदगी में सिर्फ एक बार ही होता है इसलिए वे इसके चले जाने पर ज़िंदगी से हताश हो जाते हैं। और हर वक्त अपने आप को खुशियों से दूर रख कर सजा देते हैं। अगर ऐसा है, तो इस विचार को अपने दिल से निकाल दें क्योंकि प्रेम जिंदगी में अनंत बार आ भी सकता है और जा भी सकता है लेकिन प्रेम का अनुभव हर बार एक जैसा नहीं होता। जहां एक तरफ प्रेम में खट्टे-मीठे अहसास होते हैं वहीं दूसरी तरफ हल्की-फुल्की नोंक-झोंक भी शामिल होती है। एक प्रेम दिल पर गहरे निशान छोड़ता है तो वहीं दूसरा अपनी बेवफाई से दिल को चकनाचूर कर देता है। हालांकि सभी प्रेम अनुभव संतोषजनक होते हैं परंतु उस व्यक्ति के लिए नहीं जो प्रेम के जाने के बाद नफरत और विरह की आग में जलने लगता है।

यदि लोग प्रेम और सेक्स की भावनाओं के बीच के अंतर को समझ लें तो उन्हें प्रेम के बारे में कोई गलतफहमी नहीं होगी। प्रेम आध्यात्मिक होता है जबकि सेक्स जीववैज्ञानिक। यदि कोई अनुभव मानवीय हृदय को आध्यात्मिक शक्ति से स्पर्श करता है तो वह कभी हानिकारक नहीं हो सकता

लेकिन जब इसमें ईर्ष्या या अज्ञानता का समावेश हो जाए तो यह बहुत ही भयंकर रूप धारण कर लेता है।

इसमें कोई शक नहीं कि प्रेम जीवन का सबसे महान और अद्वितीय अनुभव है। यह व्यक्ति को अनंत प्रज्ञा के संपर्क में लाता है। प्रेम और सेक्स का संयोजन व्यक्ति को रचनात्मक प्रयासों की तरफ मोड़ता है। प्रेम, सेक्स और रोमांस ये तीनों भाव किसी जीनियस की सफलता के मुख्य पहलू हैं। प्रेम के भाव में कई रंग, कई शेड और कई पहलू होते हैं। परंतु इन सब में सबसे गहन और धधकता हुआ प्रकार वह है जिसमें प्रेम और सेक्स की भावनाएं आपस में मिल जाती हैं। वह विवाह कभी कामयाब नहीं होता जिसमें प्रेम और सेक्स के भावों का उचित संतुलन नहीं होता और ना ही ऐसे रिश्ते ज़्यादा लंबे समय तक चल पाते हैं। ना तो प्रेम अकेला किसी शादी को सफल बना सकता है और ना ही अकेला सेक्स इसमें कामयाब होता है। जब ये दोनों सुंदर भाव आपस में मिलते हैं तो एक ऐसी मानसिक अवस्था पैदा हो जाती है जो इस धरती पर महसूस की जा सकने वाली आध्यात्मिक अवस्था के निकट होती है।

जब रोमांस का भाव, प्रेम और सेक्स के साथ जुड़ता है तो मनुष्य के सीमाबद्ध मस्तिष्क और अनंत ज्ञान के बीच की बाधाएँ हट जाती हैं और तब एक जीनियस का जन्म होता है जो अपनी रचनात्मक उपलब्धियों से समस्त मानव जाति का भला करता है।

प्रायः कई नव दंपतियों में विवाह के कुछ समय बाद ही तनाव और अराजकता का माहौल बन जाता है जिसके कई कारण हो सकते हैं जैसे कि आपसी समझ का अभाव, सेक्स के विषय में अज्ञान और बात-बात में एक-दूसरे की कमियां निकालना इत्यादि। लेकिन यदि ऊपर बताई गई बातों का

ध्यान रखा जाए तो सद्भाव का वातावरण बनाया जा सकता है। इसके लिए जरूरी है कि एक-दूसरे को ज्यादा से ज्यादा वक्त दें और आपस में बातचीत का अच्छा तालमेल बनाएं। बार-बार टोकने या ताने कसने से व्यक्ति को बहुत पीड़ा होती है इसलिए कोशिश करें कि इन बातों को अपने रिश्ते में आने का मौका ही ना दें। जहां प्रेम, सेक्स और रोमांस के भाव और कार्य की सही समझ रहती है वहां विवाहित युगल में कोई तनाव नहीं होता।

शादी जैसे पवित्र रिश्ते की डोर पत्नी के हाथ में होती है। यदि वह चाहे तो अपने प्यार, समझ और ईमानदारी से इस रिश्ते को मजबूत बना सकती है और यदि ना चाहे तो पल में इसका नामोनिशान मिटा भी सकती है। बनाना या मिटाना इस बात पर निर्भर करता है कि पत्नी प्रेम, सेक्स और रोमांस की भावनाओं को कितनी अच्छी तरह से समझती है। वह पति बहुत भाग्यशाली होता है जिसकी पत्नी इन तीनों के महत्व को अच्छे से समझती है। इस अद्भुत त्रिमूर्ति द्वारा किया गया कोई भी कार्य मुश्किल नहीं लगता क्योंकि हर प्रयास चाहे वह छोटा हो या बड़ा प्रेम की अभिव्यक्ति बन जाता है।

यदि कोई पत्नी सेक्स, प्रेम और रोमांस जैसे भावों के विषय में उदासीन है तो वह स्वतः ही अपने पति को इस बात की इजाज़त देती है कि वह उसमें दिलचस्पी लेना छोड़कर दूसरी महिलाओं की तरफ आकर्षित हो। इससे प्रमाणित होता है कि उन दोनों के बीच कभी सच्चा प्यार था ही नहीं। यह तथ्य उस आदमी पर भी लागू होता है जो अपनी पत्नी को स्वयं में रुचि समाप्त करने की इजाज़त देता है।

विवाहित लोग अक्सर छोटी-छोटी बातों पर झगड़ने लगते हैं। यदि इनका सही ढंग से विश्लेषण किया जाए तो इसकी वजह ज़्यादातर इन विषयों का अज्ञान या उदासीनता ही होती है।

महिलाओं को प्रसन्न रखना ही पुरुषों की सबसे महान प्रेरक शक्ति होती है और यह प्रथा आदिकाल से ही चली आ रही है। पुरातन युग में शिकारी पुरुष हमेशा महिलाओं की नजरों में महान बनने की ताक में रहते थे। वह प्राय: ऐसे वीरतापूर्वक कार्य करते जिससे महिलाएं उनकी तरफ आकर्षित हों। आज बरसों बाद भी उनकी यह प्रकृति ज़रा भी नहीं बदली। आज का पुरुष काम से लौटते वक्त किसी तरह का तनाव या गुस्सा अपने साथ घर नहीं लाता बल्कि वह अच्छे कपड़े, बड़ी गाड़ी और दौलत लाकर अपनी पत्नी को खुश रखने का प्रयास करता है। पुरुषों में स्त्रियों को प्रसन्न करने की वह इच्छा आज भी मौजूद है जो सदियों पहले हुआ करती थी। कुछ बदला है तो केवल उसका प्रसन्न करने का तरीका। महिलाओं को प्रसन्न करने की इच्छा से प्रेरित होकर ही पुरूष ढेर सारी दौलत, शोहरत कमाते हैं और ऊंचा मुकाम हासिल करते हैं। सच कहा जाए तो स्त्री से ही पुरूष का अस्तित्व संभव है। यदि महिलाओं को उनकी जिंदगी से निकाल दिया जाए तो उनकी सारी दौलत-शोहरत निरर्थक हो जाएगी। पुरूषों की महिला को प्रसन्न करने की इसी अंतर्भूत इच्छा के कारण ही महिला को यह शक्ति मिलती है कि वह पुरूष को बना भी सकती है और मिटा भी सकती है।

जो महिला अच्छी कूटनीतिज्ञ है और पुरुषों की प्रकृति को अच्छी तरह से समझती है, वह हर समस्या को अपने तरीके से सुलझाने का प्रयास करती है। उसे दूसरी महिलाओं की प्रतियोगिता से डरने की कोई आवश्यकता नहीं होती। पुरुष जो बाहरी दुनिया के सामने अपनी मर्दानगी के कारण महान हो सकते हैं, परंतु अपनी पसंद की महिलाओं के सामने तो वह भी हार मान लेते हैं और उनके द्वारा आसानी से शासित हो जाते हैं। पुरूषों की प्रकृति बहुत अजीब होती है। वह खुद को बहुत शक्तिशाली मानते हैं, लेकिन यह स्वीकार नहीं करते कि कोई उन्हें महिलाओं का चमचा कहे या फिर महिलाओं द्वारा

किया गया अपमान सहन करे। जो महिलाएं पुरुषों के इस गुण से अच्छी तरह वाकिफ होती हैं वह बहुत ही समझदारी से इसे अनदेखा कर देती हैं और सामान्य व्यवहार करती हैं।

इसके विपरीत कई बार पुरूष जानते हैं कि वे अपनी माताओं, बहनों, पत्नियों और प्रेमिकाओं से ज़्यादा प्रभावित हो रहे हैं परंतु वे जानबूझकर उनके इस प्रभाव का विरोध नहीं करते क्योंकि वे इस सच्चाई को अच्छे से जानते हैं कि कोई भी पुरुष किसी महिला के बिना पूर्ण नहीं हो सकता। जो व्यक्ति इस सच्चाई को समझने में चूक जाता है वह खुद को उस शक्ति से वंचित कर देता है जिसने पुरुषों को उनके पुरुषत्व को कायम रखने में सफलता दिलायी है जितनी कि बाकी सभी शक्तियां मिलकर भी नहीं करती।

# जोड़ने वाला सूत्र

अवचेतन मस्तिष्क चेतना का वह क्षेत्र होता है जिसमें पांचों इंद्रियों द्वारा चेतन मस्तिष्क को पहुंचाए जाने वाले विचारों का हर संवेग वर्गीकृत और रिकॉर्ड होता है। जहां से विचारों को उसी तरह निकाला और डाला जा सकता है जिस तरह दस्तावेज़ों को फाइलों से निकाला और लगाया जाता है।

विचार चाहे कैसी भी प्रकृति के क्यूं न हो अवचेतन मस्तिष्क इन्हें तुरंत ही ग्रहण कर लेता है। अवचेतन मस्तिष्क एक ऐसा स्टोर हाउस है जहां आप ऐसी किसी भी योजना, विचार या लक्ष्य को संग्रहित करके रख सकते हो जिसे आप भौतिक या आर्थिक समतुल्य में रूपांतरित करना चाहते हो। प्रबल इच्छा का अपने आप में कोई अस्तित्व नहीं होता। यह तभी कार्यशील होती है जब इसमें प्रेम, आस्था जैसी सक्रिय भावनाओं का समावेश हो।

उसी प्रकार अवचेतन मस्तिष्क भी उसी प्रबल इच्छा को वास्तविकता का रूप प्रदान करता है जो भावनाओं से प्रेरित होती है।

इच्छा वाले अध्याय में जो छह चरण दिए गए हैं और योजना बनाने और उन पर कार्य करने वाले अध्याय में जो निर्देश दिए गए हैं उन पर गौर करें तो आप यहां पर दिए जा रहे विचारों के महत्व को समझ जाएंगे। अवचेतन मस्तिष्क कभी खाली नहीं रहता। कुछ न कुछ क्रियाकलाप लगातार इसमें चलते ही रहते हैं। मनुष्य उन अज्ञात शक्तियों से अनजान रहता है जिनके द्वारा अवचेतन मस्तिष्क अनंत प्रज्ञा की शक्तियों से ज्ञान प्राप्त कर अपनी इच्छाओं को उनके भौतिक समतुल्य में बदल देता है और अपने लक्ष्य को हासिल करने के लिए सबसे आसान माध्यम का प्रयोग करता है।

यह सत्य है कि अवचेतन मस्तिष्क को पूरी तरह नियंत्रित नहीं किया जा सकता लेकिन यदि आप इसमें किसी ऐसी योजना या कार्य के बीज बो दें जिसे आप वास्तविक रूप में देखना चाहते हैं तो इससे प्रभावशाली परिणाम प्राप्त किए जा सकते हैं। आप आत्मसुझाव वाले अध्याय में दिए गए निर्देशों को पढ़ कर जान सकते हैं कि अवचेतन मस्तिष्क किस तरह कार्य करता है। अवचेतन मस्तिष्क, मनुष्य के सीमित मस्तिष्क और अनंत प्रज्ञा को जोड़ने में एक कड़ी का काम करता है। यही वह माध्यम है जिसके द्वारा मनुष्य अनंत प्रज्ञा की शक्तियों का इच्छानुसार प्रयोग कर सकता है। यही वह रहस्यमयी क्षेत्र है जहां मानसिक आवेग संशोधित होकर अपने आध्यात्मिक समतुल्य में बदल जाते हैं। यही एकमात्र माध्यम है जिसके द्वारा प्रार्थना को उस स्रोत में बदला जाता है जिसमें वह इसका उत्तर देने में सक्षम होता है।

अवचेतन मस्तिष्क के साथ जुड़ी रचनात्मक प्रयास की संभावनाएं इतनी अद्भुत और सरल होती हैं कि इन पर विचार करना बहुत अजीब सा लगता है।

यह हमें श्रद्धायुक्त भय से प्रेरित करती है। पूरे विश्व में करीब अस्सी प्रतिशत लोग ऐसे हैं जिन्हें अवचेतन मस्तिष्क के बारे में ज़रा भी ज्ञान नहीं है और इससे भी बड़ी शर्म की बात तो यह है कि वे कभी भी इस बारे में ज़्यादा जानने का प्रयास भी नहीं करते। शायद यही वजह है कि जब कभी मैं किसी से अवचेतन मस्तिष्क के बारे में बात करने लगता हूँ तो मन तुच्छ और घटियापन के भावों से भर जाता है।

यदि आप अवचेतन मस्तिष्क के अस्तित्व को स्वीकार करने को तैयार हैं तो आपको इससे जुड़ी संभावनाओं को भी उसी रूप में ग्रहण करना होगा क्योंकि इन्हीं के द्वारा आप अपनी इच्छाओं को उनके भौतिक समतुल्य में रूपांतरित कर सकते हैं। इससे आप इच्छा वाले अध्याय में बताए निर्देशों और लगन के महत्व को अच्छे से समझ जाएंगे और यह भी पता चल जाएगा कि आपको बार-बार अपनी इच्छाओं को लिख कर स्पष्ट कर देने की चेतावनी क्यों दी जा रही थी।

पुस्तक में बताए गए तेरह सिद्धांत वो आधारभूत प्रेरणा हैं जो आपको अपने अवचेतन मस्तिष्क तक पहुंचने और इसे प्रभावित करने की योग्यता प्रदान करते हैं। सबसे महत्वपूर्ण और ज़रूरी काम है अपने उद्देश्य के लिए निरंतर प्रयास करते रहना। यह आवश्यक नहीं कि पहले ही प्रयास में कामयाबी मिल जाए, लेकिन अगर आप पहले प्रयास में असफल हो भी जाते हैं तो निराश बिल्कुल न हों, बल्कि दोगुने उत्साह से फिर से इस काम में लग जाएं क्योंकि जीत उसी की होती है जिसमें खुद को संभालने का साहस हो। याद रखिए कि अवचेतन मस्तिष्क को आदत द्वारा ही निर्देशित किया जा सकता है जिसके लिए आस्था वाले अध्याय में दिए गए निर्देशों का पालन करना बेहद ज़रूरी है।

अवचेतन मस्तिष्क अपनी इच्छानुसार कार्य करता है, इसे कार्य करने के लिए मजबूर नहीं किया जा सकता और अगर आप जानबूझ कर इसे काम करने को बाध्य करेंगे तो यह आक्रोश में आ जाएगा और सब कुछ तहस-नहस कर देगा। गरीबी और डर जैसे नकारात्मक विचार आपके अवचेतन मस्तिष्क को प्रेरणा देने का काम करते हैं ताकि आप इन पर विजय पाने में सफल हो जाएं। यदि आप इच्छा रूपी बीजों को अपने अवचेतन मस्तिष्क में बोने में असफल हो जाते हैं तो यह स्वतः ही कार्य करना आरंभ कर देता है और उन नकारात्मक विचारों को ग्रहण कर लेता है जो आपकी लापरवाही और नासमझी के कारण इस तक पहुंचते हैं। यह बात हमने पहले ही स्पष्ट कर दी है कि सकारात्मक और नकारात्मक दोनों तरह के विचार चार स्रोतों सैक्स, प्रेम, रोमांस और इच्छा द्वारा लगातार अवचेतन मस्तिष्क तक पहुंचते रहते हैं। यदि आप नकारात्मक विचारों के प्रवाह को रोकने की कोशिश करें तो इच्छा के सकारात्मक संवेग की मदद से अवचेतन मस्तिष्क को प्रभावित किया जा सकता है। जब आप ऐसा करने में सफल हो जाते हैं तो आपके पास वह कुंजी होगी जिससे आप अवचेतन मस्तिष्क को पूरी तरह नियंत्रित कर सकेंगे जिससे कोई भी अवांछित विचार आपकी इजाज़त के बगैर आपके दिमाग में खलबली मचाने की कोशिश नहीं करेगा।

मनुष्य जो भी काम करता है उसकी शुरुआत विचार के रूप में ही होती है। उदाहरण के लिए यदि वह कोई चीज़ बनाना चाहता है तो इसके बारे में वह अपने विचारों में ही कल्पना करने लगता है। कल्पनाशीलता वह ताकत है जिसकी मदद से वह विचारों को योजनाओं के रूप में एकत्रित करना शुरू कर देता है। एक सफल व्यवसायी वह है जो अपनी कल्पनाशीलता को नियंत्रित करके भावी योजनाएं बनाता है और लक्ष्य प्राप्ति हेतु प्रयत्नशील रहता है।

उन सभी विचार आवेगों का कल्पनाशीलता के माध्यम से गुज़रना बहुत आवश्यक है जिन्हें आप किसी उद्देश्य पूर्ति के लिए अवचेतन मस्तिष्क में संग्रहित करते हो और इसमें आस्था और प्रेम जैसे संवेदनशील भावों का मिश्रण भी होना चाहिए। अवचेतन मस्तिष्क में आने वाली किसी भी योजना या उद्देश्य में कल्पनाशीलता द्वारा आस्था को पैदा किया जा सकता है।

इन वक्तव्यों से यह तो स्पष्ट हो गया होगा कि अवचेतन मस्तिष्क से अपनी इच्छानुसार काम करवाने के लिए सभी सिद्धांतों के संयोजन और प्रयोग की आवश्यकता होती है।

मस्तिष्क के तार्किक हिस्से में मौजूद विचारों की तुलना में अवचेतन मस्तिष्क उन विचार संवेगों से अधिक प्रभावित होता है जिनमें भावनाओं का समावेश हो। अन्य विचारों की तुलना में भावनात्मक विचार अवचेतन मस्तिष्क पर सक्रिय प्रभाव डालते हैं। यह एक सुपरिचित तथ्य है कि भावना अधिकांश लोगों पर शासन करती है। अगर यह सच है कि अवचेतन मस्तिष्क भावों से मिश्रित विचार संवेगों से अधिक जल्दी प्रभावित होता है और उन पर अधिक तीव्र गति से प्रतिक्रिया करता है तो इसका भावों से परिचित होना अनिवार्य है। जब विचार संवेग अवचेतन में प्रवेश कर रहे होते हैं तो नकारात्मक भाव अपने आप ही विचारों के साथ अंदर चले जाते हैं। जबकि सकारात्मक भावों को आत्मसुझाव के सिद्धांत द्वारा स्वतः ही विचार संवेगों के माध्यम से अवचेतन मस्तिष्क में पहुंचना होता है। सकारात्मक और नकारात्मक दोनों भावों की संख्या एक समान अर्थात सात होती है।

भाव संवेग ब्रेड में खमीर की तरह होते हैं क्योंकि उनमें एक्शन का तत्व होता है जो विचार संवेगों को निष्क्रिय से सक्रिय अवस्था में लाता है। यदि आप अपने अवचेतन मस्तिष्क के आंतरिक श्रोताओं को प्रभावित और नियंत्रित

करने की तैयारी कर रहे हैं ताकि आप उन्हें अपनी वह इच्छा सौंप सकें जिसे आप इसके आर्थिक समतुल्य में रूपांतरित करना चाहते हैं तो इसके लिए जरूरी है कि आप उन सब नियमों को समझ लें जिनके द्वारा इस आंतरिक दर्शक समूह तक पहुंचा जाए। आपको इसकी भाषा बोलनी होगी अन्यथा यह आपकी बातों पर ध्यान नहीं देगा और जो भाषा इसे सबसे अच्छी तरह समझ आती है वह है-भावनाओं की भाषा। आगे बढ़ने से पहले आपको इन सारे भावों का पता होना चाहिए ताकि अवचेतन मस्तिष्क को निर्देश देते समय आप सकारात्मक भावों का अधिक प्रयोग करें और नकारात्मक भावों से बचें। नीचे सात सकारात्मक और नकारात्मक भावों का वर्णन किया गया है-

**सात प्रमुख सकारात्मक भाव**

इच्छा का भाव

आस्था का भाव

प्रेम का भाव

सैक्स का भाव

उत्साह का भाव

रोमांस का भाव

आशा का भाव

इसके अतिरिक्त और भी बहुत से सकारात्मक भाव हैं परंतु यह सात भाव सबसे प्रबल और प्रमुख है। यदि इनमें विशेषज्ञता प्राप्त कर ली जाए तो बाकी बचे सकारात्मक भाव तो आवश्यकता पड़ने पर अपने ही दौड़े चले आएंगे। इन भावों का प्रयोग रचनात्मक कार्यों में किया आप जाता है। इस

पुस्तक का मूल उद्देश्य आपके मस्तिष्क में सकारात्मक भाव भरकर धन की चेतना का विकास करना है।

**सात प्रमुख नकारात्मक भाव**

डर का भाव

ईर्ष्या का भाव

घृणा का भाव

प्रतिशोध का भाव

लालच का भाव

अंधविश्वास का भाव

क्रोध का भाव

ये दोनों तरह के भाव एक दूसरे के कट्टर शत्रु हैं, इसलिए ये दोनों एक ही समय में एक साथ मस्तिष्क में नहीं रह सकते। दोनों एक-दूसरे पर हावी होने की जी-तोड़ कोशिश करेंगे। यह आप पर निर्भर करता है कि आप किस तरह के भाव की प्रबलता को अधिक महत्व देंगे। जितना संभव हो सकारात्मक भावों को अमल में लाने और उनका प्रयोग करने की आदत डालें ताकि मस्तिष्क अपने आप ही नकारात्मक भावों के अंदर आने पर पाबंदी लगा दें। इन निर्देशों का पूरी लगन और ईमानदारी से पालन करने पर ही आप अपने अवचेतन मस्तिष्क पर नियंत्रण पा सकते हैं। यदि आपके अवचेतन मस्तिष्क में एक भी नकारात्मक भाव मौजूद हो तो यह रचनात्मक कल्पनाशीलता के सभी अवसरों को नष्ट करने के लिए पर्याप्त है।

धैर्य, आत्मविश्वास और लगन जैसे तत्व विपरीत परिस्थितियों में भी व्यक्ति की हिम्मत बांधे रखते हैं। ऐसे लोग प्रार्थना का सहारा तभी लेते हैं जब चारों तरफ मायूसी छा जाती है। तब वे निरर्थक शब्दों के कर्मकांड द्वारा प्रार्थना करने से भी नहीं चूकते और प्रार्थना करते समय उनके मस्तिष्क डर और शंका से घिरे होते हैं। अवचेतन मस्तिष्क जिन भावों द्वारा प्रेरित होता है, वह इन्हें अनंत प्रज्ञा तक प्रेषित कर देता है और अनंत प्रज्ञा इन भावों को अपने अंदर संग्रहित करके इसके आदेशानुसार ही काम करती है।

अगर प्रार्थना करते वक़्त आपके मन में यह डर बना रहे कि वह वस्तु जिसके लिए आप भगवान से विनती कर रहे हैं, यह आपको मिलेगी भी या नहीं... तो आपकी प्रार्थना सचमुच बेकार जाएगी क्योंकि अवचेतन मस्तिष्क नकारात्मक भाव को जल्दी ग्रहण कर लेगा और आपके सारे प्रयास विफल हो जाएंगे। अपने अतीत में जाइए और सोचिए कि क्या कभी ऐसा हुआ है कि आपने किसी वस्तु के लिए प्रार्थना की हो और वह आपको मिल गई हो। यदि ऐसा कोई सुखद अनुभव हुआ है तो याद करने की कोशिश करें कि उस वक़्त प्रार्थना करते समय आपकी वास्तविक मनोस्थिति कैसी थी? इससे आपको विश्वास हो जाएगा कि यहां जो बात बताई जा रही है वह सिद्धांत से बढ़कर है।

अपरिमित ज्ञान के साथ आपके संप्रेषण का तरीका वैसा ही है जैसे रेडियों का ध्वनि के कम्पन के साथ होता है। रेडियो के सिद्धांत के अनुसार ध्वनि तब तक संप्रेषित नहीं हो सकती जब तक कि इसे कम्पन की ऐसी दर में परिवर्तित न कर दिया जाए जिसे मानवीय कान न सुन सके। रेडियो स्टेशन मानवीय आवाज़ की ध्वनि को कई लाख गुना अधिक कम्पनों में बदल देता है। इस तरह ध्वनि की ऊर्जा आकाश में संप्रेषित होती है और इस रूपांतरण के बाद ऊर्जा रेडियो रिसीवर तक पहुंचाई जाती है और रिसीविंग सेट एक

बार फिर से इस ऊर्जा को कम्पनों की मूल दर में परिवर्तित कर देते हैं ताकि हमें आवाज़ साफ़-साफ़ सुनाई दे सके।

अवचेतन मस्तिष्क एक ऐसा माध्यम है जो किसी प्रार्थना को ऐसे रूप में तब्दील कर देता है जिसे अनंत प्रज्ञा पहचान सके । अवचेतन मस्तिक संदेश भेजता है और जवाब लाता है जो कि एक निश्चित योजना या विचार के रूप में होता है जिससे प्रार्थना में मांगी गई चीज़ का मिलना संभव हो सके। लेकिन यह ध्यान रखें कि प्रार्थना करते समय केवल शब्द पढ़ना काफी नहीं होता बल्कि इन शब्दों को अच्छी तरह से अपने मस्तिष्क में उतारना पड़ता है। क्योंकि सिर्फ शब्द ही मस्तिष्क और अनंत प्रज्ञा के बीच संचार का माध्यम नहीं बन सकते। अनंत प्रज्ञा तक पहुंचने से पहले प्रार्थना अपने मूल कम्पनों को आध्यात्मिक कम्पनों में परिवर्तित कर देती है और विश्वास एक ऐसा माध्यम है जो आपके विचारों को आध्यात्मिक प्रकृति प्रदान करता है। विश्वास और डर बहुत बड़े विरोधी हैं अर्थात जहां एक होगा, वहां दूसरे का रहना नामुमकिन है।

# मस्तिष्क

## विचारों का ब्रॉडकास्टिंग और रिसीविंग स्टेशन

चालीस साल पहले जब लेखक स्वर्गीय डॉ. अलैक्जेंडर ग्राहम बेल और डॉ. एल्मर आर. गेट्स के साथ काम कर रहा था तो उसके मन में सवाल पैदा हुआ कि हमारा मस्तिष्क दूसरों की बातों को कैसे समझ लेता है? और मुंह से निकली ध्वनि से कैसे प्रभावित होता है? काफी सोच-विचार के बाद उसने निष्कर्ष निकाला कि मानवीय मस्तिष्क ही विचारों के कम्पन का ब्रॉडकास्टिंग और रिसीविंग स्टेशन होता है।

रेडियो ब्रॉडकास्टिंग के सिद्धांत की तरह इंसान का मस्तिष्क मी दूसरों के मस्तिष्क द्वारा प्रसारित किए जा रहे विचार संवेगों को पकड़ने में सक्षम होता है। रचनात्मक कल्पनाशीलता मस्तिष्क का रिसीविंग सैट जिसके द्वारा यह दूसरों के मस्तिष्क द्वारा व्यक्त विचारों को ग्रहण करता है। यह संचार का वह

माध्यम है जो किसी मनुष्य के चेतन मस्तिष्क और उन चार स्रोतों को आपस में जोड़ता है जहां से इंसान विचार की प्रेरणा प्राप्त कर सकता है।

जब यह कम्पन की उच्च दर पर काम करता है तो मस्तिष्क बाहरी स्रोतों से प्राप्त विचारों को ग्रहण करने के प्रति अधिक संवेदनशील हो जाता है। कम्पन की दर सकारात्मक और नकारात्मक भावनाओं पर निर्भर करती है। भावनाओं के द्वारा विचारों के कम्पन को घटाया बढ़ाया जा सकता है। सैक्स का भाव मानवीय भावनाओं की सूची में सबसे आगे है। इसका मानव मस्तिष्क पर पूर्ण अधिकार होता है। सैक्स भाव से प्रेरित मस्तिष्क बेहद तीव्र गति से कार्य करता है लेकिन जब यह प्रेरणा कम हो जाती है तो इसकी कार्यक्षमता मी शिथिल पड़ जाती है।

जब मस्तिष्क तीव्र गति से काम कर रहा हो तो यह न केवल दूसरों के मस्तिष्क द्वारा प्रसारित किए जा रहे विचारों को आकर्षित करता है बल्कि यह अपने खुद के विचारों को भी भावना प्रदान करता है जो कि अति आवश्यक है। सैक्स रूपांतरण के परिणामस्वरूप विचारों में भी उसी दर से वृद्धि होती है जिससे रचनात्मक कल्पनाशीलता विचारों के प्रति उच्च संवेदनशील हो जाती है।

अवचेतन मस्तिष्क ही मानवीय मस्तिष्क का ब्रॉडकास्टिंग स्टेशन होता है जिसके द्वारा विचारों को एक स्थान से दूसरे स्थान तक कंपन द्वारा प्रसारित किया जाता है जबकि रचनात्मक कल्पनाशीलता वह रिसीविंग सेट है जिसके द्वारा विचारों को ग्रहण करके कार्यरूप में लाया जाता है। आत्मसुझाव के सिद्धांत द्वारा मस्तिष्क के ब्रॉडकास्टिंग स्टेशन को नियंत्रित किया जा सकता है।

आत्मसुझाव वाले अध्याय में बताए गए निर्देशों पर चल कर आप अपनी इच्छा को इसके आर्थिक समतुल्य में रूपांतरित कर सकते हैं। अपने

ब्रॉडकास्टिंग स्टेशन का प्रयोग करने के लिए आपको तीन सिद्धांतों यानी अवचेतन मस्तिष्क, रचनात्मक कल्पनाशीलता और आत्मसुझाव का पालन करना होगा। जिन प्रेरकों द्वारा आप इन तीनों सिद्धांतों को कार्यरूप में तब्दील कर सकते हैं वे हैं-प्रेम, रोमांस और सैक्स का भाव और यह सब इच्छा द्वारा ही संभव है।

## महानतम शक्तियां अमूर्त होती हैं

शारीरिक दुर्बलता मनुष्य की सोच को उस सीमा तक ले जाती है जहाँ से उसे अपनी सारी शक्तिया तुच्छ और अमूर्त नज़र आती हैं। प्राचीन काल से ही मनुष्य अपनी शारीरिक इंद्रियों पर अधिक निर्भर रहा है और उसने अपने ज्ञान को शारीरिक और भौतिक वस्तुओं तक सीमित कर लिया है जिन्हें वह देख सकता है, छू सकता है, तौल सकता है और माप भी सकता है।

लेकिन अब हम सभ्यता के ऐसे महान युग में प्रवेश कर रहे हैं जो हमें अपने चारों तरफ संसार में फैली अमूर्त शक्तियों के बारे में बहुत कुछ सिखायेगा। संभवतः हम समझ पाएं कि दूसरा आत्म शारीरिक आत्म से अधिक शक्तिशाली होता है जिसे हम प्रतिदिन आइने में देखकर गलतफ़हमी का शिकार होते हैं। कई बार लोग ज्ञान के उचित स्रोत उपलब्ध न होने के कारण अमूर्त वस्तुओं के बारे में ज़्यादा नहीं जान पाते इसलिए वे इसके बारे में बहुत कम बात करते हैं। यहां तक कि उनकी इंद्रियां भी इन्हें पहचानने में असमर्थ होती हैं। परंतु हमें पता होना चाहिए कि जो शक्तियां हमें नियंत्रित करती हैं वह अदृश्य और अमूर्त होती हैं।

मानव जाति इतनी शिथिल है कि वह स्वतः कुछ भी करने योग्य नहीं है और ना ही उसमें इतनी ताकत है कि वह समुद्र की लहरों में छिपी अमूर्त शक्ति का सामना कर सके। अपनी मानसिक दुर्बलता के कारण ही वह आज तक न्यूटन के विश्वविख्यात गुरूत्वाकर्षण के सिद्धांत को ही नहीं समझ पाया...तो इस अमूर्त शक्ति को नियंत्रण करने की तो बात ही बहुत दूर की है। उसे तो इतनी भी समझ नहीं है कि यही गुरुत्वाकर्षण की शक्ति इतनी विशाल धरती को अंतरिक्ष में कैसे झुलाए हुए है और मनुष्य को इस पर से गिरने से कैसे रोक रही है। इसके अतिरिक्त वह उस अमूर्त शक्ति के सामने भी असहाय सा हो जाता है जो तूफान की तरह आती है और क्षण भर में ही सब कुछ तबाह कर जाती है। मनुष्य की अज्ञानता का यहीं अंत नहीं हो जाता बल्कि वह तो धरती की मिट्टी में छिपी अथाह शक्ति- जो उसे खाने के लिए भोजन, पहनने के लिए कपड़ा और खर्च करने के लिए पैसा देती है उससे भी अपरिचित है।

## मस्तिष्क की नाटकीय कहानी

मनुष्य जो हर वक्त अपनी सभ्यता और संस्कृति के बारे में बड़ी-बड़ी डींगे हांकता है लेकिन इतना पढ़ा-लिखा होने के बावजूद भी विचारों की इन अमूर्त शक्तियों के बारे में बिल्कुल नही समझ पाता। यहां तक कि वह मस्तिष्क और शरीर जैसी जटिल मशीनरी की रचना के बारे में भी बहुत कम जानता है जिसके द्वारा विचारों की शक्ति को इसके भौतिक समतुल्य में बदला जाता है। लेकिन अब वह ऐस युग में प्रवेश कर रहा है जहां उसे इन सभी विषयों पर पर्याप्त ज्ञान दिया जाएगा जिससे वह अपने वर्तमान और आने वाले कल को बेहतर बना सकेगा। बहुत से अनुसंधानों और गहन अध्ययन के बाद वैज्ञानिकों का ध्यान उस आश्चर्यजनक वस्तु की ओर गया है जिसे मस्तिष्क कहा जाता है। हालांकि इस विषय पर अभी उन्होंने कुछ ज़्यादा जानकारी तो

नहीं दी लेकिन इतना अवश्य जान लिया है कि मस्तिष्क का केंद्रीय स्विचबोर्ड, उन लाइनों की संख्या जो मस्तिष्क की कोशिकाओं को आपस में जोड़ती हैं वे संख्या में उतनी ही है जितनी एक अंक के बाद पंद्रह मिलियन शून्य जोड़ने के बाद आती है।

शिकागो युनिवर्सिटी के डॉ. सी. जूडसन हेरिक ने इस उपलब्धि पर प्रसन्नता व्यक्त करते हुए कहा कि "यह आंकड़ा इतना आश्चर्यजनक और विशाल है कि प्रकाश वर्ष के सैंकड़ों मिलियन के आंकड़े भी इसकी तुलना में महत्वहीन हो जाते हैं। उन्होंने प्रमाणित किया कि मानवीय मस्तिष्क के बाहरी आवरण (सेरीब्रल कॉरटेक्स) में 10,000,000,000 से लेकर 14,000,000,000 तंत्र कोशिकाएं होती है जो कि एक निश्चि पैटर्न में व्यवस्थित होती है। इलैक्ट्रो-फिजियोलॉजी के हाल ही में विकसित तरीके से माइक्रोइलैक्ट्रोड से बेहद सूक्ष्म रूप में स्थित कोशिकाओं या फाइबर से जो एक्शन करन्ट निकाला जाता है, उसे रेडियो ट्यूब द्वारा विस्तृत किया जाता है और इसमें एक वोल्ट के दस लाखवें हिस्से के अंतर रिकॉर्ड हो सकते हैं।

आपको यह जानकर हैरानी होगी कि इतनी जटिल मशीनरी की सरचना केवल शरीर के विकास और रख-रखाव के उद्देश्य से की गई है। अब प्रश्न उठता है कि क्या यह संभव नहीं है कि जो सिस्टम लाखों मस्तिष्क की कोशिकाओं को एक-दूसरे के साथ संप्रेषण करने में मदद करता है, वही सिस्टम अमूर्त शक्तियों के साथ भी संप्रेषण का माध्यम बन जाए?

द न्यूयॉर्क टाइम्स ने एक समाचार पत्र में एक लेख प्रकाशित किया जिसमें छपा था कि एक बड़े विश्वविद्यालय में कुछ विशेषज्ञ शोधकर्ता मिलकर एक नई खोज कर रहे हैं, जिनके निष्कर्ष इस अध्याय और बाकी के अध्याय में बताए गए विचारों के समान ही है। उस समाचार पत्र के संपादक ने डॉ. राइन और ड्यूक यूनिवर्सिटी के उनके सहयोगियों के काम का विश्लेषण कुछ इस प्रकार किया है:

**"टेलीपैथी क्या है?"**

कुछ समय पहले हमारी ड्यूक यूनिवर्सिटी के प्रोफैसर राइन और उनके सहयोगियों से बातचीत हुई और उन्होंने इस विषय पर अपने विचार प्रकट करते हुए बताया कि उन्होंने टैलीपैथी या क्लेयरवॉयेन्स की उपस्थिति का पता करने के लिए एक लाख से भी अधिक परीक्षण किए और इसके परिणामों का संक्षिप्त वर्णन हार्पर्स मैग्जीन के पहले दो लेखों में किया गया है। लेखक ई. एच. राइट ने दूसरे प्रकाशन में अनुभूति के अतीन्द्रिय स्तरों की निश्चित प्रकृति के निष्कर्षो को संक्षेप में बताने का प्रयास किया है।

शायद यह राइन के प्रयोगों का ही परिणाम है कि अब बहुत से वैज्ञानिकों ने उनकी टैलीपैथी की वास्तविक उपस्थिति पर विश्वास कर लिया है। जब कई अनुभूतिकर्ताओं से यह पूछा गया कि क्या वे किसी विशेष पैक में रखे कुछ पत्तों के नाम बिना देखे बता सकते हैं ? तो करीब आधा दर्जन पुरुष और महिलाएं ऐसा करने में सफल हुए और उनकी गिनती उन कामयाब लोगों में होने लगी जो नियमित रूप से उन पत्तों को सही-सही बता देते थे। ऐसा नहीं था कि उन्होंने ये सब किस्मत या संयोगवश किया हो क्योंकि अगर ऐसा होता तो कभी ना कभी उनकी बात गलत भी हो सकती थी लेकिन खुशकिस्मती से ऐसा कभी नहीं हुआ।

अब सवाल उठता है कि उन्होंने ऐसा किया कैसे? क्या उनके पास कोई जादू की छड़ी है जिससे वे पत्तों को बिना देखे पहचान लेते थे? अगर एकबारगी हम मान भी लें कि आज भी ऐसी शक्तियों का अस्तित्व है जिन्हें मानवीय इंद्रियों से महसूस नहीं किया जाता और ना ही उनकी पहचान के लिए शरीर में कोई ख़ास अंग होता है, लेकिन फिर भी बात चाहे एक कमरे के भीतर की हो या सैंकड़ों मील दूर की... उनके इन प्रयोगों के परिणाम उतने ही अद्भुत रहे। परंतु मिस्टर राइट ने इस तथ्य का खंडन करते हुए कहा कि टैलीपैथी या क्लेयरवॉयेन्स रेडिएशन किसी भौतिक सिद्धांत द्वारा स्पष्ट नहीं

किए जा सकते क्योंकि रेडियेन्ट ऊर्जा के सभी ज्ञात स्रोत दूरी बढ़ने के साथ-साथ कम होते जाते हैं। टेलीपैथी या क्लेयरवॉयेन्स शारीरिक कारणों से उसी तरह प्रभावित होती हैं जिस तरह हमारी मानसिक शक्तियां। यह शक्तियां उस वक़्त प्रभावशाली नहीं होती जब व्यक्ति सोया होता है या अर्धनिद्रा की अवस्था में होता है। बल्कि यह तब अपनी चरम सीमा पर होती है जब व्यक्ति पूरी तरह जाग्रत अवस्था में होता है। राइन ने यह भी बताया कि मादक पदार्थों का सेवन व्यक्ति की ऊर्जा को कम कर देता है जबकि प्रेरक पदार्थ हमेशा इसे बढ़ाते हैं। एक अच्छा खिलाड़ी तब तक बेहतर प्रदर्शन नहीं दे सकता जब तक कि वह इसके लिए सर्वश्रेष्ठ प्रयास न करे।

इसके साथ ही राइट ने यह निष्कर्ष भी निकाला कि टैलीपैथी और क्लेयरवॉयेन्स दरअसल एक ही प्रतिभा के दो रूप हैं। जिस शक्ति के सहारे वह टेबल पर उल्टे रखे कार्ड को देख सकता है ठीक उसी शक्ति के सहारे वह किसी दूसरे व्यक्ति के दिमाग में आए विचारों को पढ़ भी सकता है। संभव है कि ये दोनों गुण एक ही व्यक्ति में मौजूद हों। ये दोनों शक्तियां समान मात्रा में होती है इसलिए इन पर दूरी या दीवार का भी कोई प्रभाव नहीं पड़ता। राइट ने यह अनुमान भी व्यक्त किया कि अनुभव, भविष्यदर्शी स्वप्न, विनाश का पूर्वाभास भी इसी शक्ति का हिस्सा साबित हो सकते हैं लेकिन पाठकों से अनुरोध है कि वह इन निष्कर्षों को बिना किसी परीक्षण के स्वीकार न करें।

डॉ. राइन की इस खोज से कि मस्तिष्क किन स्थितियों में अनुभूति के अतींद्रिय रूपों पर प्रतिक्रिया करता है, अब मैं कुछ ऐसे विशेष तथ्य जोड़ना चाहता हूँ जो मैंने और मेरे सहयोगियों ने खोजे हैं। हमने वह आदर्श स्थितियां खोजी जिनके द्वारा मस्तिष्क को प्रेरित किया जा सकता है ताकि छठी इंद्रिय अपना काम सही तरीके से कर सके।

यहां मैं जिन स्थितियों का वर्णन कर रहा हूँ, वह मेरे और मेरे स्टाफ के दो सदस्यों के बीच का गठबंधन है। हमने प्रयोग और अभ्यास के द्वारा खोज निकाला

कि हमारे मस्तिष्क को किस तरह प्रेरित किया जाए जिससे कि हम सबके मस्तिष्क एक ही साथ कार्य करें और उनमें एक ही जैसे विचार उत्पन्न हो ।

इसे हल करने का एक बहुत ही आसान सा तरीका है। हम एक कॉन्फ्रेंस टेबल पर बैठ कर अपनी समस्या पर विचार करना शुरू करते हैं। जिसके मन में जो विचार आता है वह उसे सबके सामने व्यक्त कर देता है। इसमें खास बात यह है कि मस्तिष्क हर प्रतिभागी को ज्ञान के अन्जान स्रोतों के संपर्क में ले आता है जो कि निश्चित रूप से उसके अनुभव के बाहर के होते हैं।

यदि आप मास्टर माइंड वाले अध्याय में बताए गए सिद्धांत को समझते हैं तो निश्चित रूप से राउंड टेबल तकनीक को मास्टर माइंड के प्रैक्टिकल प्रयोग के रूप में पहचान जाएंगे। तीनों लोगों के बीच हुआ सद्भावनापूर्ण विचार-विमर्श मस्तिष्क को प्रेरित करने का मास्टर माइंड का सबसे आसान और अनोखा तरीका है।

अपने असल जीवन में इस तरह के प्लान को अपनाकर और इस फिलॉस्फी का अनुसरण करके कोई भी विद्यार्थी कारनेगी के उस फॉर्मूले को सीख सकता है जिसका संक्षिप्त वर्णन प्रस्तावना में किया गया है। लेकिन यदि अब भी आपको इस अध्याय के विषय में कोई शंका है या फिर कुछ समझ नहीं आ रहा है तो इस पृष्ठ पर निशान लगा कर रख लें और बाद में तब पढ़ें जब आप आखिरी अध्याय समाप्त कर लें।

# छठी इन्द्रिय

## बुद्धिमानी के मंदिर का द्वार

तेरहवां सिद्धांत है छठी इंद्रिय, जो कि व्यक्ति के प्रयासों और आवश्यकताओं की परवाह किए बिना अनंत प्रज्ञा द्वारा इच्छानुसार कार्य करती है। अन्य सिद्धांतों की अपेक्षा यह सिद्धांत सबसे ज़्यादा महत्वपूर्ण और उपयोगी है, इसलिए बाकी सिद्धांतों के आत्मसात् के बाद ही इसे समझना ठीक होगा।

छठी इंद्रिय अवचेतन मस्तिष्क की रचनात्मक कल्पनाशीलता का अहम हिस्सा है। यह वह रिसीविंग सेट है जिसके द्वारा विचार और योजनाएं हमारे दिमाग में कौंधने लगती हैं। कई बार इन्हें विचार या आभास का नाम भी दिया जाता है। ये छठी इंद्रिय वर्णनातीत है! इसलिए इसका किसी ऐसे व्यक्ति के सामने बखान करने का कोई फायदा नहीं जिसे इस फिलॉस्फी के बाकी सिद्धांतों के बारे में कुछ जानकारी ना हो क्योंकि ऐसे व्यक्ति के पास ना तो वह ज्ञान होगा और ना ही वह अनुभव जिससे छठी इंद्रिय की तुलना की जा

सके। कड़ी साधना और मस्तिष्क के विकास से ही छठी इंद्रिय को समझा जा सकता है।

इन सब सिद्धांतों में निपुण होने के बाद आप उन सब वक्तव्यों को भी सच मानने के लिए तैयार हो जाऐंगे जो दूसरी परिस्थितियों में आपको अविश्वसनीय लगेंगे।

छठी इंद्रिय आपको आने वाले खतरों से पहले ही सचेत कर देती है जिससे कि आप समय रहते उनसे बचने का रास्ता निकाल लेते हैं और ऐसे अवसरों की भी सूचना देती है जो आपके लिए लाभदायक होते हैं। दूसरे शब्दों में कहा जाए तो छठी इंद्रिय एक तरह से रक्षक जो बुद्धिमता के द्वारा हर कदम पर आपकी भलाई हेतु कार्य करती है और आपके लिए प्रगति के द्वार हमेशा-हमेशा के लिए खोल देती है।

लेखक ना तो देवदूत है ऐसे चमत्कारों में यकीन करता है और न ही वह इनकी वकालत करता है। इसका कारण स्पष्ट है क्योंकि उसके पास प्रकृति का पर्याप्त ज्ञान है जिसे वह भली-भांति समझ चुका है कि प्रकृति अपने निर्धारित नियमों से कभी पीछे नहीं हटती। उसके कुछ नियम तो इतने गूढ़ होते हैं कि उनके होने पर हमें सब कुछ एक चमत्कार की तरह ही नज़र आता है।

लेखक इस यथार्थ से परिचित है कि शक्ति, प्रभु और ज्ञान एक ही स्वरूप है जो कि पदार्थ के हर अणु में विद्यमान है। यह अनंत प्रज्ञा ही है जो छोटे से बीज को पेड़ में बदल देती है, गुरुत्वाकर्षण के नियम के कारण ही पानी को पहाड़ से नीचे बहाती है, दिन के बाद रात और गर्मी के बाद जाड़े को, जिसमें सब कुछ नियमानुसार होता है। यह प्रज्ञा सिद्धांतों द्वारा इच्छा को भौतिक रूप में रूपांतरित करने में सहायता प्रदान करने के लिए प्रेरित की जा सकती है। लेखक ने इस बात को अपने अनुभव की कसौटी पर खरा उतारा है।

कदम दर कदम, पिछले सारे अध्यायों में आपको इस आखिरी सिद्धांत के बारे में बताया गया है। अगर आपने पिछले सारे सिद्धांतों को अच्छी तरह से सीख लिया है तो अब आप निस्संदेह उन विराट दावों को स्वीकार करने के लिए तैयार होंगे जो यहां किए जा रहे हैं। लेकिन अगर आप बाकी सिद्धांतों को ग्रहण नहीं कर पाए तो उचित होगा कि आप पहले इन सब को अपने जीवन में उतार लें। तभी आप निश्चित रूप से तय कर पाएंगे कि इस अध्याय में किए जा रहे दावे सच है या कोरी कल्पना।

इसका सशक्त प्रमाण मुझे तब मिला जब मैं हीरो-वर्शिप की उम्र से गुजर रहा था। मैंने अपने आप में कुछ बदलाव देखे जो कि बहुत कुछ उन लोगों की आदतों से मिलते-जुलते थे जिन्हें मैं अपना आदर्श मानता था और उनके जैसा ही बनने का प्रयास करता था। मेरी इस महान सफलता में आस्था नामक तत्व का बहुत महत्वपूर्ण योगदान था। बचपन से ही मैं, हीरो-वर्शिप का बहुत बड़ा प्रशंसक था। हर वक्त उसके जैसे बनने की कोशिश करता उसकी तरह बात करना, उसकी तरह कपड़े पहनना और सब कुछ उसकी तरह ही... एक तरह से मैंने खुद को उसकी आदत से कभी छूटने ही नहीं दिया। इसी अनुभव ने मुझे सिखाया कि सचमुच महान होना भी बहुत बड़ा गुण है, लेकिन सर्वश्रेष्ठ बात है सच्ची भावना और कर्म द्वारा महान लोगों की उपलब्धियों का अनुसरण करना। इस पुस्तक की रचना करने से पहले और लोगों के बीच जाकर भाषण देने से पहले मैंने उन नौ लोगों का अनुसरण करने और खुद को उनके चरित्र के मुताबिक आकार देने की आदत डाली जिनके जीवन और काम से मैं सबसे अधिक प्रभावित था। यह नौ लोग थेः इमर्सन, पेन, एडीसन, डार्विन, लिंकन, बरबैंक, नेपोलियन, फोर्ड और कारनेगी। कई सालों तक मैं हर रात इस समूह के साथ काल्पनिक परामर्श बैठकें करता जिन्हें मैं अपने अदृश्य सलाहकार कहता था।

इसे करने का तरीका बहुत आसान था। रात को सोने से पहले मैं अपनी आंखे बंद कर लेता और कल्पना में इन सब लोगों को अपने साथ एक मेज के चारों तरफ बैठे देखता। खुद को ऐसे महान लोगों के साथ बैठा देख कर मेरा आत्मविश्वास और बढ़ जाता। इन रात्रिकालीन बैठकों द्वारा कल्पना करने का मेरा एकमात्र उद्देश्य अपने चरित्र का पुनर्निर्माण करना था। क्योंकि मुझे ज्ञान हो गया था कि अगर मुझे अज्ञान और अधविश्वास के वातावरण से बाहर निकलना है तो ऊपर बताए गए तरीकों से स्वैच्छिक पुर्नजन्म लेना होगा।

## आत्मसुझाव द्वारा चरित्र बनाना

अधिकतर लोग अपने प्रबल विचारों और इच्छाओं द्वारा वैसे ही बनते हैं जैसे वे बनना चाहते हैं। अवचेतन मस्तिष्क में समाई प्रबल इच्छा इंसान पर उसकी इच्छाओं को यथार्थ में बदलने के लिए दबाव डालती है। आत्मसुझाव एक ऐसा इकलौता सिद्धांत है जिसके द्वारा चरित्र निर्माण संभव है।

मस्तिष्क संचालन के इन सिद्धांतों के ज्ञान के कारण ही मैं अपने चरित्र निर्माण के लिए आवश्यक सारी सामग्री से परिपूर्ण था। इन काल्पनिक परामर्श बैठकों में मैंने हर कैबिनेट सदस्य से वह ज्ञान अर्जित किया जो मैं उनसे चाहता था। मैंने कल्पना में हर सदस्य से प्रत्यक्ष बात करते हुए कहा :

मिस्टर इमर्सन, आपको प्रकृति के नियमों का अच्छा-खासा ज्ञान है और इन्हीं नियमों की बदौलत आप जीवन में इतना ऊंचा मुकाम हासिल कर पाए। मैं भी आपसे प्रकृति की अद्भुत समझ हासिल करके अपने जीवन की पहचान बनाना चाहता हूँ। अतः मैं आपसे अनुग्रह करता हूँ कि आप मेरे अवचेतन मस्तिष्क में वे सारे गुण भर दें जो आप में थे।

मिस्टर बरबैंक, आप मुझे वह ज्ञान प्रदान करें जिसने आपको प्रकृति के नियमों के साथ तालमेल बनाए रखने में समर्थ बनाया। जिसने आपको कैक्टस के कांटों को दूर हटाकर इसे खाने योग्य भोज्य पदार्थ बनाने के लिए प्रेरित किया। आप मुझे भी वह ज्ञान दो जिसने आपको वहां घास उगाने में समर्थ बनाया जहां पर पहले एक तिनका घास भी नही उगती थी।

नेपोलियन, मैं आपसे वह अद्भुत योग्यता हासिल करना चाहता हूँ जिसके द्वारा आप लोगों को कठिन परिश्रम करने के लिए प्रेरित किया करते थे और कठोर संकल्प द्वारा उनसे अधिक काम करवाते थे। इसके अतिरिक्त मैं आपसे वह आस्था प्राप्त करना चाहता हूँ जिसने आपको पराजय को विजय में बदलना और हर मुश्किल का डट कर सामना करना सिखाया।

मिस्टर पेन, मैं आपसे विचारों की स्वतंत्रता हासिल करना चाहता हूँ। साहस और स्पष्टता का वह गुण जिसके द्वारा आपने संपूर्ण वैज्ञानिक जगत में अपना नाम कमाया।

मिस्टर डार्विन, मैं आपसे अद्भुत धैर्य और निष्पक्ष निर्णय लेने की योग्यता हासिल करना चाहता हूँ।

मिस्टर लिंकन, मैं अपने चरित्र में न्याय का वह भाव, धैर्य की अथक भावना, हंसी की लहर, मानसिक समझ और सहनशीलता भरना चाहता हूँ जो आपके परिचायक गुण थे।

मिस्टर कारनेगी, मैं आपसे संगठित प्रयासों के सिद्धांतों की वह पूर्ण समझ चाहता हूँ जिसका प्रयोग आपने इतना बड़ा विशाल औद्योगिक साम्राज्य बनाने में किया था।

मिस्टर फोर्ड, मैं आपसे लगन की भावना, संकल्प शक्ति, संतुलन और आत्मविश्वास हासिल करना चाहता हूँ जिसके कारण आप गरीबी पर विजय पा सके। आपकी तरह मैं भी मानवीय प्रयास को संगठित करके एक सूत्र में बांधना चाहता हूँ ताकि मैं दूसरों को आपके पदचिन्हों पर चलने के लिए प्रेरित कर सकूँ।

मिस्टर एडीसन, मैं आपसे आस्था और मेहनत की भावना जैसे अद्भुत गुण हासिल करना चाहता हूँ जिनके द्वारा आपने प्रकृति के इतने सारे रहस्य उद्घाटित किए और इतनी बार पराजित होकर भी सफलता हासिल की।

जैसे-जैसे मेरे चरित्र का विकास होता गया वैसे-वैसे अपने काल्पनिक कैबिनेट के सदस्यों को संबोधित करने का मेरा तरीका भी बदलता गया। कई वर्षों की कड़ी मेहनत और प्रयासों के बाद मैंने उनके जीवन का अध्ययन किया और उनके हुनर से अपनी जिंदगी को संवारने में लगा रहा। आखिरकार, एक दिन मेरी मेहनत रंग लाई और मेरे काल्पनिक पात्र वास्तविकता का रूप लेकर मेरे सामने खड़े हो गए।

इन नौ व्यक्तियों में से हर एक की अपनी अलग तरह की व्यक्तिगत विशेषता थी। उदाहरण के तौर पर लिंकन को देर करने और परेड में घूमने की आदत थी। मैंने शायद ही उन्हें कभी हँसते हुए देखा था.... उनके चेहरे पर हमेशा संजीदगी के भाव रहता था। लेकिन इस पर भी उनमें हौसला और अपनी बात पर अटल रहने की शक्ति थी। जबकि बरबैंक और पेन मीटिंग के दौरान अक्सर बहस में उलझे रहते थे जिससे केबिनेट के बाकी सदस्यों के लिए परेशानी खड़ी हो जाती थी। ऐसे ही एक बार बरबैंक को मीटिंग में आने के लिए देरी हो गई तो सब नाराज़ थे, लेकिन जब वह आया तो बहुत ज़्यादा रोमांचित था। उसने देरी से आने की वजह बताते हुए कहा कि वह

एक ऐसे प्रयोग में व्यस्त था जिसके द्वारा वह सेब को किसी भी पेड़ पर उगा सकता है, फिर चाहे वह पेड़ अमरूद का हो या आम का। इस पर पेन ने उसे फटकारते हुए याद दिलाया कि इसी सेब के कारण ही पुरुष और स्त्री के बीच समस्या शुरू हुई थी। इस पर डारविन ज़ोर-ज़ोर से हंसने लगे और पेन को सुझाव दिया कि जब वह जंगल में सेब इकट्ठे करने जाए तो छोटे-छोटे सर्पों से सावधान रहे क्योंकि यही छोटे सर्प बड़े होकर बड़े सांप बन जाते हैं। इमर्सन भी कहां पीछे रहने वाला था "सर्प नहीं तो सेब नहीं" और नेपोलियन का कहना था "सेब नहीं तो राज्य नहीं!!"

नेपोलियन की आदत थी कि वह मीटिंग खत्म होने पर सबसे बाद में जाता था। एक बार, मीटिंग के दौरान वह बांहें मोड़े, काफी गंभीर मुद्रा में टेबल पर बैठा था। मैं उसकी खामोशी से थोड़ा हैरान था लेकिन उन्हें परेशान न करना ठीक समझ कर मैं चुप रहा। आखिरकार, वे धीरे से खड़े हुए और बिना कुछ कहे ही दरवाज़े की तरफ चल पड़े, फिर अचानक से मुड़े और वापिस आ कर मेरे कंधे पर हाथ रख कर बोले "बेटा, अपने लक्ष्य में कामयाब होने के लिए तुम्हें बहुत अधिक साहस की आवश्यकता है। लेकिन एक बात हमेशा याद रखना जब भी कभी मुश्किलें आएँ तो हौसला मत खोना... देखना जीत तुम्हारी ही होगी।"

एक शाम एडीसन आए और मेरी बगल वाली सीट पर आकर बैठ गए, जहां अक्सर इमर्सन ही बैठा करते थे और मेरी तरफ इशारा करते हुए बोले जीवन के रहस्य की खोज के गवाह के रूप में तुम्हें नियुक्त किया जाता है। जब वक्त आएगा तो तुम पाओगे कि ज़िन्दगी ऊर्जा के महान स्रोत से भरी हुई है और इनमे से प्रत्येक उतना ही बुद्धिमान है। जितना मनुष्य खुद को सोचता है।

यह बैठक इतनी प्रभावी हो रही थी कि मैं मन ही मन उनके परिणामों से भयभीत होने लगा और फिर मैंने कई महीनों तक उन काल्पनिक बैठकों में जाना बंद कर दिया। यह अनुभव इतना अजीब था कि मैं डर रहा था कि अगर मैंने उन्हें जारी रखा तो मैं यह भूल जाउंगा कि यह बैठकें मेरी कल्पना में हो रही हैं, न कि वास्तविकता में। आज पहली बार आप सब के सामने मैंने इस सच को स्वीकारने का साहस किया है। लेकिन मेरी इस चुप्पी के पीछे भी एक बहुत बड़ी वजह थी। दरअसल, मैं अपने खुद नज़रिए से अच्छी तरह वाक़िफ था और जानता था कि अगर मैंने इस असामान्य अनुभव का लोगों के सामने ज़िक्र किया तो वे मुझे ही गलत समझेंगे। लेकिन अब मैं पूरी बहादुरी के साथ अपने इस सच को आपके सामने व्यक्त कर रहा हूँ क्योंकि अब मुझे लोगों की बातों से कोई फर्क नहीं पड़ता।

अपना अभ्यास छोड़ने के छह महीने बाद एक रात मैं जाग रहा था और अपने बारे में सोच रहा था कि तभी मैंने लिंकन को अपने सामने खड़ा पाया। उसने मुझसे कहा कि "उठो, तुम अपना कर्तव्य कैसे सकते हो? दुनिया में अराजकता फैली है जिससे लोगों का एक-दूसरे पर से विश्वास उठ गया है और आतंक की स्थिति पैदा हो गई है। सारे भूल। संसार को तुम्हारी सेवा की आवश्यकता है। ऐसे में तुम्हारा फर्ज़ बनता है कि तुम लोगों का सहारा बनो और उनमें खोए हुए आत्मविश्वास को फिर से जगाओ। जो फिलॉस्फी तुमने अधूरी छोड़ी थी... अब उसे पूरा करने का वक्त आ गया है और यही तुम्हारी ज़िंदगी का उद्देश्य भी है। लेकिन अगर तुमने किसी भी कारणवश इसकी उपेक्षा की तो देश फिर से अपनी स्वाधीनता खो देगा और तुम हज़ारों साल पहले वाली गुलामी की जिंदगी जीने को मजबूर हो जाओगे और इसकी वजह सिर्फ तुम होगे।"

अगली सुबह, जब मैं जगा तो मेरी हालत बहुत खराब थी। घबराहट के कारण मेरे होश उड़े हुए थे। यह सपना था... या हकीकत कुछ समझ नहीं आ रहा था ... लेकिन इतना ज़रूर पता था कि अगर यह सपना भी था तो भी यह मेरे दिलो दिमाग पर ऐसी छाप छोड़ गया कि मैंने अगले दिन से ही अपनी रात वाली काल्पनिक बैठकें फिर से शुरू करनी कर दी।

कोई मुझे गलत न समझे इसलिए मैं यहां कुछ बताना चाहता हूँ कि मैं अपनी केबिनेट बैठकों को पूरी तरह से काल्पनिक मानता हूँ। परंतु मुझे कहीं न कहीं ये अहसास जरूर होता है कि बेशक मेरी कैबिनेट के सदस्य और सारी बैठकें मेरी कल्पना में ही हो रही हों लेकिन उनकी वजह से ही मेरे सामने रोमांच के सारी सुखद राहें खुल गई हैं जिससे मेरे रचनात्मक प्रयासों को प्रोत्साहन मिला और मुझे ईमानदारीपूर्वक अपने विचार व्यक्त करने का मौका मिला।

मस्तिष्क की कोशिका-संरचना में कहीं पर एक ऐसा अंग होता है जो उन विचारों के कंपनों को प्राप्त करता है जिन्हें आभास कहा जाता है। अब तक ऐसी कोई वैज्ञानिक तकनीक नहीं बनी है जो कि यह बता सके कि मानव मस्तिष्क में यह छठी इंद्रिय का अंग कहां पर स्थित है लेकिन हमारे लिए यह जानना ज़रूरी नहीं है। वास्तविकता तो यह है कि इंसान शारीरिक इंद्रियों के अतिरिक्त अन्य स्रोतों से भी शुद्ध ज्ञान प्राप्त कर सकता है और यह ज्ञान हमें तब प्राप्त होता है जब मस्तिष्क किसी असाधारण प्रेरणा के प्रभाव में आकर काम करना शुरू करता है। कई बार कोई ऐसी आपातकालीन स्थिति पैदा हो जाती है जो हमारी भावनाओं को जागृत करके दिल की धड़कनों को कई गुणा बढ़ा देती है जिससे छठी इंद्रिय हरकत में आ जाती है। उदाहरण के लिए कोई ऐसा व्यक्ति जो किसी दुर्घटना में बाल-बाल बचा हो वही छठी

इंद्रिय के महत्व को अच्छे से जानता है कि यह मुसीबत आने पर किस प्रकार मदद करती है।

इसके अतिरिक्त एक अन्य सत्य भी है जो मैं आप सब से शेयर करना चाहता हूँ। इन अदृश्य परामर्शदाताओं की काल्पनिक बैठकों से मैंने सीखा कि मेरा मस्तिष्क उन विचारों और ज्ञान को अधिक ग्रहण करता है जो कि छठी इंद्रिय के माध्यम से मुझ तक पहुंचते हैं। मैं ऐसी बहुत सी आपातकालीन स्थितियों से गुज़रा हूँ जिस दौरान मेरा जीवन खतरे में था लेकिन किसी चमत्कारिक शक्ति (छठी इंद्रिय) ने इन मुश्किलों से बाहर निकलने में मेरा मार्गदर्शन किया जो कि मेरे अदृश्य सलाहकारों के प्रभाव से संभव हुआ।

काल्पनिक लोगों के साथ बैठकें आयोजित करने का मेरा मूल उद्देश्य अपने अवचेतन मस्तिष्क को आत्मसुझाव के सिद्धांत द्वारा वह निश्चित गुण प्रदान करना था जो मैं हासिल करना चाहता था। अब जब भी मेरे या मेरे क्लाइंट्स के सामने कोई भी समस्याएं आती हैं तो मैं उसे अपनी बैठक के सामने पेश करता हूँ। जिनके परिणाम हर बार आश्चर्यजनक रहते हालांकि मै पूरी तरह इन पर निर्भर नहीं करता हूँ।

छठी इंद्रिय कोई ऐसी चीज़ नहीं जिसे आप जब मन चाहे पहन लें और जब मन भर जाए तो उतार कर रख दें। यह शक्ति मानव मस्तिष्क में छिपी होती है जिसे प्रत्येक व्यक्ति प्रयोग नहीं कर सकता। इसे प्रयोग करने की योग्यता धीरे-धीरे आती है बशर्ते वह पुस्तक में वर्णित सिद्धांतों से भली-भांति परिचित हो।

आप चाहे कोई भी हों या इस पुस्तक को पढ़ने का आपका उद्देश्य चाहे कुछ भी हो लेकिन आप इसका तभी लाभ उठा सकते हो जब आपको इस पुस्तक में बताए गए सिद्धांतों का ज्ञान होगा। यह खास तौर पर तब सच होता

है जब आपका उद्देश्य धन एकत्रित करना या अन्य भौतिक वस्तुओं का संग्रह करना हो।

इस पुस्तक की रचना करने का मूल उद्देश्य जीवन के रहस्यों की एक पूर्ण फिलॉस्फी प्रस्तुत करना है जिसके द्वारा व्यक्ति बिना कोई इस पुस्तक की रचना करने का मूल उद्देश्य जीवन के रहस्यों की गलती किए अपना खुद का मार्गदर्शन कर सकता है। समस्त उपलब्धियों का शुरुआती बिंदु इच्छा और अंतिम बिंदु वह ज्ञान है जो हमें समझ की ओर ले जाता है जिसमें खुद की समझ, दूसरों की समझ, प्रकृति के नियमों की समझ और सुख की समझ भी शामिल है। इस तरह की समझ तभी आती है जब आपको छठी इंद्रिय के सिद्धांत का पूरा ज्ञान हो।

इस अध्याय को पढ़ने के बाद आप मानसिक प्रेरणा के ऊंचे स्तर पर पहुंच गए हैं। इसे पढ़ने के एक महीने बाद इस अध्याय को एक बार फिर से पढ़ें और फिर देखिए आपका मस्तिष्क प्रेरणा के इससे भी अधिक ऊंचे स्तर पर विचरण कर रहा होगा। इस अनुभव को थोड़े-थोड़े समय बाद दोहराते रहें और इस बात की बिल्कुल चिंता ना करें कि आप उस दौरान कितना सीख पाए... कितना नहीं। अंततः आप खुद को एक ऐसी शक्ति का स्वामी पाएंगे जो निराशा को दूर फेंकने, डर को हराने, टालमटोल करने की आदत को छोड़ने और कल्पनाशीलता का अधिक प्रयोग करने की समर्थता में वृद्धि करेगा। तब आपको लगेगा कि आपने किसी अनजान चीज़ को छू लिया है जो हर महान नेता, कलाकार, संगीतकार और राजनेता के पास होती है। तब आप अपनी इच्छाओं को उनके भौतिक समतुल्य में उतनी ही आसानी से रूपांतरित करने की स्थिति में होंगे जितनी आसानी से आप विरोध का पहला चिन्ह देखते ही घुटने टेक देते थे।

# डर के छः भूत

**जब आप यह अंतिम अध्याय पढ़ें तो खुद की जांच करें और पता लगायें कि डर के इन छः भूतों में से कितने आपकी राह में बाधा बने हुए हैं।**

पुस्तक में लिखी इस फिलॉस्फी को अपने जीवन में सफलतापूर्वक लागू करने के लिए आवश्यक है कि आपका मस्तिष्क इसके लिए पूरी तरह से तैयार हो। घबराइए मत, यहां आपको किसी ऐसे युद्ध में नहीं जाना है जहां जान-माल का नुक्सान हो, बल्कि अपने मस्तिष्क में छिपे अज्ञात शत्रुओं-अनिर्णय, शंका और डर को बाहर भगाना है। इसके लिए पहले आपको इन तीनों शत्रुओं का पूरी तरह से अध्ययन और विश्लेषण करना होगा, तभी इन्हें खत्म किया जा सकता है।

जब तक इनमें से एक भी मस्तिष्क में बना रहेगा तब तक छठी इंद्रिय का विकास नहीं हो पाएगा। इन सब में त्रिमूर्ति का सा संबंध है ... अनिर्णय से ही डर के बीज फूटते हैं और धीरे-धीरे शंका में बदलने जहां एक होगा,

बाकी के दो भी वहीं आसपास ही घूमते मिलेंगे। लगते हैं और जब ये दोनों आपस में मिल जाते हैं तो डर का रूप धारण कर लेते हैं। इनका विकास इतना धीरे-धीरे होता है कि हमें पता ही नहीं चलता कि यह कब विकरालता का रूप धारण कर लेता है।

इस अध्याय में डर के अतिरिक्त उस लक्ष्य का भी संक्षेप में वर्णन है जिसे हासिल करने के लिए आप आजीवन प्रयासरत है। यह उस स्थिति का भी विश्लेषण करता है जिसमें बहुत सारे लोग गरीबी के दायरे में ही सिमट कर रह गए हैं और लोगों को उस सच्चाई से भी रूबरू करवाता है जिससे वे अमीर बन सकते हैं, फिर चाहे वह धन के संदर्भ में हो या फिर मानसिक अवस्था के संदर्भ में।

यहां डर के छह मूलभूत कारणों और उनको दूर भगाने के उपायों पर आपका ध्यान केंद्रित किया गया है। किसी भी शत्रु को हराने के लिए सबसे पहले आपको उसका नाम, आदतें और उसके घर का पता होना ज़रूरी है। जब भी आप इसे पढ़ें तो सावधानीपूर्वक विश्लेषण करें और यह निर्धारित करें कि इन छहों में से कोई आपके साथ तो नहीं जुड़ा हुआ है। ये शत्रु ज़्यादातर अवचेतन मस्तिष्क में छुपे होते हैं और वे इतने सूक्ष्म होते हैं कि जहां एकतरफ इन्हें ढूंढ़ना मुश्किल होता है, वहीं दूसरी तरफ इन्हें नष्ट करना तो और भी ज़्यादा मुश्किल काम है।

## छः मूलभूत डर

यह कुल छह मूलभूत डर होते हैं जिनके सामंजस्य के कारण व्यक्ति कभी ना कभी दुख जरूर उठाता है। ऐसे भाग्यशाली लोग बहुत कम होते हैं जो इनमें से किसी को भी अपने नज़दीक फटकने तक नहीं देते।

**गरीबी का डर**

**आलोचना का डर**

**बुरे स्वास्थ्य का डर**

**प्रेम में वियोग का डर**

**बुढ़ापे का डर**

**मृत्यु का डर**

इसके अलावा और भी बहुत से डर हैं, लेकिन वे इतने महत्वपूर्ण नहीं हैं कि उन्हें इस श्रृंखला में शामिल किया जाए। डर एक मानसिक अवस्था के सिवाय कुछ नहीं है और इस मानसिक अवस्था को नियंत्रित करना व्यक्ति के हाथ में होता है। अच्छी समझ और लगन से इस अवस्था 'को काबू किया जा सकता है।

कोई भी व्यक्ति तब तक कामयाब नहीं हो सकता जब तक कि उसके मन में विचार संवेग पैदा ना हो। विचार चाहे ऐच्छिक हो या अनैच्छिक, परंतु विचार संवेग तत्काल अपने आपको अपने भौतिक में परिवर्तित करना शुरू कर देते हैं। वे विचार संवेग जिन्हें केवल संयोगवश ग्रहण किया जाता है, वास्तव में किसी के आर्थिक, समतुल्य व्यावसायिक या सामाजिक भाग्य का निर्धारण कर सकते हैं।

चलिए, अब हम उस व्यक्ति के बारे में बात करते हैं जो यह नहीं जानता कि उसे कुछ लोग किस्मत वाले क्यों नज़र आते हैं जबकि उसके बराबर या उससे अधिक योग्यता, प्रशिक्षण, अनुभव या मानसिक क्षमता के लोग बदकिस्मती की लहरों में गोते खा रहे होते हैं। इस तथ्य को इस तरह से

स्पष्ट किया जा सकता है कि हर इंसान में अपने मस्तिष्क को नियंत्रित करने की क्षमता होती है। यह उस पर निर्भर करता है कि वह दूसरे मस्तिष्कों के विचार संवेगों को अपने मस्तिष्क में दाखिल होने दें या फिर उनका प्रतिकार करके बाहर धकेल दे और केवल चुनिंदा विचार संवेगों को ही अंदर आने की अनुमति दे।

प्रकृति ने इंसान को केवल एक ही चीज़ पर नियंत्रण करने की शक्ति दी है और वह है विचार। जब वह इस तथ्य को जान लेता है कि इंसान की कल्पना का स्रोत विचार है तो वह उस सिद्धांत के बहुत करीब आ जाता है जिसके द्वारा डर पर काबू पाया जा सकता है। अगर यह सच है कि विचारों खुद को भौतिक समतुल्य में रूपांतरित करने की प्रवृत्ति होती है तो यह भी उतना ही सच है कि डर और गरीबी के विचार संवेग, साहस और आर्थिक लाभ में रूपांतरित नहीं किए जा सकते।

## गरीबी का डर

गरीबी और अमीरी ज़िंदगी की असलियत से रूबरू होने के दो अहम रास्ते हैं जो कि एक-दूसरे के विपरीत दिशाओं में जाते हैं। यदि आप अमीर बनना चाहते हो तो सबसे पहले आपको अपने मस्तिष्क से गरीबी की संवेदना को बाहर निकालना होगा और उन सब परिस्थितियों का प्रतिरोध करना होगा जो गरीबी की तरफ जाती है। अपने दिमाग में आर्थिक, मानसिक, आध्यात्मिक और भौतिक अमीरी के विचार भरने होंगे। इच्छा ही वह शुरुआती बिंदु है जहां से अमीरी की डगर की शुरुआत होती है। डर के इस अध्याय में आपको पूरे निर्देश दिए गए हैं। जिससे कि आप अपने मस्तिष्क को हर तरह की इच्छा पूर्ति के लिए प्रैक्टिकल प्रयोग के लिए तैयार कर सकते हैं।

यदि आप यह जानना चाहते हैं कि आपने इस फिलॉस्फी के कितने हिस्से को ग्रहण किया है तो आपको खुद को चुनौती देकर इस का परीक्षण करना होगा। यही वह बिंदु है जहां आप भविष्यवक्ता बन कर अपने सटीक भविष्य की कल्पना कर सकते हैं। इस अध्याय को पढ़ने के बाद यदि आप गरीबी स्वीकार करने के इच्छुक हैं तो आपकी मानसिकता वैसी ही बन जाएगी। लेकिन यदि आप अमीरी मांगते हैं तो निर्धारित कीजिए कि अमीरी का स्वरूप कैसा हो दौलत, शोहरत इत्यादि और वह मात्रा भी जिससे आप संतुष्ट हो जाएं। आप अमीरी की तरफ जाने वाले मार्ग से अच्छी तरह परिचित हैं और आपको अपनी मंजिल तक पहुंचने के सारे मार्ग भी बता दिए गए जिनका अनुसरण करके आप बिना किसी रुकावट के उस पर सफलतापूर्वक चल पाएंगे। ये सच है कि इस मार्ग में बहुत सी बाधाएं आएंगी, लेकिन अगर आपके इरादे बुलंद है तो कोई भी रुकावट आपके उद्देश्य के आड़े नहीं आ सकती। यदि आप शुरुआत में ही घबरा जाएंगे और मंज़िल आने से पहले ही मार्ग से हट जाएंगे तो इसके ज़िम्मेदार सिर्फ आप होंगे। यदि इस मार्ग पर चलने में आप असफल हो जाते हैं या अमीरी की मांग को अस्वीकार करते हैं तो कोई भी बहाना आपको ज़िम्मेदारी लेने से नहीं बचा सकता क्योंकि स्वीकृति के लिए केवल एक ही चीज़ की आवश्यकता है और वह है मानसिक अवस्था। मानसिक अवस्था कोई ऐसी वस्तु नहीं है जिसे बाजार में खरीदा या बेचा जाए बल्कि यह एक ऐसी स्थिति है जिसे आप केवल धारण कर सकते हैं।

गरीबी का डर एक मानसिक अवस्था है। यह किसी भी व्यक्ति की उपलब्धि की संभावनाओं को नष्ट करने के लिए पर्याप्त है। यह मनुष्य की तर्क करने की शक्ति को निष्क्रिय कर देता है, कल्पनाशक्ति को नष्ट कर देता है, आत्मविश्वास को मार डालता है, उत्साह को कम कर देता हैं, पहल करने की शक्ति को हतोत्साहित कर देता है, लक्ष्य को अनिश्चित बना देता

है, टालमटोल को प्रोत्साहन देता है, उत्साह को खत्म कर देता है और आत्म-नियंत्रण की संभावना को नष्ट कर देता है। यही नहीं यह इंसान के व्यक्तित्व से आकर्षण को भी खत्म कर देता है, एकाग्रता को भंग करता है, लगन पर हावी हो जाता है, इच्छाशक्ति को शून्य कर देता है, महत्वाकांक्षा को नष्ट कर देता है, याददाश्त को धुंधला करके असफलता को आमंत्रित करता है। यह हृदय से सारे प्रेमभावों को नष्ट कर देता है और मित्रता को हतोत्साहित करके अनिद्रा, दुख और परेशानियों की तरफ ले जाता है। सारी सच्चाई जानने के बावजूद भी हम प्रचुरता की ऐसी दुनिया में रह रहे हैं जहां हमारी हर मनचाही वस्तु मौजूद है और जहां हमारे और हमारी इच्छाओं के बीच में स्पष्ट लक्ष्य का अभाव होता है।

डर के छह मूलभूत डरों में गरीबी का डर सबसे अधिक विध्वंसक और खतरनाक है। इसे जीतना बहुत मुश्किल है इसलिए इसे सूची में सबसे ऊपर रखा गया है। गरीबी के डर से भयभीत व्यक्ति ज़्यादा धन कमाने के लालच में अपने साथियों का शोषण करने लगता है। मनुष्य और जानवरों की सोच में यही एक अंतर होता है। जीव-जगत में पाए जाने वाले सभी प्राणियों का संचालन इंद्रियों द्वारा होता है। उनके सोचने-समझने की क्षमता भी सीमित होती है इसलिए वे एक-दूसरे को केवल शारीरिक नुक्सान पहुंचाते हैं। जबकि मनुष्य में विचार और तर्क करने की क्षमता होती है और वह श्रेष्ठ होता है इसलिए वह अपने साथियों को शारीरिक नुक्सान ना पहुंचा कर आर्थिक रूप से उनका शोषण करता है। धन का लोभ उसे इंसान से हैवान में बदल देता है। पैसे की इस होड़ में हर कोई एक-दूसरे से आगे निकलना चाहता है इसलिए वह अपनी खुद की सुरक्षा के लिए तरह-तरह के नियम बनाता है।

गरीबी में रहने वाला व्यक्ति पैसे की अहमियत को अच्छी तरह से समझता है। इसलिए वह अपने आने वाले भविष्य के लिए कौड़ी-कौड़ी

बचा कर रखता है। दुनिया की कोई चीज उसे इतना दुख और अपमान नहीं पहुंचाती जितनी कि गरीबी।

इसमें कोई हैरानी नहीं कि मनुष्य गरीबी से डरता है। अपने अनुभवों के आधार पर वह इस बात से भली-भांति परिचित होता है कि पैसे और भौतिक संपदा के विषय में किसी पर भरोसा करना बेवकूफी है इसलिए वह इस संबंध में हमेशा जागरूक बना रहता है। दौलत पाने के लिए वह इतना उतावला होता है कि इसे किसी भी तरीके से हासिल करना चाहता है फिर चाहे वह तरीका कानूनी हो या गैर-कानूनी।

यदि व्यक्ति अपने व्यक्तित्व का आत्मविश्लेषण करे तो उन कमज़ोरियों का पता लगा सकता है जिन्हें वह अपनी असल जिंदगी में कभी स्वीकार नहीं करना चाहता। आत्मविश्लेषण उन सभी लोगों के लिए बेहद ज़रूरी है जो जीवन के औसत दर्जे और गरीबी से अधिक की मांग करते हैं। इस आत्मविश्लेषण में कोर्ट, ज्यूरी, प्रॉसीक्यूटिव वकील और डिफेन्स के वकील और वादी-प्रतिवादी सब कुछ वह स्वयं ही होता है। यहां तक कि यह मुकद्दमा भी खुद उसी पर चलता है जिसमें वह अपनी कमज़ोरियों का अध्ययन करता है। लेकिन एक कामयाब आत्मविश्लेषण के लिए आवश्यक है कि वह अपनी सारी कमियों का ईमानदारी और निडरतापूर्वक सामना करे और अपने आपसे निश्चित सवाल पूछकर सीधे-स्पष्ट जवाबों की मांग करें। जांच खत्म होने पर सारे निष्कर्ष आपके सामने होंगे। इस प्रकार आप अपने बारे में ज्यादा जान पाएंगे। लेकिन अगर आपको इस आत्म-परीक्षण में अपने न्यायधीश होने पर कोई शंका है तो आप ऐसे किसी व्यक्ति को जज बना सकते हैं जो आपको अच्छी तरह से जानता है और उसके सामने प्रकट होने से आपको कोई परेशानी नहीं होगी। सत्य की इस खोज में आपका सफल होना अनिवार्य है, चाहे इसके लिए आपको लज्जित ही क्यों ना होना पडे।

अधिकांशतः लोगों से अगर पूछा जाये कि उन्हें सबसे ज्यादा डर किस चीज़ से लगता है तो वे यही जवाब देंगे कि 'मुझे किसी से डर नहीं लगता।' जो कि बिल्कुल गलत जवाब होगा क्योंकि उन्हें एहसास ही नहीं होता कि वे जाने-अनजाने किसी ना किसी डर के द्वारा शारीरिक और आध्यात्मिक रूप बंधे हुए हैं और इसी डर की वजह से मुश्किलों का सामना कर रहे हैं जिससे कि उन्हें जीवनभर असफलता का सामना करना पड़ता है। डर का यह भाव इतना सूक्ष्म और गहराई में विद्यमान होता है कि इंसान को कई बार तो पूरा जीवन इसका बोझ ढोने के बावजूद भी इसकी उपस्थिति का आभास नहीं हो पाता। व्यक्तित्व के साहसिक विश्लेषण से ही इस शाश्वत शत्रु की उपस्थिति का पता लग सकता है। जब भी आप आत्मविश्लेषण करें तो अपने चरित्र का गहराई से निरीक्षण करें। यहां कुछ लक्षणों की सूची दी गई हैं जिन्हें आपको अपने चरित्र में खोजना है।

## गरीबी के लक्षण

1. **उदासीनता:** उदासीनता के कई कारण हो सकते है : महत्वाकांक्षा की कमी, गरीबी सहन करने की इच्छा, जीवन में जो भी मिले उसे बिना विरोध के स्वीकार कर लेना, मानसिक और शारीरिक आलस्य, पहल करने की शक्ति का अभाव, कल्पनाशक्ति, उत्साह और आत्मनियंत्रण की कमी।

2. **अनिर्णय:** अपना कोई भी फैसला खुद ना लेकर दूसरों पर छोड़ देना।

3. **शंका:** अपनी असफलताओं को दूसरों से छिपाना, अपनी गलती पर माफी मांगने की बजाए उल्टा उन्हें ही दोषी ठहराना और सफल लोगों के प्रति ईर्ष्या रखते हुए उनकी आलोचना करना।

4. **चिंता:** दूसरों की गलतियां निकालने की आदत, आमदनी से ज्यादा बढ़-चढ़ कर खर्चा करना, अपनी लापरवाही से अपने व्यक्तित्व की छवि बिगाड़ना, बात-बात पर नाक-भौं सिकोड़ने की आदत, शराब जैसे मादक पदार्थों का सेवन, घबराहट, संतुलन और आत्म-चेतना का भाव।

5. **अति-सावधानी:** किसी भी परिस्थिति का सकारात्मक हल खोजने से पहले ही नकारात्मक पहलू खोजने की आदत, सफलता के साधनों पर ध्यान केंद्रित करने की बजाय संभावित असफलता के बारे में सोचना । असफलता की तरफ जाने वाली सड़कों का ज्ञान रखना, परंतु इससे बचने की योजनाओं की कभी तलाश ना करना । अपनी योजनाओं और विचारों को कार्यरूप देने के लिए सही समय का इंतज़ार करना। असफल हुए लोगों का हर वक़्त गुणगान करते रहना और सफल लोगों को किस्मत वाला कहकर भुला देना। निराशावाद, खराब पाचन, कमज़ोर उत्सर्जन, खराब स्वास्थ्य और बदबूदार साँस से प्रकट होता है।

6. **टालमटोल:** आज का काम कल पर टालने की आदत। काम करने में जितना समय लगना चाहिए था, उतना समय बहाने लगाने में लगाना। अपनी ज़िम्मेदारियों से बचकर भागना। कड़ा संघर्ष करने की बजाय समझौता करने की इच्छा। मुश्किलों को आगे बढ़ने की सीढ़ी बनाने की बजाए उनसे समझौता करना। जीवन में अमीरी, दौलत, शोहरत, संतुष्टि और सुख की मांग करने की बजाए चंद सिक्कों की सौदेबाज़ी करना। सफल होने की कोशिश करने की बजाए यह सोचना कि जीवन में असफल होने के बाद क्या करना है। आत्मविश्वास, निश्चित लक्ष्य, आत्मनियंत्रण, पहल करने की शक्ति, उत्साह, महत्वाकांक्षा, बचत और दृढ़ तर्कशक्ति का अभाव। अमीरी की मांग करने की बजाए

गरीबी की आशा करना। उन लोगों के साथ संबंध बनाना जो गरीबी में ही खुश रहते हैं बजाय उन लोगों के साथ रहने के जो अमीरी मांगते है और हर हाल में इसे प्राप्त करना चाहते हैं।

**पैसा बोलता है !!**

कुछ लोग पूछेंगे कि "आपने दौलत के बारे में पुस्तक क्यों लिखी? अमीरी को सिर्फ डॉलर में ही क्यूं तोला जाए?"अमीरी और भी तरह के हैं जो कि पैसे से कहीं अधिक महत्वपूर्ण है। हां, ये सच है कि हर तरह की दौलत पैसे में नहीं नापी जा सकती। लेकिन ऐसे लोगों की भी दुनिया में कोई कमी नहीं है जो कहेंगे "मुझे उतना पैसा दे दो जितने की मुझे जरूरत है और बाकी की सारी चीजें मैं ख़ुद पा लूंगा।"

दौलत किस तरह कमायी जाए इस विषय पर यह पुस्तक लिखने के पीछे का सबसे पहला कारण गरीबी से जूझ रहे लोगों को इस नामुराद बीमारी से छुटकारा दिलाना है। यह डर व्यक्ति को कुछ भी करने को मजबूर कर सकता है। वेस्टबुक पेगलर ने अपनी पुस्तक में गरीबी के डर और इसके कारण होने वाले अपराधों का विस्तार पूर्वक वर्णन किया है।

धन केवल धातु का गोल रूप या कागज़ का टुकड़ा होता है लेकिन दिल और आत्मा के ऐसे बहुत से खज़ाने हैं जिन्हें पैसे से कभी ख़रीदा नहीं जा सकता। बहुत से लोग अमीर होने के बावजूद भी पैसे की कदर नहीं कर पाते और व्यर्थ उड़ाने में लगे रहते हैं। जिससे गरीबी शीघ्र ही उन्हें घेर लेती है। जब व्यक्ति कंगाल होकर फुटपाथ पर आ जाता है और नौकरी हासिल करने में भी नाकाम हो जाता है तो उसकी अंतरात्मा उसे झिंझोड़ने लगती है, उसकी

असफलता उसके झुके हुए कंधों और उसकी चाल में साफ नज़र आने लगती है । उसमें हीन भावना जागृत हो जाती है और वह खुद की तुलना उन लोगों से करने लगता है जिनके पास रोज़गार के उचित अवसर और दौलत होती है फिर भले ही वे लोग चरित्र, योग्यता और बुद्धि में उसके समान ना हों ।

दूसरी तरफ उसके मित्र या सगे संबंधी उसकी हार देखकर उसे तरह-तरह से प्रताड़ित करते हैं और खुद को उससे श्रेष्ठ मानने लगते हैं। वह व्यक्ति अपनी जरूरतें पूरा करने के लिए कुछ समय तक तो उधार मांग सकता है लेकिन उतना नहीं जितने में उसे गुजारा करने की आदत थी। किसी से उधार मांगना अपने आप में एक निराशाजनक अनुभव है क्योंकि उस धन में खुद कमाए हुए धन की वह शक्ति नहीं होती जो उसके खोए हुए उत्साह को वापिस लाए। जाहिर सी बात है कि ये सारी बातें उन लोगों पर लागू नहीं होती जो निठल्ले या आवारा होते हैं बल्कि यह तो सामान्य महत्वाकांक्षी और आत्मसम्मान वाले लोगों पर लागू होती है।

महिलाओं को भी पैसे के संबंध में थोड़ा जागरूक बनना चाहिए चूंकि उन्हें भी अपनी लापरवाही के कारण बुरी स्थिति से गुजरना पड़ सकता है। महिलाओं की एक खास आदत होती है कि वह लोगों के सामने हाथ फैलाने से हिचकिचाती हैं। दुनिया की भीड़ में ऐसी महिलाओं की पहचान बहुत मुश्किल है क्योंकि उन्हें उन लक्षणों द्वारा नहीं पहचाना जा सकता जिनसे हम किसी असफल पुरूष की पहचान करते हैं। यहां मैं उन आवारा महिलाओं की बात नहीं कर रहा जो आवारा पुरुषों की तरह होती हैं बल्कि ऐसी महिलाओं की बात कर रहा हूँ जो आम तौर पर युवा, सभ्य और बुद्धिमान होती हैं। ऐसी महिलाएं निराशावादी विचारों को अपने चेहरे पर हावी नहीं होने देतीं । बहुत सी तो ऐसी परिस्थितियां आने पर आत्महत्या तक कर लेती हैं।

एक हारा हुआ व्यक्ति दिन-रात इसी कशमकश में लगा रहता है कि वह किस तरह अपने लिए नौकरी के अवसर जुटाए। वह खाली बैठकर लंबे समय तक सोच-विचार करता है और जब किसी नौकरी का विज्ञापन देखता है तो इस उम्मीद से कई मील सफर करके नौकरी की जगह पर जाता है कि शायद यह नौकरी उसे मिल जाए। लेकिन वहां जाने के बाद अगर उसे पता लगे कि वह पोस्ट तो भर गई है या फिर उस नौकरी में वेतन नहीं मिलता बल्कि सिर्फ उन फालतू की वस्तुओं को बेचने पर कमीशन मिलता है जिन्हें सामान्य लोग खरीदना पसंद नहीं करते। इस प्रस्ताव को ठुकराने के बाद वह एक बार फिर से खुद को सड़क पर पाता है जहां उसके पास जाने के लिए कोई जगह नहीं होती। इसलिए वह चलता जाता है और चलता ही जाता है। स्टोर-विन्डों में विलासिता की वस्तुओं को सजा देखता है तो उसका मन भर आता है और सोचता है कि 'काश! वह भी इसे खरीद पाता लेकिन फिर अहसास होता है कि ये सब उसके लिए नहीं हैं तो उसका मन हीन भावना से भर जाता है और वह उन लोगों के लिए रास्ते से हट जाता है जो इन्हें खरीदने की इच्छा से वहां आते हैं। वह रेलवे स्टेशन की ठोकरें खाता-फिरता है और जब थक जाता है तो अपने पैरों को आराम देने के लिए किसी बैंच पर पसर जाता है, लेकिन इस तरह थक कर हार मानने से उसकी नौकरी की समस्या तो हल नहीं हो जाती इसलिए एक बार फिर से वह चल पड़ता है। वह चाहे जितना भी छिपाने की कोशिश करे, कितने ही बढ़िया कपड़े क्यों ना पहन ले लेकिन इन बढ़िया कपड़ों में भी उसके झुके हुए कंधे छिप नहीं सकते।

जब वह लाखों लोगों, बुककीपर्स, क्लर्कों, कैमिस्टो या वैगन हैंड्स को अपने कामों में व्यस्त देखता है तो उसके दिल में उन लोगों के प्रति ईर्ष्या भावना भर जाती है। सम्मान, स्वतंत्रता और मर्दानगी सब कुछ होते हुए भी वह खुद को यह यकीन नहीं दिला सकता कि वह एक कामयाब व्यक्ति है।

हालांकि वह कई बार खुद से इन बातों पर बहस करता है लेकिन फिर अपनी मजबूरी को देखकर खामोश हो जाता है।

यह सिर्फ पैसे का जादू है जिसने उसे इस कदर अपने वश में कर लिया है कि वह अपने सारे गुणों को नज़रअंदाज़ करके उसके पीछे ही भागता रहता है। हर वक़्त उसके दिमाग में एक ही धुन सवार रहती है कि यदि उसके पास थोड़ा सा धन आ जाए तो वह एक बार फिर से अपनी सामान्य स्थिति में लौट सकता है।

## आलोचना का डर

छह मूलभूत डरों में से आलोचना का डर भी बहुत ख़तरनाक होता है। यह मनुष्य को अंदर ही अंदर मारता रहता है और उसकी सफलता के आगे दीवार बन कर खड़ा हो जाता है। हम ठीक-ठाक से तो नहीं बता सकते कि मनुष्य में इस आलोचना नामक डर की शुरुआत कैसे होती है लेकिन एक बात निश्चित तौर पर कह सकते हैं कि इस डर की प्रवृति मनुष्य में विकसित रूप में पाई जाती है।

आलोचना का डर मनुष्य की प्रकृति में है जो न केवल अपने साथी इंसान की वस्तुओं को छीनता है बल्कि उनके चरित्र की आलोचना करके अपने कार्यों को भी उचित ठहराता है। इस संबंध में एक कहावत भी प्रसिद्ध है कि 'उल्टा चोर कोतवाल को डांटे' मतलब यह कि चोर अपने घर में चोरी होने पर पुलिस वालों को दोषी ठहराता है। यहां भी आलोचक जिस व्यक्ति से अपना मतलब निकालता है, काम हो जाने के बाद उसकी आलोचना करने में कोई कसर नहीं छोड़ता। इसी तरह नेता लोग कुर्सी पाने की होड़ में नीचता की सारी

हदें पार कर देते हैं, वे लोगों का समर्थन पाने के लिए अपनी योग्यताओं और गुणों का प्रदर्शन नहीं करते बल्कि अपने विरोधियों पर कीचड़ उछालते हैं।

कपड़ा निर्माता भी इस डर का पूरा फायदा उठाता है और पूरी मानव जाति उसके बहकावे में आ जाती है। मौसम बदलने के साथ-साथ कपड़ों का स्टाइल बदलना तो स्वाभाविक है, लेकिन अब सवाल उठता है कि ये स्टाइल बदलता कौन है? जवाब आसान है- निर्माता, चूंकि कपड़ा ख़रीदने वाले तो ऐसा नहीं कर सकते ना। लेकिन वह स्टाइल्स को इतनी जल्दी क्यों बदलता है? ताकि वह ज़्यादा से ज़्यादा कपड़ा बेच सके और ज्यादा लाभ कमा सके। यही कारण है कि कार निर्माता भी हर साल अपनी कार का मॉडल बदलता रहता है। क्योंकि हर कोई लेटेस्ट स्टाइल की कार चाहता है, पुराने मॉडल से लोग दूर भागते हैं।

चलिए, अब हम आपको वह तरीका बताते हैं जिससे लोग आलोचना के डर से प्रभावित होते हैं। प्रायः व्यक्ति छोटी-छोटी चीजों के मामले में घबरा जाता है और काम नहीं कर पाता। उसे हर समय यह भय लगा रहता है कि यदि उससे कुछ गड़बड़ हो गई तो लोग क्या कहेंगे। अगर हम मानव व्यवहार की बात करें तो यह डर लोगों को मानवीय संबंधों की अधिक महत्वपूर्ण घटनाओं के संबंध में प्रभावित करता है । उदाहरण के लिए आप किसी ऐसे व्यक्ति के मस्तिष्क का अध्ययन करें जोकि मानसिक परिपक्वता की उम्र (35 से 40 ) में पहुंच गया हो और अगर आप उसके मस्तिष्क के विचारों को पढ़ सकें तो पाएँगे कि उसे उन कहानियों पर अविश्वास है जो सिद्धांतवादियों ने उसे कुछ दशक पूर्व सिखाई थी।

आज के नये दौर में भी काफी लोग इन कहानियों के प्रति अविश्वास प्रकट करने में संकोच करते हैं... उनके मन में डर बैठा रहता है कि कहीं उनके

इस अविश्वास के कारण कोई अनहोनी ना हो जाए क्योंकि कई साल पहले ऐसे ही कुछ स्त्री-पुरूष ने भूतों के अस्तित्व को मानने से इंकार कर दिया था और उनके इस दुस्साहस के कारण उन्हें ज़िंदा जला दिया गया था। अतः इसमें कोई हैरानी वाली बात नहीं कि हमने आलोचना के डर का यह गुण विरासत में पाया है। आज भी कई देशों में आलोचना करने पर गंभीर दंड देने का प्रावधान है।

आलोचना का डर व्यक्ति से उसकी पहल करने की शक्ति छीन लेता है और उसकी कल्पना-शक्ति को नष्ट कर देता है, उसकी वैयक्तिकता को सीमित कर देता है, आत्मविश्वास छीन लेता है और उन्हें कई तरह से नुक्सान पहुंचाता है। मेरे बचपन का एक दोस्त बहुत शरारती था। उसकी मां उसकी शरारतों से परेशान होकर हर रोज  उसे एक स्टिक से सज़ा दिया करती थी और कहती थी कि 'तुम्हारी यही हरकतें एक दिन तुम्हें जेल पहुंचाएंगी।' उनकी बददुआ का परिणाम यह हुआ कि सत्रह साल की उम्र में ही उसे सुधारगृह में भेज दिया गया।

आलोचना एक तरह की सेवा है जो हर व्यक्ति के मस्तिष्क में थोक चाहे सामने वाले को इसकी आवश्यकता हो या ना हो। यह डर व्यक्ति में अपने आप कभी पैदा नहीं होता। इसे पैदा करने का श्रेय नज़दीकी में रिश्तेदारों और माता-पिता को जाता है जो कि अनावश्यक आलोचना द्वारा अपने बच्चे के मस्तिष्क में हीन भावना भर देते हैं। (कानून में एक ऐसा प्रावधान होना अनिवार्य है जिसके तहत ऐसे अपराध करने वाले व्यक्तियों को सजा मिलनी चाहिए।) एक समझदार नियोक्ता मानवीय स्वभाव से अच्छी तरह परिचित होता है इसलिए वे अपने कर्मचारियों से सर्वश्रेष्ठ प्रदर्शन करवाने के लिए आलोचना का नहीं बल्कि रचनात्मक सुझाव का सहारा लेते हैं। माता-पिता को भी अपने बच्चों के साथ इसी तकनीक का प्रयोग करना चाहिए। क्योंकि

बचपन में की गई आलोचना के डर का बीज धीरे-धीरे उसके हृदय में पनपने लगता है और बढ़ते-बढ़ते उग्र रूप धारण कर लेता है जिससे उसके हृदय में प्रेम-स्नेह समाप्त होने लगता है।

## आलोचना के डर के लक्षण

यह डर भी उतना ही सार्वभौमिक है जितना की गरीबी का डर। ठीक उसी तरह इसके प्रभाव भी व्यक्तिगत उपलब्धि के लिए बहुत खतरनाक है क्योंकि यह डर व्यक्ति की पहल करने की शक्ति को नष्ट कर देता है और कल्पनाशीलता को हतोत्साहित करता है। इस डर के प्रमुख लक्षण हैं:

1. **खुद को लेकर परेशान रहना:** आम तौर पर यह नर्वसनेस, चर्चा करने में संकोच, अजनबियों से मिलने में संकोच, किसी से बात करने पर हड़बड़ा जाना, हाथों और अंगों में अजीब तरह की हरकतें करना, नजरें चुराकर बात करना इत्यादि से प्रकट होता है।

2. **संतुलन का अभाव :** आवाज के नियंत्रण की कमी, घबराहट, याददाश्त का कमज़ोर होना, अजीब-अजीब तरह की शक्लेंब नाना।

3. **व्यक्तित्व निर्णय संबंधी निश्चितता का अभाव:** व्यक्तिगत आकर्षण और अपने विचारों को विश्वासपूर्ण ढंग से व्यक्त करने की योग्यता का अभाव । विपरीत परिस्थितियों का सामना करने की बजाय उनसे बचकर निकल जाने की आदत और लोगों की सुनी-सुनाई बातों पर यकीन कर लेना।

4. **हीन भावना :** अधिकतर लोग अपनी इस कमजोरी को छिपाने के लिए बड़ी-बड़ी बातें बनाते हैं, बेकार में डींगे हांकते हैं और कपड़ों, भाषा और मैनर्स की नकल करते हैं। जो कि कभी-कभी उनकी सुपीरियॉरिटी का एहसास दिलाती है।

5. **फिजूलखर्ची :** कई बार लोग लोक-दिखावे और अपने से ज़्यादा अमीर लोगों की बराबरी करने की कोशिश में आमदनी से ज़्यादा ख़र्चा कर देते हैं। ऐसे लोगों को गरीबी बहुत जल्दी घेरती है। उन व्यक्तियों को "जितनी चादर हो उतने में ही पैर पसारने की कहावत पर अमल करना चाहिए।

6. **पहल करने की शक्ति में कमी :** उन्नति के अवसरों को गले लगाने में असफलता, अपनी राय व्यक्त करने का डर आत्म-विश्वास की कमी, अपने से बड़े लोगों द्वारा पूछे गए सवालों का गोलमोल जवाब देना, भाषा के सही उच्चारण का ज्ञान ना होना और कार्यों और शब्दों में धोखा।

7. **महत्वाकांक्षा का अभाव :** मानसिक और शारीरिक आलस्य, खुद को धोखे में रखना, निर्णय पर पहुंचने में देरी, बहुत जल्दी लोगों की बातों में आ जाना, पीठ पीछे लोगों की बुराई करना, चापलूसी करना, संघर्ष करने की बजाय हार स्वीकार करने की आदत, दूसरों को शंका के नज़रिए से देखना, भाषा में कूटनीति का अभाव और अपनी गलतियों को ना मानने की आदत ।

## बुरे स्वास्थ्य का डर

इस डर की जड़ें शारीरिक और सामाजिक अनुवांशिकता से जुड़ी हुई हैं। यह व्यक्ति को बुढ़ापे और मृत्यु के डर का अहसास करवाता है और उन्हें उस भयानक संसार की सीमाओं के करीब ले जाता है जिसके बारे में इंसान को कुछ पता नहीं होता, परंतु उसने कई दर्दनाक और डरावनी कहानियों में इसके बारे में सुना अवश्य होता है। कुछ अनैतिक लोग इन गलत धारणाओं का फायदा उठाकर लोगों में बुरे स्वास्थ्य के डर को जिंदा रखकर हैल्थ बेचने के धंधे में लगे हुए हैं।

जब मनुष्य मानसिक रूप से इन डरों से घिर जाता है तो उसके दिमाग में भयानक तस्वीरें बनने लगती हैं कि उसकी मृत्यु के बाद क्या होगा। इस डर के बावजूद भी उसका आर्थिक नुक्सान के प्रति मोह ख़त्म नहीं होता।

मैंने एक प्रसिद्ध डॉक्टर से संपर्क किया तो उसने बताया कि डॉक्टरों के पास आने वाले 75 प्रतिशत लोग दरअसल हाइपोकॉन्ड्रिया के शिकार होते हैं (अर्थात काल्पनिक बातें करना ।) कई बार लोगों के दिमाग में किसी ऐसी बीमारी का डर बैठ जाता है जो वास्तव में उसे होती ही नहीं, लेकिन यह बीमारी धीरे-धीरे उसके दिमाग में इस कदर घर कर जाती है कि उसके लक्षण दिखाई देने लगते हैं।

मानव मस्तिष्क इतना शक्तिशाली होता है कि यह सब कुछ बना भी सकता है और सब कुछ मिटा भी सकता है। इस डर का फायदा उठाते हुए ही पेटेंटेड़ दवाओं के निर्माताओं ने बेशुमार दौलत लूटी है। कुछ दशक पहले अतिविश्वासी मानवता के डर का यह प्रकार इतना प्रचलित था कि कॉलियर्स मैग्जीन ने एक अभियान चलाया जो कि पेटेंटेड़ मेडिसिन बिज़नेस के विरूद्ध था।

कई साल पहले विशेषज्ञों ने इस विषय पर गहन अध्ययन किया जिससे यह साबित हुआ कि लोगों को सुझाव द्वारा बीमार किया जा सकता है। फिर हमने तीन लोगों पर इस का प्रयोग किया और उन्हें बीमारों से मिलने के लिए भेजा। हर एक व्यक्ति ने बीमारों से अलग-अलग सवाल पूछा 'आपकी तबीयत कैसी है ? आपको क्या बीमारी है ? आप बेहद बीमार दिख रहे हैं। सवाल पूछने वाले पहले व्यक्ति को बीमार ने यह जवाब दिया 'अरे नहीं, मैं तो ठीक हूँ। दूसरे को भी लगभग ऐसा ही जवाब मिला में कुछ ज़्यादा बीमार तो नही परंतु थोड़ा ख़राब महसूस कर रहा हूँ। तीसरे प्रश्नकर्ता को यह साफ-साफ बता दिया गया कि वह सचमुच बीमार अनुभव कर रहा है।

अगर आपको इस बारे में जरा भी शंका है तो इस प्रयोग को अपने किसी परिचित पर आज़मा कर देखें, लेकिन ध्यान रहे इसका इतना ज्यादा प्रयोग भी ना करें कि समस्या जटिल बन जाए। यहां एक ऐसा धार्मिक पंथ है जिसके सदस्य अपने शत्रुओं से प्रतिशोध लेने के लिए हेक्सिंग की तकनीक का प्रयोग करते हैं जिसे दूसरी भाषा में जादू करना भी कहते है ।

कई बार बीमारी नकारात्मक विचार संवेगों के रूप में भी प्रारंभ होती है। इस तरह के विचार संवेग एक मस्तिष्क से दूसरे मस्तिष्क में सुझाव द्वारा भेजे जाते हैं या फिर व्यक्ति खुद ही अपने मस्तिष्क को इस तरह के विचारों से भर लेता है। इसी दौरान मेरी मुलाकात एक व्यक्ति से हुई जो कि बहुत बुद्धिमान था। जब मैंने इस संबंध में उससे राय लेनी चाही तो उसने कुछ इस तरह जवाब दिया "जब भी कोई मुझसे पूछता है कि मुझे कैसा लग रहा है तो मेरा दिल करता है कि ज़ोर का मुक्का उसके जबड़े पर दे मारूं। डॉक्टर लोग मरीज़ों की भलाई के लिए उन्हें किसी अच्छी जगह जाने की सलाह देते हैं क्योंकि उनकी राय में मानसिक नज़रिये में परिवर्तन होना बेहद आवश्यक है। बुरे स्वास्थ्य के डर का बीज हर समय इंसान के मस्तिष्क में पनपता रहता है।

चिंता, डर, हताशा, प्रेम और बिज़नेस मिल-जुल कर इस बीज का पालन-पोषण करते हैं।

बिज़नेस और प्रेम में असफल व्यक्ति प्राय इस बुरे स्वास्थ्य के डर की सूची में सबसे पहले शिखर पर मिलेगें। ऐसे ही प्यार में पागल एक युवक बेवफाई का धोखा ना सहन कर पाया और बीमार हो गया। महीनों तक वह अस्पताल में जिंदगी और मौत के बीच झूलता रहा। जब • डॉक्टरों को उसकी बीमारी समझ नहीं आई तो उन्होंने साइकोथैरेपी के एक विशेषज्ञ को बुलवा लिया। विशेषज्ञ ने उसकी अच्छे से जांच की और उसकी देखभाल के लिए एक सुंदर सी नर्स को नियुक्त कर दिया जो कि डॉक्टर के निर्देशानुसार उस युवक से पहले दिन से ही प्रेम करने लगी। तीन सप्ताह में ही उसे अस्पताल से छुट्टी दे दी गई। अस्पताल से जाते समय भी वह युवक बीमार था लेकिन अब उसे एक नयी बीमारी हो गई थी। उसे प्यार हो गया था और वह भी उस नर्स से। यह इलाज केवल एक धोखा था जो उसे ठीक करने के लिए दिया गया था, परंतु बाद में उस मरीज़ और नर्स की शादी हो गई।

## बुरे स्वास्थ्य के डर के लक्षण

1. **आत्मसुझाव :** आत्मसुझाव का नकारात्मक तरीके से प्रयोग करना। जिसमें व्यक्ति अपने आप में हर तरह की बीमारी के लक्षण खोजता है और सोचता है कि उसे वह बीमारी होगी। काल्पनिक बीमारी का आनंद लेना और इसके बारे में इस तरह से बातें करना मानो यह वास्तविक हो। डॉक्टर की सलाह के बिना ही स्वास्थ्यवर्धक दवाएं लेना। लोगों से ऑपरेशन, एक्सीडेंट और बीमारी के संबंध में बातें करना और फिर कल्पना में खुद को उनकी जगह पर रख कर देखना।

बिना किसी प्रोफेशनल मार्गदर्शन के खुद ही अपनी डाइट और शारीरिक व्यायाम निर्धारित करना । अख़बारों से घरेलू नुस्खे और नीम-हकीमों के इलाज पढ़कर आज़माना।

2. **हाइपोकॉन्ड्रिया :** ज़्यादा से ज़्यादा ध्यान बीमारी की बातें सोचने में लगाना, अपने मस्तिष्क को बीमारी पर पूरी तरह केन्द्रित करना और इसके होने की तब तक आशा करना जब तक कि तंत्रिकाएं प्रभावित ना हो जाए। मनुष्य की इस मानसिक स्थिति का इलाज बोतल में बंद दवा भी नहीं कर सकती। यह सब नकारात्मक सोच की देन है और इसे सकारात्मक चिंतन द्वारा ही ठीक किया जा सकता है। हाइपोकॉन्ड्रियां (काल्पनिक बीमारी) व्यक्ति के शरीर के लिए उतनी ही नुक्सानदायक है जितनी कि कोई वास्तविक बीमारी । मेडिकल साइंस में आने वाले अधिकांश मामले इस काल्पनिक बीमारी के होते हैं।

3. **व्यायाम:** बुरे स्वास्थ्य के डर का सबसे ज़्यादा प्रभाव उसके शारीरिक व्यायाम पर पड़ता है। जिसका परिणाम यह होता है कि वह व्यक्ति बाहरी दुनिया से दूर हो जाता है और उसका वजन बढ़ने लगता है।

4 **अतिसंवेदनशीलता:** प्रकृति ने मनुष्य को प्रतिरोधक क्षमता का वरदान दिया है जिसके अनुसार मानव शरीर में बीमारियों से लड़ने की ताकत होती है। लेकिन जब व्यक्ति बुरे स्वास्थ्य के डर को अपने मस्तिष्क पर हावी होने देता हैं तो यह क्षमता खत्म हो जाती है जिससे ऐसी स्थिति उत्पन्न हो जाती है कि वह जिस बीमारी के संपर्क में जाता है वह शीघ्र ही उसे अपने लपेटे में ले लेती है। बुरे स्वास्थ्य का डर अक्सर गरीबी के डर से जुड़ा होता है। हाइपोकॉन्ड्रिया का मरीज़ अपने इलाज के दौरान डॉक्टर के बिलों, दवाईयों के भुगतान पर अधिक चिंतन करता है। इस

तरह का व्यक्ति बीमारी की तैयारी में बहुत समय लगाता है, वह मौत के बारे में ज़्यादा बोलता है और अपनी कब्र और कफ़न-दफ़न के लिए पैसे पहले से ही जुटा के रखता है।

5. **खुद को दुलारना :** कई बार व्यक्ति आलस्य या सुहानुभूति बटोरने के उद्देश्य से झूठी बीमारी का दिखावा करने लगते हैं।

6. **असंयम :** अपने दुखों से निजात पाने के लिए कोई सकारात्मक उपाय करने की बजाय शराब जैसे मादक पदार्थों का सहारा लेना ।

## प्रेम में वियोग का डर

इस डर का विकास पुरूष की बहु-विवाही आदत के परिणामस्वरूप हुआ। पुरातन युग में प्रायः पुरूषों की नज़र अपने साथियों के प्रेम पर होती थी। मौका मिलते ही वह उसे चुराकर या अपहरण करके ले जाता और उसका शारीरिक उपभोग करता था। ईर्ष्या और घृणा ही प्रेम के विछोह के आंतरिक परिणाम है। यह डर बाकी सभी छह मूलभूत डरों में सबसे दर्दनाक है। अन्य डरों की अपेक्षा यह डर शरीर और मस्तिष्क को अधिक यातना पहुंचाता है।

प्रेम वियोग का यह डर शायद पाषाण युग से चला आ रहा है जो कि आज तक कायम है। पहले पुरूष अपनी शक्ति के बल पर महिलाओं को चुराया करते थे लेकिन अब उनकी तकनीक बदल गई है। अब वे शक्ति की बजाय लड़कियों से आग्रह करते हैं, सुंदर कपड़ों, महंगी कारों और आभूषणों का लालच देकर अपने जाल में फंसाते हैं जो कि शारीरिक शक्ति से अधिक प्रभावशाली साबित होता है। मनुष्य की आदतें आज भी वैसी ही है जैसी कि

प्राचीन काल में थी, फर्क सिर्फ इतना है कि अब उसका व्यक्त करने का ढंग बदल गया है।

कई सौ महिलाओं के जीवन के अनुभव के आधार पर किए गए विश्लेषण से यह तथ्य सामने आया है कि महिलाओं में यह डर पुरूषों से अधिक होता है। चूंकि पुरुषों के बहुविवाही प्रकृति के होने के कारण महिलाएं सदैव उन्हें खोने के डर से भयभीत रहती हैं।

## प्रेम में वियोग के डर के लक्षण

1. **ईर्ष्या :** दोस्तों और प्रेमीजनों के प्रति शंका की भावना रखना जबकि इसके पीछे कोई तार्किक प्रमाण नहीं होता। पति या पत्नी पर बिना किसी ठोस प्रमाण के बेवफाई का इल्ज़ाम लगाने की आदत।

2. **गलती निकालना :** बिना किसी कारण अपने दोस्तों, रिश्तेदारों और बिज़नेस सहयोगियों की गलती निकालने की आदत।

3. **जुआ खेलना :** व्यक्ति अपने प्रियजनों को जुआ, चोरी जैसे गलत कामों से पैसा उपलब्ध करवा सकता है। आमदनी से अधिक फिजूलखर्ची करना, प्रियजनों पर अपना प्रभाव जमाने के उद्देश्य से कीमती तोहफे देना। अनिद्रा, नर्वसनेस, लगन का अभाव, कमज़ोर इच्छाशक्ति, आत्मनियंत्रण का अभाव, आत्मविश्वास की कमी इत्यादि ।

## बुढ़ापे का डर

इस डर की उत्पति दो माध्यमों से होती है।

**पहला**- अपने मन में यह विचार रखना कि बुढ़ापा अपने साथ गरीबी लाता है।

**दूसरा**- अतीत में सुनी उन झूठी बातों 'बुढ़ापा नरक की आग में धकेलना' पर यकीन करना। इस डर के संबंध में भी इंसान के पास दो दमदार तर्क होते हैं- एक अपने साथियों में अविश्वास करने से पैदा होता है जो कि मरणोपरांत उसकी सांसारिक चीजें छीन लेंगे और दूसरा उसके मस्तिष्क में परलोक की भयानक तस्वीरों से पैदा होता है।

बुरे स्वास्थ्य की संभावना भी बुढ़ापे के इस डर का एक कारण है जो कि अक्सर उम्र के साथ बढ़ती जाती है। कामुकता भी इस डर की एक खास वजह है क्योंकि कोई भी व्यक्ति यह नहीं चाहता कि उसका सैक्स आकर्षण कम हो जाए। यह डर अधिकतर गरीबी की संभावना से जुड़ा हुआ है। हर व्यक्ति के मन में भय होता है कि बुढ़ापा आने पर उसके बच्चे कहीं उसे किसी वृद्धाश्रम में ना छोड़ आएं। इसलिए इस शब्द का नाम सुनते ही उनका दिमाग फटने लगता है। अपनी कल्पना में भी वह अपना बुढापा, वृद्धाश्रम में काटने की संभावना से कांप जाते हैं। स्वतंत्रता की कमी भी इसका अन्य कारण है क्योंकि बुढ़ापे में व्यक्ति की आर्थिक और शारीरिक स्वतंत्रता कम हो जाती है।

## बुढ़ापे के डर के लक्षण

1. उम्र बढ़ने के साथ-साथ हीन भावना विकसित होने की प्रवृत्ति, जिसमें व्यक्ति को यह विश्वास दिलाया जाता है कि अब उसके मौज-मस्ती करने के दिन नहीं रहे बल्कि नाती-पोतियों को खिलाने के दिन है।

जबकि सच्चाई इसके बिल्कुल विपरीत है क्योंकि चालीस से साठ के बीच की आयु ही व्यक्ति के मानसिक और आध्यात्मिक विकास के लिए उपयोगी वर्ष है।

2. अक्सर लोगों से अपनी बढ़ती उम्र का ढिंढोरा पीट कर सहानुभूति प्राप्त करने का प्रयास करना। इससे बेहतर होगा कि आप भगवान का शुक्रिया अदा करें कि अब आप समझदारी और परिपक्वता की उम्र तक पहुंच गए हैं।

3. पहल करने की शक्ति, कल्पनाशीलता और स्वाबलंबन का गला घोंटने की आदत क्योंकि कहीं ना कहीं आपको यह गलतफहमी हो जाती है कि अब आपकी उम्र इन गुणों का प्रयोग करने लायक नहीं रही। अधिक उम्र के स्त्री-पुरुषों द्वारा इस तरह के कपड़े पहनना और इस तरह के हावभाव दिखाना जिससे कि वे युवा लग सकें ।

## मौत का डर

मौत का डर बाकी सब डरों से अधिक भयंकर होता है। मृत्यु एक सार्वभौमिक सत्य है अर्थात दुनिया में जो आया है, उसे एक ना एक दिन जाना ही होगा। धर्म-कर्म के कार्यों में लिप्त लोगों को मौत का कोई डर नहीं होता क्योंकि वे नश्वर शरीर और अमर आत्मा की सच्चाई को जानते होते हैं। जबकि सभ्य लोग इससे बहुत ज़्यादा डरते हैं। वे चाह कर भी इस दुनिया का मोह नहीं छोड़ सकते। अरबों-करोड़ों वर्षों से मनुष्य का एक ही सवाल रहा है कि वह वास्तव में कौन है ? कहां से आया है ? और कहां जाना है ? मेरे इस रूप में जन्म लेने का क्या उद्देश्य है?

पुरातन युग में विद्वान उनके सवालों का सही जवाब देकर उनका उचित मार्गदर्शन करते थे। लेकिन आज के चालाक और धोखेबाज़ लोग धर्मात्माओं का रूप धारण करके पैसा वसूलने के लिए उन्हें इस तरह अपने जाल में फंसा लेते हैं कि लोगों का बचकर निकलना मुश्किल हो जाता है। ऐसे साधु-संतों ने जगह-जगह अपने डेरे बनाए होते हैं जहां वे लोगों को झूठा आश्वासन देकर आमंत्रित करते हैं मेरे डेरे में आओ और मेरा धर्म स्वीकार करो, यदि तुम मेरे बताए सिद्धांतों का पालन करोगे तो मैं तुम्हें ऐसा मार्ग बताउंगा जिससे मृत्यु के बाद तुम्हें सीधा स्वर्ग की प्राप्ति होगी। लेकिन अगर तुम इस बेकार की मोह-माया में फसे रहोगे तो एक दिन यह तुम्हें अपने वश में कर लेगी और नरक में धकेल देगी।

अनंत काल की सजा का विचार उनकी जीवन में रुचि को खत्म कर देता है और उनके सुख को असंभव बना देता है। हालांकि यह ज़रूरी नहीं होता कि साधु-धर्मात्मा अपने सुसंदेशों से अपने अनुयाइयों को स्वर्ग में पहुंचा दें या फिर अपने श्राप से उन्हें नरक की आग में झोंक दें। क्योंकि किसी को नहीं पता होता कि व्यक्ति मरने के बाद स्वर्ग में जाएगा या नरक में। लेकिन नरक की जो भयंकर संभावनाएं लोगों के सामने व्यक्त की जाती है वह धीरे-धीरे उनके मस्तिष्क में इस तरह समा जाती है कि उनकी तर्क-वितर्क करने की क्षमता नष्ट हो जाती है।

सत्य तो यह है कि आज तक कोई नहीं जान पाया है कि यह स्वर्ग और नर्क होते कैसे हैं? और ना ही किसी को ये पता है कि इन जगहों का वास्तविक अस्तित्व है भी या नहीं? सही ज्ञान की कमी इंसान को उनके मार्ग से भटका कर चालाक और धूर्त लोगों के शिकंजे में फंसा देती है।

आज का युग बदल गया है। अब सब कुछ पहले जैसा नहीं रहा। आज जगह-जगह पर बड़े-बड़े कॉलेज, यूनिवर्सिटीज़ और वैज्ञानिक शोध केन्द्र हैं

जहां दुनिया को सच्चाई से परिचित करवाया जाता है और मौत के अंधविश्वास से जूझ रहे लोगों को इस भ्रम से मुक्त करवाकर सामान्य जीवन जीने के लिए प्रेरित किया जाता है। स्कूलों और कॉलेजों में युवक-युवतियों को जीवन की सच्चाई का पाठ पढ़ाया जाता है। जीवविज्ञानीयों, खगोलशास्त्रियों और भूगर्भशास्त्रियों ने विज्ञान की सहायता से लोगों के मस्तिष्क से अंधकारमयी युग को बाहर निकाल फेंका है।

यह संसार दो तत्वों, पदार्थ और ऊर्जा से मिलकर बना है। इन्हें ना तो बनाया जा सकता है और ना ही नष्ट किया जा सकता है, परंतु इन्हें एक रूप से दूसरे रूप में बदला जा सकता है। उसी तरह यह जीवन भी ऊर्जा का ही एक प्रकार है। इसे भी नष्ट नहीं किया जा सकता । ऊर्जा के अन्य रूपों की तरह जीवन को भी रूप परिवर्तन की विभिन्न प्रक्रियाओं से गुजरना पड़ता है और यह मौत भी सिर्फ रूप-परिवर्तन का ही प्रकार है। लेकिन अगर मौत रूप-परिवर्तन नहीं है तो मौत के बाद सिवाय एक लंबी, अनंत और शांत निद्रा के और कुछ नहीं आता । तो निद्रा से कैसा डरना। इस तरह आप मौत के डर को हमेशा के लिए अपने मस्तिष्क से निकाल सकते हैं।

## मौत के लक्षण

मौत के लक्षण ज़्यादातर तब दिखाई देते हैं जब इंसान जीवन में कुछ कर गुज़रने की बजाय मरने के बारे में अधिक सोचता है। यह डर ज्यादातर बूढ़े लोगों को अपने लपेटे में लेता है लेकिन कई बार जाने-अनजाने युवा लोग भी इसका शिकार बन जाते हैं। इस डर से बचने का सबसे आसान उपाय है- सफलता प्राप्ति की इच्छा, जिसका मुख्य उद्देश्य लोगों को सेवाएं प्रदान करना है। अपने कार्य में मशगूल व्यक्ति के पास मरने के बारे में सोचने का

समय कभी नहीं होता। उसका जीवन से इस कदर लगाव हो जाता है कि वह मौत के बारे में चिंता ही नहीं करता। कई परिस्थितियों में मौत का डर गरीबी के डर से भी जुड़ा होता है क्योंकि उसे हर वक़्त यही चिंता लगी रहती है कि उसकी मौत के बाद उसके घरवाले गरीबी की दलदल में धंस जाएंगे। यह डर व्यक्ति की प्रतिरोधक क्षमता को भी कम कर देता है जिससे वह शीघ्र बीमार पड़ सकता है। मौत से डर के सबसे बड़े कारण हैं-गरीबी, बागलपन, प्रेम में असफलता, व्यवसायिक योग्यता का अभाव और गर्मिक उन्माद

## बुढ़ाई की चिंता

चिंता एक मानसिक अवस्था है जो धीरे-धीरे मगर लगातार काम करती है। यह इतनी घातक और सूक्ष्म होती है कि इसकी उपस्थिति का अंदाज़ा लगाना नामुमकिन होता है। यह बिना आवाज़ के निरंतर मस्तिष्क में घुसती चली जाती है और इंसान की तर्कशक्ति, आत्मविश्वास और पहल करने की शक्ति को पूरी तरह से खोखला कर देती है। चिंता एक तरह का डर है जो किसी गलती के परिणामस्वरूप पैदा होता है। चिंता और चिता, दो शब्द जो कि है तो एक जैसे ही लेकिन इनमें बिंदु मात्र का ही अंतर है। चिंता जब हद से ज़्यादा बढ़ जाए तो यह व्यक्ति को चिता की कगार पर ले जाती है।

चिंता मनुष्य के जीवन काल को कम कर देती है। अस्थिर मस्तिष्क निस्सहाय होता है। मस्तिष्क के अशांत होने का सबसे बड़ा कारण अनिर्णय है चूंकि अधिकांश लोगों में तत्काल निर्णय लेने की शक्ति का अभाव होता है और निर्णय लेने के बाद उन पर डटे रहने का हौसला भी नहीं होता।

जल्दबाजी में लिए गए फैसलों का परिणाम हमेशा नकारात्मक ही होता है। इसलिए व्यक्ति को हर फैसला बहुत सोच-समझ कर और स्थिर मन से करना चाहिए। ज़रूरी नहीं कि उसका हर बार लिया गया फैसला सही ही हो। कई बार परिस्थितियां ऐसी बन जाती है कि उसे जीत की बजाय हार ही मिलती है लेकिन ऐसे में उसे विचलित नहीं होना चाहिए बल्कि पहले से ही इस अज्ञात डर के प्रति सावधान रहना चाहिए। एक सफल व्यक्ति वही है जो विपरीत परिस्थितियों में भी अपने पथ से नहीं भटकता। एक बार मैंने एक ऐसे व्यक्ति का इंटरव्यू लिया जिसे दो घंटे बाद फांसी लगने वाली थी। यह अपराधी उन आठ लोगों में सबसे शांत और प्रसन्न दिख रहा था जो मृत्यु कक्ष में उसके साथ खड़े थे। उसके खुशमिजाज़ व्यक्तित्व से प्रेरित होकर मैंने उससे पूछा कि उसे मौत के मुंह में जाते हुए कैसा लग रहा है ? उसने चेहरे पर विश्वासपूर्ण मुस्कुराहट लाते हुए कहा 'बहुत बढ़िया। मेरे भाई, ज़रा सोच के देखो... आज मेरी सारी मुश्किलें हमेशा-हमेशा के लिए ख़त्म हो जाएंगी। जिंदगी में मुझे अब तक दुखों के सिवा कुछ नहीं मिला। लेकिन अब मुझे इन सारे संकटों से मुक्ति मिल जाएगी और फिर उन चीज़ों की कभी आवश्यकता नहीं पड़ेगी जिन के लिए मैं मारा-मारा फिरता था। मैं बहुत खुश हूँ क्योंकि जब से मुझे पता चला है कि मैं भरने वाला हूँ, तभी से मैंने सोच लिया था कि अब मैं सारी चिंताए छोड़ कर हंसते-हंसते अपने भाग्य को स्वीकार करूंगा।"

इसके पश्चात उसने भरपेट भोजन किया और भोजन के हर निवाले का पूरा आनंद लिया मानो कुछ घंटों पश्चात् आने वाली मौत का उसे कोई रंज ना हो। उसके इसी दृढ़ निश्चय ने उसे किस्मत का लिखा सहन करने की ताकत दी। इस प्रकार दृढ़ निर्णय अनपेक्षित परिस्थितियों को स्वीकार करने की आपकी आदत को रोक भी सकता है।

जब अनिर्णय के साथ छह मूलभूत डर मिलते हैं तो चिंता में बदल जाते हैं। मौत को अवश्यंभावी घटना के रूप में स्वीकार करने के निर्णय पर पहुंचें और मौत के डर से हमेशा के लिए आजाद हो जायें । चिंता को त्याग कर धन कमाने के निर्णय पर पहुंचकर ही आप गरीबी के डर से हमेशा-हमेशा के लिए मुक्त हो सकते हैं। अपने दिमाग में बस एक बात बिठा लें कि लोग क्या कहते हैं, क्या करते हैं और क्या सोचते हैं... इस बात से आपको कोई फर्क नहीं पड़ेगा। दूसरे शब्दों में कहें तो आलोचना के डर को सदा के लिए त्याग दो। बुढ़ापा जिसे आप अपनी जिंदगी की सबसे बड़ी कमज़ोरी मानते हो, उसे अपनी सबसे बड़ी ताकत बनाओ क्योंकि दुनिया में ऐसा कोई इंसान नहीं है जो जीवन की इस अवस्था से अछूता रहा हो बशर्ते वह युवा अवस्था में ना मर गया हो। बुढ़ापा आपके लिए एक वरदान की तरह है जो अपने साथ बुद्धिमानी, आत्मनियंत्रण और समझदारी जैसे महान गुण लाता है। यदि आप अपने इन गुणों का सही ढंग से प्रयोग करें तो पूरे विश्व को अपने कदमों में झुका सकते हो। इस तरह आप बुढ़ापे के डर पर नियंत्रण पा सकते हैं। लक्षणों को भूलने के निर्णय पर पहुंच कर ही आप बुरे स्वास्थ्य के डर को जीत सकते हो। प्यार जो कि दुनिया का सबसे बडा धोखा है, इससे जितना दूर रहा जाए उतना बेहतर है। क्योंकि युवा अवस्था में किया गया प्यार सिर्फ जिस्मानी लगाव होता है जो कि कुछ हद तक दौलत पास होने तक ही टिकता है। आप मेरी बात का गलत मतलब मत निकालिएगा.... मैं तो बस यह कहना चाहता हूँ कि प्यार करो लेकिन सच्चा.... नही तो झूठ-मूठ या समय बिताने के लिए किए गए प्यार से जितना दूर रह सको, उतना बेहतर है क्योंकि इस निर्णय पर पहुंच कर ही आप प्रेम के वियोग के डर पर काबू पा सकते हैं।

छह मूलभूत डरों के कारण ही चिंता जैसी भयंकर बीमारी का उद्गम होता है। लेकिन अब जब आप सारे डरों को मार ही डालेंगे तो चिंता कैसी। जीवन

में बस ये मान के चलिए कि ऐसा कुछ भी नहीं है जिसका मूल्य ना चुकाया जा सके... क्योंकि अगर आपको लगता है चिंता करने से सारी मुसीबतें ख़त्म हो जाएंगी तो यह आपकी गलतफहमी है क्योंकि इसका सबसे बुरा प्रभाव आपके स्वास्थ्य पर पडेगा। इसलिए बेहतर होगा कि आप इस अवगुण को त्याग दें। इससे निर्णय में संतुलन, मन और विचारों में शान्ति रहेगी जिससे जीवन सुखी बनेगा।

डर एक तरह की जोंक है जो इंसान के दिमाग को धीरे-धीरे खाती है। इससे उसके सोचने-समझने की शक्ति खत्म हो जाती है। वह न केवल जिंदगी में मिलने वाले सुअवसरों को अपनी नादानी से खो देत है बल्कि इन विनाशकारी विचार संवेगों को उन सभी के मस्तिष्क क हस्तांतरित कर देता है जो उसके संपर्क में आते हैं, जिससे यह बाक लोगों को मिलने वाले अवसरों को भी नष्ट कर देता है। इंसान की तर जानवर भी डर के इन कंपनों को महसूस कर सकता है। एक घोड़ा कुता भी अच्छे से समझता है कि कब इसके मालिक के गुस्से में डर और कब प्यार है। दोनों ही अपने मालिकों द्वारा दिये जा रहे डर कंपनों को समझ लेते हैं और उनके अनुसार ही व्यवहार करने लगते है जानवरों के संसार में बुद्धि के निचले स्तर पर भी हम डर के कंपनों से प्रभावित होने की यही क्षमता देख सकते हैं। डर के चिंतन और इंसान की आवाज़ में एक जैसी ही तीव्रता होती है। जितनी जल्दी और निश्चितता से डर का संवेग एक मस्तिष्क से दूसरे मस्तिष्क में जाता है उतनी ही तीव्रता से इंसान की आवाज़ बॉडकास्टिंग स्टेशन से रेडियो तक पहुंचती है।

एक हिंसक प्रवृति का व्यक्ति अपने नकारात्मक या विध्वंसात्मक विचारों को शब्दों द्वारा व्यक्त करता है और वह इसके होने वाले परिणामों से भी अनभिज्ञ नहीं होता। एक विनाशकारी प्रवृति वाला व्यक्ति अपने नकारात्मक विचारों से रचनात्मक कल्पनाशीलता की योग्यता को नष्ट कर

लेता है। मस्तिष्क में किसी विध्वंसात्मक भाव की उपस्थिति एक नकारात्मक व्यक्तित्व विकसित कर देती है जिससे लोग उससे नफरत करने लगते हैं और धीरे-धीरे उसके शत्रु बन जाते हैं। इस तरह के विचार संवेग न केवल दूसरों को नुक्सान पहुंचाते हैं बल्कि उस व्यक्ति के मस्तिष्क में भी दाखिल हो जाते हैं जो उन्हें प्रसारित कर रहा होता है और उसके चरित्र का हिस्सा बन जाते है।

जीवन में कामयाबी प्राप्त करने के लिए आपको मन की शांति, भौतिक वस्तुएं और सुख हासिल करने की आवश्यकता है। सफलता के ये सारे प्रमाण विचार संवेगो के रूप में ही शुरू होते हैं।

मनुष्य वह संवेदनशील प्राणी है जिसमें अपने दिमाग को नियंत्रित करने और अपनी इच्छानुसार विचार संवेग डालने की क्षमता होती है। वह अपनी इस क्षमता का प्रयोग रचनात्मक कार्यों के लिए करता है। इस धरती पर केवल मनुष्य ही वह प्राणी है जो अपने भाग्य का निर्माता स्वयं है। वह अपने आस-पास के माहौल को स्वयं ही प्रभावित, निर्देशित और नियंत्रित कर सकता है, अपने जीवन को जैसा चाहे वैसा बना सकता है या फिर अपने इन अधिकारों की अवहेलना करके अपने जीवन को बर्बादी की कगार पर ला खड़ा कर सकता है। इस तरह आपकी स्थिति को समुद्र समुद्र में डूब रहे उस व्यक्ति की तरह हो जाएगी जो खुद की लहरों के भरोसे छोड़ देता है और उसके बचने का आधार सिर्फ वह लकड़ी का तख्ता होता है जो संयोगवश तैरता हुआ उस तरफ आ जाता है।

## सातवीं मूलभूत बुराई शैतान की वर्कशॉप

इन छह मूलभूत डरों के अलावा एक अन्य बुराई भी है जो लोगों को अपने तरीके से तकलीफ पहुंचाती है। यह बुराई एक ऐसी समृद्ध भूमि है जिसमें असफलता के बीज प्रचुर मात्रा में उगते हैं और यह इतनी सूक्ष्म होती है कि इसकी उपस्थिति का अंदाज़ा लगाना भी कठिन हो जाता है। यह सभी छह मूलभूत डरों से अधिक घातक है इसलिए इसे डर का रूप देना उचित नहीं है। इसलिए इस बुराई को नकारात्मक प्रभावों के प्रति अतिसंवेदनशीलता का नाम देना ही सही रहेगा।

यह बुराई दौलतमंद लोगों में बहुत कम और गरीब लोगों में बहुत ज़्यादा पाई जाती है। दौलतमंद लोग हमेशा अपने आप को इस बुराई से दूर रखते हैं जबकि गरीब लोग ऐसा कभी नहीं कर सकते। सफलता प्राप्ति के लिए व्यक्ति को इस बुराई से बचने हेतु अपने मस्तिष्क को सुदृढ़ कर लेना चाहिए। अगर आप अमीर बनने के उद्देश्य से इस फिलॉस्फी को पढ़ रहे हैं तो आपको बहुत सावधानी से अपनी जांच करनी होगी और देखना होगा कि कहीं आप इन नकारात्मक प्रभावों के प्रति संवेदनशील तो नहीं हैं। अगर आप अपने आत्म-विश्लेषण को नज़रअंदाज़ कर देंगे तो अपनी इच्छाओं को हासिल करने के अधिकार को भी खो देंगे।

आत्म-विश्लेषण के लिए तैयार किए गए प्रश्नों को पढ़ने के बाद आप अपने जवाबों में ख़ुद को पूरी तरह ज़िम्मेदार ठहराएं। यह विश्लेषण इतनी सावधानीपूर्वक करें जैसे कि आप अपने किसी दुश्मन को खोज रहे हों। अपने दोषों के साथ ठीक वैसा ही व्यवहार करें जैसा कि आप अपने किसी शत्रु के साथ करोगे ।

वास्तविक जीवन में तो आप खुद को चोर-लुटेरों से बचा सकते हो लेकिन मस्तिष्क में छिपे इन अदृश्य लुटेरों से खुद को कैसे बचाओगे ?

इस सातवीं मूलभूत बुराई को जीतना बहुत मुश्किल है क्योंकि यह तब हमला करती है जब आपको इसकी उपस्थिति का अहसास नहीं होता । क्योंकि यह एक मानसिक अवस्था है. इसलिए इसके हथियार भी अमूर्त होते हैं। यह बहुत खतरनाक बुराई है। मानवीय अनुभव के जितने रूप होते हैं, यह सब पर अलग-अलग तरह से हमला करती है। कई बार यह रिश्तेदारों की नेक सलाह के रूप में मस्तिष्क में प्रवेश कर जाती है तो कई बार अंदर से ही पैदा होती है। यह ज़हर से भी अधिक खतरनाक होती है हालांकि उतनी जल्दी मार नहीं सकती।

**अपने आप को नकारात्मक विचारों के प्रभाव से कैसे बचाया जाए ?**

एक असफल और मन से हारा हुआ व्यक्ति इन नकारात्मक विचारों से कभी बच नहीं सकता। इस तरह के विचार या तो खुद-ब-खुद आपके दिमाग में आ जाते हैं या फिर यह आपके आस-पास के लोगों की देन होती है। इनसे बचने का एक मात्र उपाय है प्रबल इच्छा शक्ति और इस शक्ति का प्रयोग आप अपने मस्तिष्क को नकारात्मक विचारों के प्रभाव से मुक्त करवाने के लिए कर सकते हैं। इंसान प्रकृति से आलसी और उदासीन होता है इसलिए वह अपनी कमजोरी से मिलते-जुलते गुणों को जल्दी ग्रहण कर लेता है।

मानव स्वभाव सभी छः मूलभूत डरों के प्रति अधिक संवेदनशील है इसलिए आवश्यक है कि वह खुद को मानसिक तौर पर इतना स्वस्थ बना ले ताकि इन सारे डरों के खिलाफ महासंग्राम कर सके। नकारात्मक विचारों का

निवास स्थान अवचेतन मस्तिष्क है इसलिए इन्हें खोजना बहुत मुश्किल होता है। ये छिप कर वहीं से आप पर हमला करते हैं। बेहतर होगा कि आप ऐसे लोगों के प्रति सावधान रहें जो हताश या उदास रहते हैं और अपने मस्तिष्क को भी ऐसे लोगों के विचारों से दूर रखें।

जो व्यक्ति हल्का सा बीमार होने पर या जानबूझकर बीमारी का नाटक करते हैं और दवाइयों के शौकीन होते हैं, ऐसे व्यक्तियों का जितना जल्दी हो सके इन सबसे छुटकारा पा लेना ही सही है। अच्छी संगति से मनुष्य में सद्गुणों का विकास होता है इसलिए ऐसे लोगों से से साहचर्य रखें जो आपको अच्छे कार्य करने के लिए प्रेरित करते हैं। कष्टों की उम्मीद कभी मत कीजिए क्योंकि उनमें यह प्रवृत्ति पाई जाती है कि वे किसी को निराश नही करते।

इसमें कोई संदेह नहीं कि इंसान की सबसे बड़ी कमजोरी यही है। कि वह अपने मस्तिष्क को दूसरे लोगों के नकारात्मक विचार ग्रहण करने के लिए खुला छोड़ देता है। अधिकांश लोगों को अहसास ही नहीं हो पाता कि ये बीमारी धीरे-धीरे उनके मस्तिष्क पर डेरा डाल रही है और कई लोग तो इसे जानते हुए भी स्वीकार करने से इन्कार कर देते है। क्योंकि कहीं ना कहीं उनके दिल में आलोचना का डर छुपा होता है कि यदि लोगों को इसका पता चल गया तो कहीं वे उसका मज़ाक ना बनाए। फिर धीरे-धीरे यह उनकी नियमित आदतों का हिस्सा बनती जाती है जिसे नियंत्रित करना बहुत कठिन हो जाता है।

लेकिन जो लोग स्वावलंबी हैं और जिनमें अपनी बुराईयों को देखने या सुनने की क्षमता होती है, वही लोग आत्म-विश्लेषण की परीक्षा में खरे उतर सकते हैं। ऐसे लोगों के लिए हमने कुछ प्रश्नों की सूची तैयार की है। इन प्रश्नों को पढ़ें और इनके जवाब जोर से दें ताकि आपके अंदर तक यह आवाज़ सुनाई दे । इससे आपके लिए अपने प्रति ईमानदार होना आसान हो जाएगा।

## आत्म-परीक्षण के प्रश्न

1. क्या आपको अक्सर बुरा अनुभव होता है ? और अगर ऐसा है तो इसका कारण क्या है ?

2. क्या आपको बात-बात पर दूसरों की गलतियां निकालने की आदत है?

3. क्या आप अपने काम में अक्सर गलतियां करते हैं?

4. क्या आप किसी विषय पर चर्चा के दौरान आक्रामक हो जाते हैं?

5. क्या आप दूसरों के साथ ज़्यादा घुलने-मिलने से बचते हैं?

6. क्या आपको बदहज़मी की शिकायत है?

7. क्या आपको अपना जीवन निरर्थक लगता है और आप भविष्य के प्रति निराशाजनक हैं ?

8. क्या आपको अपना व्यवसाय पसंद हैं ? अगर नहीं तो क्यों?

9. क्या आपको अक्सर आत्म-दया का अनुभव होता है ?

10. क्या आप दूसरों की सफलता देखकर जलते हैं ?

11. आप किस बात के बारे में ज़्यादा सोचते हैं-सफलता के बारे में या असफलता के बारे में?

12. क्या उम्र बढ़ने के साथ-साथ आपका आत्मविश्वास बढ रहा है ?

13. आप अपनी गलतियों से क्या सबक सीखते हैं ?

14. क्या आपका कोई परिचित या रिश्तेदार आपको लेकर चिंताग्रस्त रहता है ? अगर ऐसा है तो क्यों ?

15. क्या आपका अधिकतर समय निराशा में बीतता है ?

16. आप किसके जीवन से सबसे ज्यादा प्रभावित हैं ?

17. क्या आप नकारात्मक सोच को जानबूझकर अपने ऊपर हावी होने देते हो?

18. क्या आप अपने व्यक्तिगत रूप के प्रति लापरवाह हो ?

19. क्या आपने अति-व्यस्तता में अपनी मुश्किलों को डुबाना सीखा है ताकि आपको उनसे चिढ़ न हो ?

20. क्या आप दूसरों को अपने बारे में बात करने का मौका देते हो ?

21. क्या आप अपने आंतरिक स्नान को नजरअंदाज कर देते हैं जब तक कि ऑटो-इन्टॉक्सिकेशन आपको बुरे स्वभाव का और चिड़चिड़ा ना बना दें ?

22. ऐसे कितने डिस्टर्बेंस हैं जो आपको चिढ़ाते हैं जिनसे आप बच सकते थे और आप उन्हें सहन क्यों कर रहे हैं?

23. क्या आप अपनी परेशानियों को खत्म करने के लिए शराब या सिगरेट जैसे मादक पदार्थों का सेवन करते हो ?

24. क्या आप लोगों द्वारा निरंतर की जाने वाली टोका-टोकी से परेशान हैं?

25. आपके जीवन का मुख्य लक्ष्य क्या है ? क्या आपने इसे हासिल करने के लिए कोई योजना बनाई है ?

26. क्या आप छः मूलभूत डरों में से किसी से पीड़ित हैं? अगर हैं तो किनसे ?

27. क्या आप दूसरों के नकारात्मक प्रभावों से खुद की सुरक्षा करने में सक्षम हैं?

28. क्या आप मस्तिष्क को सकारात्मक बनाने के लिए आत्म-सुझाव के सिद्धांत का प्रयोग करते हैं ?

29. आप किस चीज़ को सबसे ज़्यादा महत्व देते हैं: भौतिक संपदा या विचारों को नियंत्रित करने की शक्ति को ?

30. क्या आप उन लोगों की बात आसानी से मान लेते हैं जो आपकी नज़र में गलत हैं ?

31. क्या आज आपने कोई मूल्यवान ज्ञान हासिल किया है ?

32. क्या आप विपरीत परिस्थितियों का सामना करने में सक्षम हैं?

33. क्या आप अपनी सारी गलतियों और असफलताओं का विश्लेषण करके उनसे लाभ उठाने की कोशिश करते हैं ?

34. आपकी तीन विनाशकारी कमजोरियां कौन सी हैं ? और इन्हें सुधारने के लिए क्या कर रहे हैं ?

35. जो लोग आपके पास सहानुभूति की अपेक्षा से आते हैं क्या आप उन्हें प्रोत्साहित करते हैं?

36. आपके दैनिक अनुभवों में से क्या कोई ऐसा सबक है जो आपकी प्रगति में आपकी मदद कर सके ?

37. क्या आपकी उपस्थिति से लोगों पर हमेशा नकारात्मक प्रभाव पड़ता है?

38. दूसरे लोगों की किन आदतों से आपको चिढ़ होती है ?

39. क्या आप अपने खुद के विचार बनाते हैं या दूसरों को खुद को प्रभावित करने की अनुमति देते हैं ?

40. क्या आपमें ऐसी मानसिकता बनाने की कला है जो सभी नकारात्मक प्रभावों के विरूद्ध कवच का काम कर सके ?

41. क्या आपके व्यवसाय से आपको आस्था और प्रेरणा मिलती है ?

42. क्या आपके पास पर्याप्त आध्यात्मिक शक्तियां है जिनके द्वारा आप अपने मन को सभी तरह के डरों से मुक्त रख सकते हो ?

43. क्या आपका धर्म आपको सकारात्मक विचारों के प्रति प्रेरित करता है?

44. क्या आप दूसरों की दुख तकलीफ में उनके हमदर्द बनते हो?

45. अगर आपको 'एक जैसे पक्षी एक साथ उड़ते हैं की कहावत में विश्वास है तो आप किस तरह के दोस्तों को अपनी तरफ आकर्षित करते हैं ?

46. जिन लोगों के साथ आप ज़्यादा संपर्क में रहते हो, क्या आपको उनके और अपने दुख में कोई संबंध नज़र आता है?

47. कहीं ऐसा तो नहीं कि जिसे आप अपना सबसे प्यारा दोस्त मान रहें हो, दरअसल वही आपका सबसे बड़ा शत्रु हैं और जाने-अनजाने आपके मस्तिष्क पर नकारात्मक प्रभाव डाल रहा है।

48. ऐसे कौन से नियम हैं जिनसे यह साबित हो कि आपके लिए क्या अच्छा है और क्या बुरा ?

49. क्या आपके सबसे अंतरंग सहयोगी मानसिक रूप से आपसे सुपीरियर या इन्फीरियर हैं?

50. आप चौबीस घंटों में से इन चीज़ों को कितना समय देते हैं:

- आपका काम-धंधा ।
- नींद।
- खेल और मनोरंजन ।
- उपयोगी ज्ञान हासिल करना ।
- सिर्फ समय की बर्बादी ।

**आपके परिचितों में से कौन :**

- आपको सबसे ज़्यादा प्रोत्साहन देता है।
- आपको सबसे ज्यादा सावधान करता है।
- आपको सबसे ज्यादा हताश करता है ।

51. आपकी सबसे बड़ी चिंता क्या है ? और आप इसे क्यों सहन करते हो?

52. क्या आप दूसरों द्वारा दी गई मुफ़्त की सलाह को बिना उनके किसी उद्देश्य को जाने अपने वास्तविक जीवन में अपनाते हो?

53. आपकी सबसे बड़ी इच्छा क्या है? क्या आप इसे प्राप्त करना चाहते हैं? और इसे हासिल करने के लिए आप हररोज कितना प्रयास करते हैं?

54. क्या आपकी मानसिक स्थिति असंतुलित है अर्थात पल-पल बदलती रहती है ?

55. जो काम आपने शुरू किया है, क्या आपमें उसे खत्म करने का सामर्थ्य है?

56. क्या आप लोगों के बिजनेस, प्रोफेशनल लाइफ, ऐजुकेशन या व्यक्तित्व से जल्दी प्रभावित हो जाते हैं?

57. जब दूसरे लोग आपकी बातों से प्रभावित होते हैं तो क्या आपको खुशी होती है?

58. क्या आप लोगों से उनके सामाजिक या आर्थिक स्टेटस के हिसाब से व्यवहार करते हैं?

59. आपकी नजरों में दुनिया का सबसे महानतम व्यक्ति कौन है ? और आपको उसकी कौन सी बात अच्छी लगती है ?

60. आपने इन प्रश्नों का अध्ययन करने और जवाब देने में कितना समय लगाया ? (इस पूरी सूची का विश्लेषण करने और जवाब देने के लिए कम से कम एक दिन आवश्यक है।)

अगर आप इन सारे सवालों का जवाब पूरी ईमानदारी से देंगे तो अपने बारे में दूसरे लोगों की अपेक्षा अधिक जान पायेंगें। इन सारे प्रश्नों का सावधानी से अध्ययन करें, कई महीनों तक प्रति सप्ताह इस विश्लेषण का लगातार प्रयोग करें। आपको जानकर हैरानी होगी कि आपने इन प्रश्नों का ईमानदारी से जवाब देने के आसान तरीके से कितना महत्वपूर्ण ज्ञान

हासिल कर लिया है। लेकिन अगर आपको किन्हीं सवालों के जवाब के बारे में आशंका है तो उन लोगों से विचार-विमर्श करें जो आपको अच्छे से जानते हैं। खास तौर पर उन लोगों की जिनके पास आपकी चापलूसी करने का कोई कारण ना हो और अपने आप को उनकी निगाह से देखें और आश्चर्यजनक परिणाम हासिल करें।

आपका सिर्फ एक चीज़ पर ही पूरा नियंत्रण है और वह है आपका विचार। यह इंसान द्वारा जाने गए सभी तथ्यों में से सबसे अधिक महत्वपूर्ण और प्रेरक तथ्य है जो कि इंसान की दैवी प्रकृति को जागरूक करता है। दैवी प्रकृति वह साधन है जिसके द्वारा आप अपने भाग्य को नियंत्रित कर सकते हैं। लेकिन अगर आप अपने मन को ही काबू करने में असफल हो जाएंगे तो किसी और चीज़ पर काबू नही पा सकते। आपका मस्तिष्क आपकी आध्यात्मिक संपदा है। इसलिए आप इसकी उतनी ही सावधानी से हिफाजत करें जिसका यह हकदार है और इसके लिए आप अपनी प्रबल इच्छा-शक्ति का भी प्रयोग कर सकते हैं।

दुर्भाग्यवश कानून में ऐसा कोई प्रावधान नहीं है जिसके अनुसार ऐसे लोगों के खिलाफ सख्त कार्रवाई की जानी चाहिए जो जाने अनजाने अपने मस्तिष्क के नकारात्मक विचारों के जहर को दूसरों के मस्तिष्क में भरते हैं। उनके इस आपराधिक कृत्य से अन्य लोगों के मस्तिष्क से उन भौतिक वस्तुओं को हासिल करने की संभावना नष्ट हो जाती है जो कानून द्वारा उनके लिए सुरक्षित होते हैं।

ऐसे ही नकारात्मक मानसिकता वाले लोगों ने थॉमस ए. एडीसन को यह विश्वास दिलाने का प्रयास किया कि वे ऐसी मशीन कभी नहीं बना सकते जो इंसान की आवाज रिकॉर्ड करके इसे फिर से दोहरा सके क्योंकि उनका मानना था कि 'ऐसी मशीन आज तक किसी ने नहीं बनाई। लेकिन एडीसन

की इच्छाशक्ति बहुत प्रबल थी इसलिए उसने लोगों की एक ना सुनी और अपना काम करते गए। वे जानते थे कि मस्तिष्क में इतनी ताकत है जिसके बल पर वह ऐसी कोई भी चीज़ बना सकता है जिसके बारे में यह कल्पना कर सके और जिस पर इसे विश्वास हो । अपने इसी विश्वास और ज्ञान के कारण महान एडीसन सामान्य लोगों के समूह से ऊपर उठ पाए।

नकारात्मक विचाराधारा वाले लोगों ने एफ. डब्ल्यू. वूलवर्थ को बताया कि यदि वे पांच या दस सेंट की सेल पर अपनी स्टोर चलाऐंगे तो जल्दी ही दिवालिया हो जाऐंगे। लेकिन वूलवर्थ ने उनकी बातों पर यकीन नहीं किया क्योंकि वे जानते थे कि अगर उनकी योजनाओं में दम और तर्क है तो वे नामुमकिन को भी मुमकिन बना सकते हैं। इस तरह नकारात्मक सुझावों को अपने दिमाग से दूर रखने के अधिकार का प्रयोग करते हुए उन्होंने उसी स्टोर से दस करोड़ डॉलर से अधिक की दौलत कमाई ।

जब हेनरी फोर्ड ने अपनी पहली अटपटे ढंग से बनी कार को डेट्रायट की सड़कों पर उतारा तो कुछ ईष्यालु लोगों ने नाक-भौं सिकोड़ते हुए उनकी आलोचना की। कुछ ने कहा कि यह कभी कामयाब नहीं हो सकती। कइयों ने कहा कि इस तरह की बदसूरत चीज़ के लिए कौन अपने पैसे बर्बाद करेगा। लेकिन फोर्ड ने पूरे आत्मविश्वास से कहा कि मैं धरती को भरोसेमंद मोटरकारों से पाट दूंगा। और उसने जो कहा वह कर के भी दिखाया। हेनरी फोर्ड और बाकी दूसरे लोगों में एक खास अंतर है जो आज भी ज्यों का त्यों बना हुआ है-फोर्ड के पास एक मस्तिष्क था और उसने इसे नियंत्रित किया जबकि दूसरे लोगों के पास भी मस्तिष्क था लेकिन उन्होंने उसे नियंत्रित करने का कोई प्रयास नहीं किया।

मस्तिष्क पर नियंत्रण, आत्म-अनुशासन और आदत का ही परिणाम है। या तो आप इसे नियंत्रित करते हो या फिर यह आपको नियंत्रित करता है। इसमें कोई आधा-अधूरा समझौता नहीं होता। मस्तिष्क को नियंत्रित करने का सबसे आसान और अचूक तरीका है अपने आपको किसी पूर्णनियोजित निश्चित लक्ष्य में व्यस्त रखना। आज तक जितने भी सफल लोग हुए हैं आप उनमें से किसी का भी रिकॉर्ड उठा कर देख लें, उन सब लोगों ने अपने मस्तिष्क को नियंत्रित करके लक्ष्य प्राप्ति की दिशा में निर्देशित किया। इस नियंत्रण के बिना सफलता प्राप्ति संभव नहीं ।

अगर "शब्द से शुरू होने वाले 55 प्रसिद्ध बहाने"

दुनिया में जितने भी नाकामयाब लोग हैं उनमें एक महत्वपूर्ण गुण सांझा होता है। वे अपनी असफलता की वजह जानते हुए भी तरह-तरह के बहाने बना कर अपनी उपलब्धि के अभाव को स्पष्ट करते हैं। इनमें से कुछ बहाने बहुत चतुराई भरे होते हैं जो कि कुछ तथ्यों द्वारा तर्कपूर्ण भी लगते हैं लेकिन आप इन बहानों का प्रयोग धन की तरह नहीं कर सकते। दुनिया केवल एक चीज़ जानना चाहती है-क्या आपने सफलता प्राप्त की है ?

ऐसे ही एक चरित्र विश्लेषक ने इन सारे बहानों की एक सूची तैयार की है। जब आप इस सूची को पढ़ें तो खुद जांच करें और तय करें कि आप इनमें से कितने बहाने बनाते हैं। यह बात सदा स्मरण रखें कि इस पुस्तक में वर्णित फिलॉस्फी आपके सारे बहानों का नामोनिशान मिटा सकती है।

1. अगर मेरे पास पत्नी और परिवार न होता....

2. अगर मेरे पास पर्याप्त प्रेशर होता....

3. अगर मेरे पास पैसा होता.....

4. अगर मेरे पास अच्छी शिक्षा होती....

5. अगर मुझे कोई अच्छी नौकरी मिल गई होती....

6. अगर मेरा स्वास्थ्य अच्छा होता....

7. अगर मेरे पास समय होता.....

8. अगर समय बेहतर होता ...

9. अगर दूसरे लोग मुझे समझ पाते.....

10. अगर मेरे चारों तरफ की परिस्थितियां भिन्न होती....

11. अगर मैं अपनी जिंदगी दोबारा जी सकता.....

12. अगर मैं इस बात से नहीं डरता कि लोग क्या कहेंगे....

13. अगर मुझे अवसर दिया गया होता.....

14. अगर मेरे पास एक अवसर होता.....

15. अगर दूसरे लोगों ने मुझे इस हालत में ना पहुंचाया होता.....

16. अगर मुझे रोका नहीं गया होता....

17. अगर मैं अधिक युवा होता.....

18. अगर मैं वह कर सकता जो मैं चाहता हूँ...

19. अगर मैं अमीर पैदा हुआ होता....

20. अगर मैं सही लोगों से मिल पाता....

21. अगर मुझमें वह प्रतिभा होती जो कुछ लोगों के पास है....

22. अगर मुझमें दिलेरी होती.....

23. अगर लोग मुझ पर इतने हावी नहीं होते....

24. अगर मुझे घर न संभालना होता और बच्चों की देखरेख न करनी पड़ती

25. अगर मैं कुछ पैसे बचा सकता.....

26. अगर बॉस मेरी तारीफ करता....

27. अगर कोई मेरी मदद करता...

28. अगर मेरा परिवार मुझे समझ पाता...

29. अगर मैं किसी बड़े शहर में रह रहा होता...

30. अगर मैं सिर्फ शुरू कर पाता.... ....

31. अगर मैं सिर्फ मुक्त होता

32. अगर मेरे पास कुछ लोगों जैसा व्यक्तित्व होता....

33. अगर मैं इतना मोटा न होता....

34. अगर मेरी प्रतिभाएं लोगों को पता चल जाती...

35. अगर मुझे बस एक ब्रेक मिल गया होता ...

36. अगर मैं कर्जे से बाहर निकल पाता...

37. अगर मैं असफल न हुआ होता....

38. अगर मैं जानता होता कि कैसे करना चाहिए....

39. अगर हर आदमी ने मेरा विरोध न किया होता....

40. अगर मेरे पास इतनी सारी चिंताएं न होती ....

41. अगर मेरी शादी किसी सही व्यक्ति से हुई होती.....

42. अगर लोग इतने गूंगे न होते....

43. अगर मेरा परिवार इतना फिजूलखर्च न होता.....

44. अगर मुझे खुद पर भरोसा होता....

45. अगर किस्मत मेरे खिलाफ न होती...

46. अगर मैं गलत सितारे के तले पैदा न हुआ होता...

47. अगर यह सच नहीं होता कि जो होना है वह होगा.....

48. अगर मुझे कड़ी मेहनत न करनी होती....सोचिए और अमीर बनिए

49. अगर मैंने अपना पैसा न गंवाया होता....

50. अगर मैं किसी दूसरे इलाके में रह रहा होता ....

51. अगर मेरे पास मेरा अतीत न होता....

52. अगर मेरे पास खुद का बिज़नेस होता.....

53. अगर दूसरे लोग सिर्फ मेरी बात सुनते....

54. अगर मैंने पिछले अवसरों का लाभ उठाया होता....

अगर और यह, सबसे बड़ा बहाना है... अगर मेरे पास यह साहस होता कि मैं अपने आपको अपने सच्चे रूप में देख पाता, अगर मैंने यह पता लगाया होता कि मुझमें क्या गड़बड़ है और मैंने उसे सुधारा होता। तब मेरे पास अपनी गलतियों से लाभ उठाने का अवसर भी होता और दूसरों के अनुभव से कुछ सीखने का मौका होता क्योंकि मैं जानता हूँ कि कमी मुझमें ही है, वरना आज मैं वहां नहीं होता जहां मैं हूँ। अगर मैंने समय रहते अपनी कमजोरियों का विश्लेषण किया होता और उन्हें छिपाने के लिए बहाने बनाने में समय न गंवाया होता तो मैं भी बाकी लोगों की तरह संपन्न होता ।

अपनी असफलता का स्पष्टीकरण करने के लिए बहाने बनाना आज के लोगों का राष्ट्रीय शौक बन चुका है। यह आदत उतनी ही पुरानी है जितनी कि मानव जाति और यही आदत बाद में सफलता के मार्ग में बाधा बन जाती है। लोग अपने इन सर्वचलित बहानों में इतने जकड़े क्यों रहते हैं ? जवाब बिल्कुल स्पष्ट है। क्योंकि वे इन बहानों द्वारा ही अपने व्यक्तित्व की रक्षा करते हैं। ये बहाने उनके अपने मस्तिष्क के रचना होते हैं। किसी भी व्यक्ति का बहाना उसकी अपनी कल्पना का शिशु होता है और अपने मानस पुत्र की रक्षा करना इंसान का स्वभाव है।

इन बहानों की जड़ें इतनी गहरी होती हैं कि इन्हें छोड़ना मुश्किल हो जाता है, ख़ासकर तब जब वे हमारे कामों को उचित सिद्ध करती हैं । प्लेटो ने अपने एक भाषण में स्पष्ट कहा है कि 'खुद को जीतना सर्वप्रथम और सर्वश्रेष्ठ विजय है। खुद के द्वारा जीता जाना सभी चीजों में सबसे शर्मनाक और बुरी चीज़ है।

एक और दार्शनिक के मस्तिष्क में भी ऐसा ही एक विचार आया और तब उन्होंने कहा, यह बहुत ही आश्चर्यजनक बात है कि जब भी मैं दूसरों में कुरूपता देखता हूँ तो उनमें से ज़्यादातर में मेरे स्वभाव का ही प्रतिबिंब दिखता था।

अल्बर्ट हवार्ड ने कहा था कि 'यह मेरे लिए हमेशा से ही एक रहस्य रहा है कि लोग अपनी कमजोरियों को छुपाने के लिए बहाने बना कर खुद को जान-बूझकर धोखा देने में इतना समय क्यों बर्बाद करते हैं। लेकिन अगर इस समय का उपयोग सही कार्य करने में किया जाए तो बहाने बनाने की ज़रूरत ही नहीं पड़ेगी।

पुस्तक समाप्त करने से पहले मैं आपको एक महत्वपूर्ण बात बताना चाहता हूँ कि यह जीवन एक शतरंज का खेल है जिसमें समय आपका विरोधी खिलाड़ी है। यदि आप इसमें आगे बढ़ने से झिझकते हैं या आगे बढ़ने में लापरवाही करते हैं तो समय आपके मोहरों को उड़ाता चला जायेगा। याद रखिए कि आप ऐसे विरोधी के खिलाफ खेल रहे हैं जो अनिर्णय को बर्दाश्त नहीं करेगा।

पहले तो आपके पास यह तार्किक बहाना हो सकता था कि आपने जीवन में अपनी मनचाही चीज़ हासिल क्यों नही की, परंतु अब यह बहाना नहीं चलेगा क्योंकि अब आपके पास वह मास्टर चाबी है जो जीवन की दौलत के खजाने का दरवाज़ा खोलती है।

यह मास्टर चाबी अमूर्त और बहुत शक्तिशाली होती है। आपको अपने मस्तिष्क में अमीरी की प्रबल इच्छा रखने का पूरा अधिकार है और इसके प्रयोग से आपको कोई नहीं रोक सकता। लेकिन यदि आप इसका सही उपयोग नही करते तो आपको इसकी हर संभव कीमत चुकानी होगी और यह कीमत है-असफलता। लेकिन अगर आप इसका सही प्रयोग करते हैं तो आपको सफलता का प्रचुर पुरस्कार मिलेगा।

यह वह संतुष्टि है जो उन सबको मिलती है जिन्होंने खुद को जीत लिया है और जो जीवन को वह सब देने को विवश हैं। जो वे चाहते हैं। पुरस्कार जितना बड़ा होगा, आपको उतना ही अधिक प्रयास भी करना होगा। अब जाते वक़्त मेरा एक ही सवाल है-क्या आप इसकी शुरुआत करेंगे और क्या आपको इस बात पर भरोसा है?

इमर्सन का कथन था कि "अगर हम जुड़े हुए हैं तो हम जरूर मिलेंगे। अंत में मैं उनके इस विचार को ही उधार लेकर कहना चाहूँगा कि अगर हम जुड़े हुए हैं तो हम इस पुस्तक के माध्यम से मिल गए हैं।"